国家社科基金后期资助项目研究成果

面向国家安全的情报研究

石　进　著

国家图书馆出版社

图书在版编目（CIP）数据

面向国家安全的情报研究 / 石进著. —北京:国家图书馆
出版社,2021.10
ISBN 978 - 7 - 5013 - 5425 - 2

Ⅰ.①面…　Ⅱ.①石…　Ⅲ.①国家安全—情报学—
研究—中国　Ⅳ.①D631

中国版本图书馆 CIP 数据核字(2021)第 067548 号

书　　名	面向国家安全的情报研究	
著　　者	石 进 著	
责任编辑	张 颀　唐 澈　王炳乾	
责任校对	郝 蕾	
封面设计	耕者设计工作室	

出版发行	国家图书馆出版社(北京市西城区文津街 7 号　100034)
	(原书目文献出版社　北京图书馆出版社)
	010 - 66114536　63802249　nlcpress@ nlc. cn(邮购)
网　　址	http://www.nlcpress.com
排　　版	北京金书堂文化发展有限公司
印　　装	河北鲁汇荣彩印刷有限公司
版次印次	2021 年 10 月第 1 版　2021 年 10 月第 1 次印刷

开　　本	710×1000　1/16
印　　张	21.5
字　　数	375 千字
书　　号	ISBN 978 - 7 - 5013 - 5425 - 2
定　　价	118.00 元

国家社科基金后期资助项目
出版说明

　　后期资助项目是国家社科基金设立的一类重要项目，旨在鼓励广大社科研究者潜心治学，支持基础研究多出优秀成果。它是经过严格评审，从接近完成的科研成果中遴选立项的。为扩大后期资助项目的影响，更好地推动学术发展，促进成果转化，全国哲学社会科学工作办公室按照"统一设计、统一标识、统一版式、形成系列"的总体要求，组织出版国家社科基金后期资助项目成果。

全国哲学社会科学工作办公室

前　言

自从"国家安全"（national security）在 1943 年由美国学者李普曼首次提出以来，随着时代的发展，国家安全的内容和形式越来越丰富，问题也越来越复杂，特别是近年来大国之间的较量，使得国家安全问题在学界和业界的关注度得到了进一步的提高。冷战时期，衡量国家是否安全的基本标准是国家主权和国家利益是否受到侵害和威胁；冷战结束后，人类进入新的历史时期，国家安全的含义在传统安全理论所重视的军事和政治安全等基础上，增加了包括经济安全、生态环境安全、文化安全、信息安全、科技安全、能源安全等新的内容。新时代我国的"总体国家安全观"由习近平总书记在 2014 年 4 月 15 日中央国家安全委员会第一次会议上提出，2015 年 7 月 1 日通过的《中华人民共和国国家安全法》对我国国家安全体系的安全领域进行了拓展，构建了集政治安全、国土安全、军事安全、经济安全、文化安全、社会安全、科技安全、信息安全、生态安全、资源安全、核安全以及海外利益安全等领域于一体的总体国家安全体系。

出于维护国家安全的需要，情报学界有必要承担起责任，对情报能发挥的功能和作用进行探索研究。冷战结束之后，国际竞争日趋激烈，世界范围内各个国家都面临着层出不穷的国家安全问题，不断地发展国家安全情报工作。我国总体国家安全观的提出，是对传统的分散化处理的情报工作的反思，赋予了情报学与情报工作新的挑战、新的使命。2019 年至今，国内已有部分高校成功获批"国家安全学"学科的设立，安全情报研究日益成为情报学的重要研究方向。

在中文语境中，信息和情报一词往往混用，产生了两种情报观：以"intelligence studies"为名的情报研究和以"information science"为名的情报学研究。本书所讨论的面向国家安全的情报研究，是融合了"intelligence studies"和"information science"两种情报观的情报研究，从情报流程、情报支持等角度对传统与非传统安全领域的突出问题进行剖析研究，以大量的案例讲解介绍如何将情报研究的理论、方法和实践引入我国目前的情报工作中,提出具体安全问题的情报分析和反情报策略,为新时代下安全问题的情报研究提供参考。在案例分析部分,本书将6W理论应用到情报支持路径的分析中,把情报支持路径分为态势感知、分析推理、对抗策略,用于支撑安全问题的决策。理论联系实践研究后,本书还进一步探索了融合下的情报研究基础理论和学科建设,从而使情报研究真正服务于国家和组织的重大利益,为国家战略提供保障,确保国家安全和发展利益。

本书共八章,分三大部分:第一部分(第1章)对国家安全形势的背景进行介绍,从宏观上分析什么是国家安全,情报与国家安全之间的关系,情报如何支持国家安全工作;第二部分(第2至7章)在介绍情报分析研究的流程后,从情报支持路径的角度,将情报分为态势感知、分析推理、对抗策略三部分,依次解析,最后用于国家安全问题的决策;第三部分(第8章)提出"总体国家安全观"下情报研究的理论探索和学科建设意见,积极主张用多元视角来研究情报学,紧紧围绕情报学的主要目标和任务,通过扩展型的学科渗透和融合继续吸收相关学科有用的理论方法。

国家安全情报是一个内容非常丰富的研究方向,本书将我国实际国情与理论相结合,对国家安全的情报进行了研究和探索,适合所有对情报研究和我国国家安全情报研究感兴趣的专家学者、情报从业者阅读与参考。

由于本书是基于前人的研究提出了一些新的想法和观点,是否成立,还需要经过时间和实践的检验,而且网络时代的"更新换代"速度飞快,定稿之后的最新内容不能纳入本书,错误之处敬请读者批评指正。

石进
2021年3月15日

目　　录

图目录

表 目 录

1 总体国家安全观与情报

1.1 国家安全观的内涵

对于"安全"这个概念,不同背景下人们的认识也会有所不同,小到人身安全,大到国家安全。因此,学者们在对安全概念进行界定时一般从以下几个方面阐述:安全主体是谁? 安全价值是什么? 安全威胁来自哪个方面? 如何来维护安全①?

1943 年,美国学者李普曼首次提出了"国家安全"(national security)概念,并将其定义为有关军事力量的威胁、使用和控制方面的安全②。伯科威茨(Berkowitz)等③从安全主体的角度理解"国家安全",认为在国家安全概念中安全的主体是国家,并将国家安全定义为一个国家保护自身价值观免受外部威胁的能力。余潇枫等④指出国家安全涵盖以下"三大安全场域":首先是利益场域,该场域是指国家在利益获得上与其他国家保持的价值相关性;其次是地缘场域,该场域是指国家在地理位置上与其他国家的物理相关性;最后是社会心理场域,该场域是指一国的意识形态或文化认同心理与其他国家保持的精神相关性。

随着时代的进步,国家安全的内涵也一直在发展变化。冷战时期,国家安全的主要内涵是阻止敌国的武力侵扰和进犯,拥有强大的军事力量是维护国家安全的重要保障。此时强大的军事实力是扩张、争夺或维护势力

---

① 李陆平. 军队与非传统安全[M]. 北京:时事出版社,2009:7 - 21.

② 刘学成. 非传统安全的基本特性及其应对[J]. 国际问题研究,2004(1):32 - 35.

③ SILLS E. International encyclopedia of the social sciences[M]. New York:Macmillan & The Free Press,1968:40.

④ 余潇枫,李佳. 非传统安全:中国的认知与应对(1978 ~ 2008 年)[J]. 世界经济与政治, 2008(11):89 - 96,6.

范围的唯一手段,因此在冷战结束之前,国家安全观是以政治和军事安全为主导的①。此时保障国家安全的核心任务就是维护国家主权与国家利益,衡量国家是否安全的基本标准是国家主权与国家利益是否受到侵害和威胁。冷战结束之后,随着信息化和全球化的飞速发展,军事对抗在全球范围内再次爆发的可能性较低,世界多极化、经济全球化和社会信息化进程的深入发展,全球贸易的增长和频繁的人员跨国往来,信息传播手段的迅速发展,人口增长对环境的破坏,大规模杀伤性武器的扩散,国际法和国际规范的强化等,滋生了对国家安全、社会安全和人类安全的新威胁,传统安全观受到了极大挑战。人们开始意识到,在当前的环境背景下,世界各国在制定军事政策和安全战略时需要面对很多全新的、深层次的安全问题,而这些新型的安全领域应当被划分到相对于传统安全领域的非传统安全领域当中。西方学者也常用"新安全"(new security)和"非军事安全"(non-military security)来表示非传统安全。对于非传统安全的内涵,很多学者给出了不同的见解。斯泰尔斯(Stares)②认为资源短缺、人口膨胀、民族宗教冲突等都属于非传统安全的主要领域。李滨③认为,非国家行为体对国家主权与领土完整构成的威胁,以及与外部相联系的原因所造成的对社会与人的威胁共同构成了非传统安全的内涵。非传统安全已逐步成为威胁国民安全和利益的重要问题,并且对于政府执政也是一个重要考验。

1.1.1 国外国家安全观的内涵

1.1.1.1 美国

冷战结束后,美国和苏联都大规模地削减在海外的驻军,军事力量在全球安全中的重要性明显下降。随着苏联解体,以往美苏对垒的两极格局已不复存在,多极化成为世界发展的必然趋势④。进入 21 世纪后,美国国家安全的基本时代背景是"9·11"事件带来的国际政治变化,它带给美国各阶层强烈的不安全感,促使美国开始关注本土安全。自此美国对冷战结束以来的国家安全认知和安全战略理念进行调整,把国际极端恐怖主义视

---

① 陆忠伟. 非传统安全论[M]. 北京:时事出版社,2003:16-17.

② STARES P B. The new security agenda:a global survey[M]. Tokyo:Japan Center for International Exchange,1998:125.

③ 李滨. 中国目前面临的主要非传统安全问题及其排序[J]. 世界经济与政治,2004(3):44-48,6.

④ 李陆平. 军队与非传统安全[M]. 北京:时事出版社,2009:7-21.

为国家安全的首要威胁,把根除恐怖主义作为美国对外政策的主要目标①。2002 年,布什在《美国国家安全战略报告》中明确指出 21 世纪美国面临的主要安全威胁是极端主义与技术的结合,"握有毁灭技术的少数不满者对美国形成的威胁比舰队和军队更大"②。美国对于其他地区问题、大国关系基本都是围绕反恐的需求进行部署,把非传统安全问题上升到国家战略的高度。

这种战略理念的转变也带来美国应对策略的转变,即采取"一个中心,两个侧重点"的策略。一个中心是指以反恐为中心,两个侧重点是指在地缘政治方面侧重"大中东"地区,在功能性问题方面侧重防止大规模杀伤性武器及其运载技术的扩散③。为了保卫本土安全,鉴于国内严峻的反恐形势和政府机构职责分割不明确与信息不通畅,美国于 2002 年由总统签署法案正式批准成立了国土安全部。这是自 1947 年成立国防部以来规模最大的一次政府机构改组行动,其首要目的是保护美国本土免受进一步的恐怖袭击。国土安全部整合了海关总署、海岸警卫队、移民与规划署等22 个在国土安全方面负有重要职责的部门,主要任务是对威胁和情报进行分析,保卫国家边界和关键基础设施,协调各部门在应对危机时的反应。2005 年 3 月,美国国防部发表了《美国国防战略》,首次以独立报告的形式阐明"国防战略"是一个独立的战略层次,其中将"确保美国本土免遭直接攻击"列为首要的国防战略目标④。美国这样的超级大国,主要采取综合应对的方法来解决国家安全战略中的传统安全与非传统安全问题。

1.1.1.2 俄罗斯

当前俄罗斯面临的许多非传统安全问题是苏联体制的社会遗产造成的,其中包括:①民族分裂主义与恐怖主义威胁。车臣民族分裂势力十分猖獗,他们勾结境内和境外的敌对势力和恐怖分子,企图实现民族分裂。特别是"特别使命伊斯兰军团"(SPIR)、"伊斯兰国际维和旅"等恐怖主义势力长期进行反俄游击战,并在俄罗斯境内发动了多起后果严重的恐怖袭击和劫持人质事件,这些都对俄罗斯的民族团结、社会稳定和地区发展产

① STUART D. Ministry of fear:the 1947 national security act in historical and institutional context [J]. International studies perspectives,2003(4):293.

② BUSH G W. The national security strategy of the United States of America[M]. New York:Morgan James Publishing,2002:57.

③ 王缉思. 中美关系:寻求稳定的新框架[J]. 中国党政干部论坛,2005(1):37-39.

④ 赵彦亮. 信息时代的美国国防[M]. 北京:国防大学出版社,2008:176.

生了重大威胁。②环境恶化问题①。主要包括大规模技术和工业污染、放射性和化学武器等有毒物质在运输和储存过程中造成的污染以及经济活动造成的各种形式的污染,如1986年震惊世界的切尔诺贝利核泄漏事故。③能源安全问题。俄罗斯在世界范围内属于能源大国,是独联体内各种能源的主要出产国和出口国,但俄罗斯能源基础设施的老化情况十分严重。同时,俄罗斯容易被美国、欧洲和亚太地区能源形势影响,或许会沦为能源消费国的能源供应商角色。此外,石油、天然气工业也面临着资金短缺、勘探规模减小、开采条件恶化、出口稳定性受国际市场和价格波动影响等问题②。④经济安全问题。因为长期受到计划经济的影响,俄罗斯很难参与经济全球化,并且可能爆发大规模金融危机。因此,在1997年和1999年的国家安全考虑中,俄罗斯曾明确提出国家面临的安全威胁具有内部性的特点。⑤信息安全问题。为了迎接第三次信息革命浪潮,早在1994年,俄罗斯就制定了信息安全政策和信息产业发展战略,但未取得实质性进展。1997年,在美国军事革命的影响下,俄罗斯开始认识到,信息优势将是未来经济、政治和军事斗争的核心,因此将信息安全问题的重视程度提升到了前所未有的高度。⑥人口安全与移民问题。俄罗斯人口出生率下降,人口构成不合理,造成了劳动力资源匮乏,这种情况将会影响未来经济发展。同时,由于苏联解体后许多人因跨国而居的频繁流动,2500万俄罗斯人居住在境外,2600万非俄罗斯人居住在境内③,导致俄罗斯极易出现移民问题,而大量非法难民和外国人的涌入,造成了社会的不稳定,部分人参加犯罪活动或者从事灰色经济活动,极容易引起民族矛盾。

鉴于上述背景,俄罗斯的国家安全政策,在维护国家主权和领土完整等传统安全的同时,确立了包含传统安全与非传统安全的综合安全观,即大安全观④。1992年成立的俄罗斯联邦安全会议是协调管理国家安全事务的最高机构,设有专门的跨部门委员会来应对面临的主要威胁,如宪法安全委员会、国际安全委员会、军事安全委员会等⑤。这些机构的设立不仅包括传统安全意义上的军事和国防安全内容,也包括非传统安全意义上

① 傅勇.非传统安全与中国[M].上海:上海人民出版社,2007:120.

② 袁胜育,韩猛.中俄安全合作的新视角[J].科学决策,2008(2):13-16.

③ ZEVELEV I. Russia and the Russian diasporas[J]. Post-Soviet affairs,1996(3):265-284.

④ 王兵银.东北亚国家的地缘战略与中俄战略协作[M].沈阳:辽宁大学出版社,2009:280-285.

⑤ 中国现代国际关系研究所危机管理与对策研究中心.国际危机管理概论[M].北京:时事出版社,2003:40.

的经济安全、居民和社会安全等。

1997 年和 1999 年,俄罗斯先后公布了《国家安全学说》和《俄联邦国家安全构想》,它们也成为国家安全与军事法律体系的重要组成部分,这两个文件对俄联邦国家利益、面临的威胁和国家安全原则都做了全面阐述。2000 年,俄罗斯又以此为基础,由总统批准制定了《俄罗斯联邦外交政策构想》。该文件指出俄罗斯要集中各种安全手段来维护国家安全,并为经济发展创造有利的条件。"9·11"事件后,俄罗斯支持美国的反恐战争,安全战略有所调整,允许美军进驻中亚和格鲁吉亚等地,配合美军在阿富汗地区的行动,对北约东扩也采取了接受和合作态度,在传统安全问题上更为灵活①。2009 年,俄罗斯总统签署的《2020 年前俄罗斯国家安全战略》②被视为国家综合性基础文件。该战略首先明确了俄罗斯的国家安全利益范畴,提出了构建国家安全体系的目标和任务等,强调俄罗斯在面对非传统安全威胁时的应对方式;其次,俄罗斯在非传统安全领域采取广泛的国际合作,由于非传统安全呈现出跨国性、动态性、威胁来源不确定和突发性强等特点,要从根本上解决这个安全问题,必须加强国际合作,走多边主义道路共同应对;再次,俄罗斯还建立了危机应急管理机制,建立危机指标体系以便预防、减少和消除危机③。

1.1.1.3　英国

英国在西方政治体制中是一个相对比较保守的国家,冷战结束后,国际形势发生巨大变化,英国的安全环境也随之发生了巨大变化。2003 年,《英国外交政策的战略重点》报告指出了未来十年英国外交工作的目标和重点,并认为英国面临的主要威胁来源不在国内,而是由其他国家引起的"全球性威胁"④。2008 年,英国首相布朗在议会发表的第一份国家安全战略报告《英国国家安全战略报告》对国家安全的来源和性质进行了界定,并指出英国国家安全面临的主要威胁⑤。此时,英国在分析国家安全威胁时,已经改变传统国际政治中对国家行为主体威胁来源的认识,认为种类不同但相互关联的非传统安全已经构成了新的挑战,这种挑战与冷战时期传统安全威胁明显不同,如主体的非国家性、威胁来源的跨国性及相互关联性。

---

①　余潇枫,潘一禾,王江丽.非传统安全概论[M].杭州:浙江人民出版社,2006:22-25.

②　张晶.《2020 年前俄罗斯国家安全战略》及其内外政策走向[J].俄罗斯中亚东欧市场,2010(1):1-4.

③⑤　丛鹏.大国安全观比较[M].北京:时事出版社,2004:77-115.

④　陆忠伟.非传统安全论[M].北京:时事出版社,2003:41-51.

该报告还详细阐述了英国面临各种安全威胁时应采取的措施：①在应对恐怖主义威胁方面，强调政府部门内部、政府与社会之间、公共部门和私有部门之间、社会和个体之间的跨界联合；②在应对核武器和大规模杀伤性武器扩散的威胁方面，通过以多边主义和法治为基础的国内体系合作，重点关注对英国核心价值观造成威胁的失败国家和安全挑战区域；③应对跨国犯罪，强调在国内打破警察、交通、安全和金融部门之间的传统界限和在国际上与欧盟、联合国等进行信息分享和国际合作；④应对国内突发事件和危机方面，需要将增强政府的预防能力、风险评估能力以及危机第一反应能力置于特别重要的位置。

1.1.1.4　日本

日本是一个地震、火山、台风、洪水、滑坡等自然灾害频繁发生的国家，特殊的地理环境和多发的自然灾害使日本面临着比其他国家更多的非传统安全威胁。日本不仅常遭到地震、火山、台风、海啸的侵扰，而且经济发达与国土资源匮乏的矛盾使其比其他国家更依赖大量能源、工业原料、粮食以及消费品的进口，同时将高附加值的产品出口。此外，对海上运输的依赖和海上战略通道安全的关注，使日本成为世界上危机意识最强的国家之一。

针对重大自然灾害等威胁，日本健全了法律规范体系，并从1996年建立起国家危机体系，把防灾减灾工作提升到国家危机管理的宏观层次，确立了保护国家安全，维护国民生活安定、安心的危机管理体系，将日常行政管理、危机管理和灾害管理融为一体。针对恐怖主义威胁，日本组建了由都、道、府、县警察机构参与的情报网，并在警察厅进行情报分析和整理，同时设立外事情报部，加强与国外治安情报机构的联系，便于打击跨国恐怖犯罪。针对信息安全威胁，日本在2001年实施了"E-Japan2002"计划，主张建立"反网络恐怖数据库"，搜集网络中有关恐怖活动的信息，并且开发信息安全评估技术以及其他基础技术。2004年，日本又采取官民联手的方式，强化信息安全，设立"信息防御中心"，永久监控因特网的状态，用以搜集和分析攻击信息，确保能源、运输、金融、医疗等信息系统的安全。针对海上交通安全威胁，日本在打击海盗、维护海上交通安全方面十分积极，倡导采取地区合作的形式进行联合打击，如日本海上警察部门积极和中、韩以及东盟国家的有关部门合作，联合打击海盗。2002年7月，"政府和非政府打击海盗及武装劫持船舶国际会议"在东京举办，日本提出希望成立海盗信息中心，用以搜集各国船籍的情况，并实施联合打击活动。近年来，日本经济持续低迷，国力下降，特别是2011年东日本大地震与核灾难发生后,日本右翼思潮重新抬头,并获得迅猛发展。日本右翼一改过去仅在历史层面宣扬"民族性"的传统做法,逐渐把焦点转向领土主权问题,通过炒作领土争端来刺激国内民族情绪。

1.1.2　我国国家安全观的内涵

20世纪90年代初期,我国面临的非传统安全问题主要集中于国际经济情报战、走私、贩毒等跨国犯罪等。90年代末,将严重影响经济发展、导致民族分裂和社会冲突的金融危机、生态环境和信息安全问题成为非常现实的安全威胁。这些危机事件呈现多发和突发态势,对反应和处理的要求也越来越高,例如在海外出现的利比亚中国公民撤离行动、全球金融危机、朝鲜半岛核危机以及东海与南海的撞船、撞机和岛礁摩擦等突发事件。《军队与非传统安全》一书将我国面临的主要非传统安全威胁划分为:对我国国家主权和领土完整构成的威胁、对我国社会稳定构成的威胁、对我国经济发展和人民生活构成的威胁[①]。

应对和处理这些危机需要具有很强的应急性,国家必须第一时间做出快速反应。为此党的十八届三中全会决定设立国家安全委员会,对我国的安全体制和安全战略进行完善,进而保证国家的安全。国家安全委员会的设立恰逢其时,有利于整合我国现有职能部门中的安全部门,进行统一指挥和协调,避免信息沟通不畅、条块分割的现象,对提高决策支撑能力、统筹协调能力、应急反应能力和综合施策能力有着极其重要的作用。2014年,习近平总书记在中央国家安全委员会第一次全体会议上首次提出了"总体国家安全观",并指出总体国家安全观的内涵为"以人民安全为宗旨,以政治安全为根本,以经济安全为基础,以军事、文化、社会安全为保障,以促进国际安全为依托,走出一条中国特色国家安全道路"[②]。此外,"总体国家安全观"还总结了我国国家安全体系的11个重要领域,包括政治安全、军事安全、国土安全、经济安全、社会安全、信息安全、科技安全、文化安全、生态安全、资源安全和核安全[③]。2015年7月1日,《中华人民共和国国家安全法》通过,增加了太空、深海、极地和生物4个新型领域的安

---

①　李陆平. 军队与非传统安全[M]. 北京:时事出版社,2009:7-21.

②　坚持总体国家安全观,走出一条中国特色国家安全道路[EB/OL]. [2021-05-10]. http://theory. people. com. cn/n1/2018/0212/c416915-29819882. html.

③　张家年,马费成. 我国国家安全情报体系构建及运作[J]. 情报理论与实践,2015(8):5-10.

全维护任务。2016 年,《总体国家安全观干部读本》出版,该读本对我国国家安全体系的 11 个安全领域进行了拓展,将海外利益安全领域添加到国家安全体系中。

1.2　面向国家安全的情报

1.2.1　安全情报的内涵

20 多年来,有关情报学的概念、体系、学科地位的讨论有很多,从"大情报观""小情报观"到批评情报学研究"虚化、泛化"等。这里所探讨的面向安全的情报研究,是与西方以"intelligence"为名称的情报及情报研究(intelligence studies)相对应,将西方情报研究的理论、方法和实践引入目前的情报工作中,使情报面向高层管理和战略决策、服务于国家和组织的重大利益,发挥情报"耳目、尖兵、参谋"的作用。

国外学者开展情报的理论研究首要探讨的是对概念的理解。贝茨(Betts)认为情报理论的首要问题是如何定义情报,他曾多次呼吁应该探讨情报规范性。他指出,当前研究情报失察的案例比比皆是,却缺乏对情报理论的深入研究,确切地说,以实证方式了解情报系统失误的研究已较为完善,但缺乏积极的或规范性的情报理论[①]。克劳塞维茨(Clausewitz)在《战争论》中提道:情报是指我方对敌人和敌国了解的全部材料,是我方一切想法和行动的基础[②]。舍曼(Sherman)认为情报就是一种知识(knowledge),这种知识关乎国家安全,并且主要由以下三方面内容组成:①知识,必须具有的信息;②活动,主要包括导向、规划、搜集、分析、生产、分发与运用、行动等;③组织,有关情报活动的管理与组织形态等问题[③]。Sherman同时提出"战略情报"的概念,指战争与和平时期,上级军事和文职人员为保卫国家利益所需要掌握的知识,是制定高级对外决策的重要依据,对于国家存亡具有决定作用[④]。肯特使情报的定义摆脱了狭隘的军事情报观

---

①　BETTS R K. Analysis, war, and decision: why intelligence failures are inevitable[J]. World politics, 1978(1): 61 – 89.

②　克劳塞维茨. 战争论[M]. 北京: 解放军出版社, 2008: 78 – 79.

③④　SHERMAN K. Strategic intelligence for American world policy[M]. New Jersey: Princeton University Press, 1949: 3 – 4.

念,指出了情报本质的内容,即情报是知识。他对情报的定义不仅仅集中于情报搜集和研判的对象,还涉及执行情报搜集研究任务的组织和行动,从而把静态(组织)和动态(行动)巧妙地统一起来,更完整地定义了情报。

我国对情报及情报学定义的讨论丰富了情报学的理论内涵,也达成了初步统一,"事实""数据""信息""组织""情报"五个链环组成"信息链"(information chain),即"五链环论"。纵观我国36位学者提出的37种情报概念,本书认为现代意义上的情报是一个被引申扩大了的概念,基本包括以下几个方面的定义①:

(1)从"信息"的角度来定义

①情报是经过人类选择的信息;

②情报是一种能为受信者所理解并对受信者有用的信息。

(2)从"知识"的角度来定义

①情报是人们思考与行动所需要的知识;

②情报就是解决问题的知识;

③情报是借助语言、符号在载体上传递的知识;

④情报是改变人原有知识结构的那一小部分知识。

(3)从"智慧"的角度来定义

①情报是人们意志、决策、部署、规划、行动所需的知识和智慧;

②先进的、特定的、传递着的、具有指导和预测意义的、系列化的知识、资料、智慧以及消息、报告和信息都叫情报。

综上所述,归纳国内外学者的观点,本书认为情报具有以下特点和属性:

①情报即知识;

②是经过推断和传递的信息;

③情报重在"知彼";

④具有预测性;

⑤是思维分析的过程和运用智慧的结晶;

⑥不仅是决策的依据,也是指导行动的基础;

⑦具有完整性、可靠性和及时性。

从以上概念可以看出,国内外学者对情报的定义或多或少都涉及安全层面,为了方便表达,本书称之为安全情报。本书采用张家年、马费成在《我国国家安全情报体系构建及运作》一文中的定义,将安全情报定义为:

---

①　靖继鹏,马费成,张向先.情报科学理论[M].北京:科学出版社,2009:3.

为了实现国家安全战略目标,保障国家安全状态,以及应对传统和非传统国家安全问题,而采用的情报和反情报①。除了安全情报,情报还包括其他领域,如科技文献情报、竞争情报等。相比其他领域的情报,安全情报具有保密性、时效性、安全性等特点。

1.2.2 安全情报的属性

人们对情报的感性认识是:情报是冲突、对抗乃至竞争的产物,一般共享范围有限甚至不能共享;由于情报的特殊价值,其产生、获取、传播通常具有隐秘的特点;情报的最终目的是辅助决策;情报服务的用户一般不是大众群体,这也是情报服务与信息服务的重要区别之一②;情报是情报工作者智慧的结晶,相比普通信息,情报的附加值更高,但生命周期较短。由于这类情报及其相关研究一般都出于安全和竞争的目的,或者大多属于安全领域,因此称之为安全情报。它的属性可从以下三个角度来理解。

1.2.2.1 情报的组织属性

"情报"具有国家法律允许开展的信息获取的相关活动的属性。华尔兹(Waltz)③认为"情报组织"是由搜集资料的情报工作人员、隐性和显性知识、各种基础设施以及面向用户的情报流程这四部分组成的。格温塞尔(Lowenthal)④认为情报的主要任务是减少不确定性以及发现问题的本质。决策者总想要情报组织准确告诉他们即将发生的事情,却未意识到情报无法提供确切的答案。情报并不能决定什么样的政治决策将会导致胜利或者失败,它最重要的作用是辅助决策。因而,Lowenthal 从以下四个方面阐述了情报组织存在的重要作用:

(1)避免战略失误。各种突发的冲突事件严重威胁着国家安全。如"9·11"恐怖袭击事件,事前不是没有信号产生,只是美国情报组织忽略了这些信号。情报组织作为一个团体存在,需要起到"广泛布网,重点获取"的作用,才能及时准确地获取并发现信息。

(2)提供专业知识。情报组织是一个有机整合系统,能够对复杂问题

① 张家年,马费成.我国国家安全情报体系构建及运作[J].情报理论与实践,2015(8):5–10.
② 孟广均,徐引篪.国外图书馆学情报学研究进展[M].北京:北京图书馆出版社,1999:54.
③ WALTZ E. Knowledge management in the intelligence enterprise[M]. Fitchburg: Artech House, 2003:17.
④ LOWENTHAL M M. Intelligence: from secrets to policy[M]. Washington, D. C.: CQ Press, 2003:2–5.

进行长期跟踪扫描,并提供稳定的长效的专业知识辅助。

(3)为决策过程提供支持。情报工作人员需要为政策制定者和决策者提供指定背景下的情报。情报组织可以干预决策过程,但要确保自身的独立性和客观性,保持与决策者主观意愿的距离。

(4)维持信息、需求、方法的保密。由于利益攸关,无论国家安全还是政府业务,相关信息都不能被轻易获得,这是保证组织成功的关键。情报组织需要注意对信息、需求、方法的保密。

1.2.2.2 情报的过程属性

情报往往是指一种过程,而不是一种信息产品。国外最早用 intelligence cycle 来表示情报过程,国内很多学者将其译为"情报周期""情报流程""情报循环"等。情报过程是由情报工作中的一系列环节组成,如计划、搜集、分析、传播以及反馈等[1]。李国秋等[2]将其翻译成"情报循环",并指出情报循环是由规划和定向、情报搜集、情报处理、情报分析与生产以及情报传递五部分构成,这五部分共同组成了情报循环的封闭环路。"情报周期"为理解秘密机构如何进行特定信息的需求、搜集、分析和传播提供了一种非常有用的分析思路。对于"情报过程""情报周期""情报流程""情报循环"等词,本书在表达时不做特别区分。

根据美国科学家联盟对情报流程的描述,传统的情报流程主要由以下五部分组成[3]:

(1)计划与方向(planning and direction):在情报流程中,对如何搜集数据进行计划是十分关键的。计划和搜集两者具有联合效应,计划需要了解用户的需求,计划的有效性决定了搜集效果。

(2)搜集(collection):对需求情报进行原始信息的收集。包括公开来源和秘密来源。公开来源如外国广播、报纸、期刊、书籍等,秘密来源如告密者提供的信息。最后,收集技术也不可或缺,如利用电子卫星摄影监测军备力量。

(3)处理(processing):通过解密、语言翻译,转换收集到的信息,减少数据分析师的大量解码负担。

(4)分析和生产(analysis and production):将搜集到的信息转化为成品

---

[1] 张晓军. 美国军事情报理论研究[M]. 北京:军事科学出版社,2011:20.

[2] 李国秋,吕斌. 论情报循环[J]. 图书馆杂志,2012(1):2-9.

[3] The intelligence cycle[EB/OB]. [2013-12-27]. https://www.fas.org/irp/cia/product/facttell/intcycle.htm.

情报的过程,包括归纳、综合评估和分析所有可用的信息(这些信息往往是碎片式的)。分析师需要考虑信息的可靠性、有效性和相关性,将信息集成为一个连贯的整体,生产出成品的情报,包括短期的书面简报和中长期评估报告。

(5)传播(dissemination):将完成的情报产品传递给用户,用户即决策制定者或情报需求者,而新的决策可能会导致更多的情报需求,从而引发下一轮情报循环。

学者们在探讨情报循环时,又根据实践对以上流程进行了扩展或修改,下文比较了几种较有代表性的情报循环流程,以期深入理解情报概念及其演变。

图1-1展示了1940年美国军事情报部门的情报过程,可以看到,在该情报过程中,首先由情报用户提出情报需求,情报部门对用户需求进行分析理解之后,制订情报工作计划,包括情报搜集、情报分析等计划。然后情报部门开始信息搜集,对于搜集到的初始情报数据进行初步数据处理后,再进行情报分析,最终形成情报产品后传播或交付给用户。

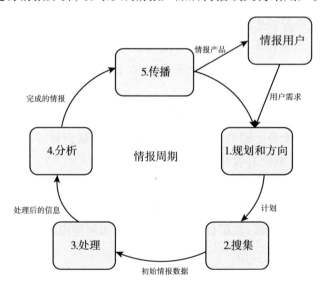

图1-1　情报周期

资料来源:GENTRY J A. Lost promise:how CIA analysis misserves the nation[M]. Lanham, Maryland:University Press of America,1993:222.

然而,该情报过程引发了很大争议。有些学者指出,在情报过程中情报用户与情报人员生产者之间没有交互,这不符合现实中的情报生产流程,并且现实中的情报搜集和情报分析多是协作进行,而没有明确的先后顺序。此外,在某些特殊情况下,情报工作流程并不会严格遵循上述情报周期中的步骤,例如危急情况下,情报的生产可能会跳过某些步骤①②。基于此,特雷弗顿(Treverton)③构建了"真实的情报流程",强调了情报的"推送"功能。考虑到用户在情报流程中缺乏时间和耐心来表达需求,他去掉了模型中的决策制定者。在这个模型中,情报组织首先推断情报需求,确保能更准确地理解未来的打算或行动。Treverton 模型强调了各部门间的沟通和反馈,具体如图 1-2 所示。

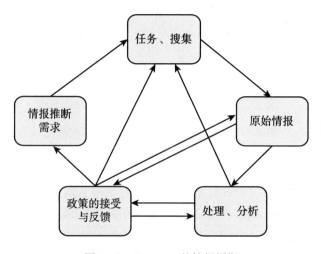

图 1-2 Treverton 的情报周期

如图 1-3 所示,克拉克(Clark)④提出了"以目标为中心"的情报流程。该情报流程首先要有一个中央目标,情报工作人员将该目标转化成知识差距或信息需求后,进行信息搜集,当情报工作人员搜集到相关信息后,将其添加到中央目标中,同时情报工作人员将答案和情报行动提供给客户。用户针对获得的信息可能会提出新的信息需求,情报工作人员将新需求添加到中央目标后,开始新一轮的情报流程,直到满足用户所有的信息需求。

---

① HULNICK A S. What's wrong with in the intelligence cycle[J]. Intelligence and national security,2006(6):956 – 979.

② VALK G D. Dutch intelligence—towards a qualitative framework for analysis[M]. Gronigen:Rijksunivesiteit Groningen,2005:13 – 14.

③ TREVERTON G F. Reshaping national intelligence in an age of information[M]. Cambridge:Cambridge University Press,2001:31.

④ CLARK R M. Intelligence analysis:a target-centric approach[M]. Washington, D. C.:CQ Press,2004:220.

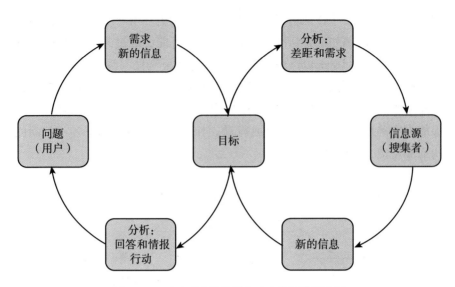

图 1-3 Clark 的"以目标为中心"的情报流程

Clark 模型在操作层面和联网的环境中应用较为广泛,这是因为在这样的场景下,用户可以很容易地获取目标,并且对其做出解释,利于情报人员后续工作的开展。由于"目标"被共享在数据库或其他技术协作平台上,该模型可节约大量时间。而在传统的结构中,用户端是远离操作环境并且不共享信息的。Clark 模型以"中心网络"的视角,将目标作为情报活动的核心,强调预见性,更能解决情报工作中出现的新问题,同时也改变了交流渠道和方式①。

值得指出的是,国外"情报失察"成因研究中有很大一部分内容是从情报循环入手的。美国军事情报研究者渴望找到一把衡量军事情报失误的尺子。在过去数十年里,他们借助于"情报流程"和"情报周期"来阐释各种情报现象并据以评判情报活动的成功与否。

指挥员通过作战流程的计划、准备、执行、评估,对作战指挥进行设计和执行。在此过程中,情报流程的信息和情报预警可以保障上述活动得以实现。作战流程与情报流程相互依存,指挥员通过关键情报需求(priority intelligence requirements)及友军信息需求(friendly force information require-ments)推动作战流程与情报流程的运行。情报流程为作战流程的各组成部分持续提供情报支持,满足进攻、防御、维护及民事支援活动等各类作战

---

① CLARK R M. Intelligence analysis: a target-centric approach [M]. Washington, D. C. : CQ Press, 2004:220.

情报需求(见图1−4)。

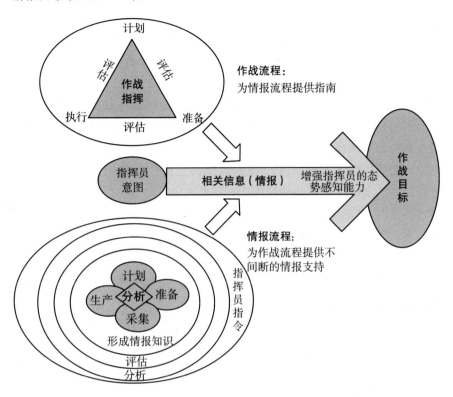

图1−4　作战流程与情报流程的关系

资料来源：Field Manual No. 2 − 0 [M]. Washington D. C. : Headquarters Department of the Army, 2004.

该情报流程由计划、准备、采集和生产四个步骤组成，情报知识的形成、分析、评估和传播活动贯穿于上述四个步骤之中，并协同指挥员指令共同推动整个情报流程的形成。情报流程最终生成关于威胁、地形地势及人文因素等的信息、知识产品，从而保障指挥员以及参谋人员的作战实施，是指导情报工作人员思考、讨论、计划及评估的通用模型。值得强调的是：第一，在这个模型中，指挥员的指令并不是情报流程的组成部分，而是用于推动情报流程的形成。指挥员依据自身判断提出情报需求，情报工作人员通过对连续活动的评估获取信息，满足指挥员的需求。第二，四个步骤的活动相互影响，并贯穿于整个情报流程。第三，情报知识的生成旨在向情报参谋提供有关作战环境的知识，是战场情报准备(intelligence preparation of the battlefield)和作战任务分析的基础，它在需要分析和解读宏观作战环境时被激活，并且受环境因素影响较大①。

情报流程描述了不同类型的情报行动如何相互作用来满足指挥官的情报需求。这个模型虽然比较简单,但可使我们更容易理解情报行动的巨大差异以及彼此的相互关系。在现代情报流程中,不存在情报行动的起止点。各行动不是依序进行,而是几乎同时发生的。例如,电子情报(ELINT)数据也许会通过分布式通用地面系统(DCGS)自动处理和分发,与此同时它也会嵌入其他平台,以进行其他情报搜集。此外,并非所有的情报行动都必须在整个情报流程中进行。例如,在处理与加工行动中,信息也许会从一架无人机(UAV)或其他来源直接传递给用户,而不会事先经过详尽的全源性分析和情报生产。随着军事行动节奏的不断加快,指挥官需要及时、准确的数据,并要求数据经自动处理和加工后,能被毫无阻碍地传递。要让指挥官和情报分析人员同时获得未经分析的战斗信息,这样他们可以一边做出情报评估一边做出紧急决策。这种情况还包括时间敏感性目标的确定、人员求助行动和威胁预警等,情报产品的分析、生产和分发必须及时完成,以保障指挥官的决策需要②。

综上所述,国外学者对情报过程的研究较多,并且提出的情报过程模型也越来越贴近现实的情报工作流程。对情报过程的理论研究可以帮助情报工作人员厘清情报工作中各环节的关系及影响,并且可以指导新手或外行人士完成情报工作。

1.2.2.3 情报的产品属性

产品属性决定了情报的另一部分特征。由于知识结构及经验阅历的差异,不同层级的用户对情报的需求层次和利用程度也不相同。在情报分析理论中,按照不同层级用户,情报产品可以被分为战略情报、战役情报和战术情报三类(见表1–1)③。

战略情报主要用于辅助高层决策,一般需要对某个事件或问题进行长期的动态监测,最终做出评估或预警。具体来说,高层首先要提出全局的情报目标和需求,然后情报工作人员依据该目标和需求开展后续的情报活动。

战役情报主要用于指导一线单位正在进行的搜集和调查,因此需要尽

---

① 杨小华. 情报生成理论[J]. 图书情报工作,2010(18):16–19.

② W E GORTNEY. Joint and national intelligence support to military operation. JP2–01[R]. 2004:Ⅲ–2.

③ CLARK R M. Intelligence analysis:a target-centric approach[M]. 3rd ed. Washington,D. C.:CQ Press,2010:78–87.

可能多地从公开渠道或秘密渠道搜集相关情报,从而更好地指导情报实践。

战术情报是一线研究人员为管理者进行决策而提供的信息。它往往在资源调配、策划活动、对事件或问题进行大范围的实况"快照"、帮助管理者了解新的或者不断变化的动态等方面发挥作用。

表1-1 情报的三种类型产品

战略情报——宏观目标、政策	高层领导:面向不断变化的威胁和机遇,提出战略决策
战役情报——计划	中层领导:提出支持一线工作研究的决策
战术情报——状态报告、运营计划	行动人员:支持行动的准则、日常的操作规划

1.2.3 安全情报的类型

由于情报的来源极为广泛,内容也颇为复杂,为使情报能被充分利用,本书从不同角度对情报类型进行划分。安全情报是情报的下位概念,因此在不涉及安全情报本质属性的前提下,安全情报与情报的类型基本一致,主要有以下几种分类:

1.2.3.1 按照搜集手段划分

根据情报搜集手段的不同,美国中央情报局(Central Intelligence Agency,CIA)和美国科学家联盟(The Federation of American Scientists,FAS)将其划分为六类,包括:

(1)网络情报(network intelligence):通过拦截、跟踪、分析因特网上传输的数据包获得的情报。

(2)通信情报(communication intelligence):通过截听对方或敌方通信获得的情报。

(3)电子情报(electronic intelligence):电子侦察所得的情报,如通过接收对方电子设备的电磁辐射或故意安装的窃听器获取情报。

(4)人际情报(human intelligence):由训练有素的人际情报采集人员,借助人际情报源及相关采集方法,采取主动与被动采集相结合的方式,对威胁征兆等国外信息实施采集,人际情报是通过人力公开或秘密地采集到的情报。一般来说,间谍是秘密的情报采集者;一些外交人员、新闻记者、学者等充当公开的人际情报搜集者。此外,人际情报还包括部分公开源情报,即通过分析公开出版物,如报纸、杂志、科研报告、政府出版物等获得的情报①。

(5)图像情报(imagery intelligence):图像情报是通过摄像、红外传感器、激光、多谱传感器及雷达等侦察传感器平台所获得的侦察图像及其相关的情报产品,通过胶片、电子显示设备及其他介质生成采集对象的光学、数字情报②。

(6)信号情报(signals intelligence):通过对国外通信系统及非通信系统发射源的开发处理,提供及时的专有情报和分析信息,包括通信情报(communications intelligence)、电子情报(electrical intelligence)以及国外仪器信号情报(foreign instrumentation signals intelligence)。根据美国国防部的定义,通信情报是指用特意安装的信息接收器从国外通信系统中获得的技术信息和情报;电子情报是指从国外的核爆炸或者放射源发出的非通信电磁辐射中获得的技术情报和地理位置情报③;国外仪器信号情报,是指截获国外部署于空间、地面及地下系统的系统实验信号,由此衍生出的技术信息和情报。信号情报提供关于威胁能力、军力构成及部署、战略意图的情报,此外还负责为致命、非致命打击的实施提供目标信息。

1.2.3.2　按照情报内容划分

(1)信号情报(signals intelligence)。

(2)技术情报(technical intelligence):通过搜集、分析国外军事设备及相关物资情况,评估目标对象的科技能力,防止技术突袭,并针对对手的技术优势开发应对策略。技术情报强调技术在情报活动中的作用。随着科技的发展,现代技术侦察手段日趋完善,各国情报界越来越倚重技术类情报手段④。

(3)人际情报(human intelligence)。

(4)地理空间情报(geospatial intelligence):基于对地理信息及影像的分析处理,对地球上的自然特征和地理位置进行描述、评估和可视化。美军认为,战场地理空间情报为战场可视化和战场态势感知提供了重要

---

① 汪社教.情报研究(Intelligence Studies):另一种情报观[J].情报资料工作,2005(6):9-12.
② 蒋定定,吕晓国,尚顶洪.战场图像情报侦察处理技术及其发展[J].现代防御技术,2006(6):71-73,102.
③ 顾聚兴.信号情报:新的电子战[J].红外,2007(6):42-46.
④ 彼得斯.美国的人力情报与技术情报[J].当代军事文摘,2006(2):10-11.

的基础框架,透明战场的建设离不开战场地理空间情报的支持①。地理空间情报可以为军事决策者和行动部门提供战略、战术图像情报支援。

(5)图像情报(imagery intelligence)。见前文"图像情报"。

(6)测量与特征信号情报(measurement and signature intelligence):这一情报是一种不同于信号情报和图像情报的技术性再生情报(technically derived information),它利用雷达、光谱辐射、声光电、无线电、核侦测等专门的技术和"精细"传感器对静止和动态目标所暴露出来的特征信号进行侦察、识别、定位、跟踪和描述。测量与特征信号情报通过对获得的数据(长度、角度、空间、波长、时间依赖性、调制特性、等离子区、磁流体动力)进行定性和定量分析,然后再对测量与特征信号情报进行识别和测量。因此,测量与特征信号情报由情报活动和情报数据处理技术这两部分组成②。

(7)公开源情报(open-source intelligence):相对于"秘密情报""谍报"而言,公开源情报是一门从公开信息中搜集、甄别和获取信息,并对其进行分析以得到有价值情报的学问③。公开源情报针对特定的情报需求,通过对公众可获知的信息进行搜集、开发处理,及时有效地提供情报产品。美军的公开源情报表述为:针对一定情报需求,通过对公众知悉信息的系统化采集、处理和分析所形成的相关情报。美军没有为公开源情报设立专门的军事职业准则(military occupational specialty)、技术鉴定(additional skill identifier)及专业资质鉴定(special qualification identifier)。除亚洲研究分队外,美军没有对公开源情报在组织和人员上做任何部署,而是将其植入到已有的组织结构中,进而分散到其他任务中完成。

(8)全源情报(all-source intelligence):全源情报作为独立的情报科目,是整合上述所有信息源形成的情报产品及相关活动,通过多种情报源生成的情报。如图1-5所示,公开源情报为基石,其他来源情报为支柱,共同支撑起全源情报。情报工作需要进行"全信息源"(all-source)搜集、分析,

---

① 温万田,张岩松.地理空间情报的作用及未来发展[J].国防科技,2005(2):28-31.
② 梁国富,陈思兴.一种新型情报科目——浅谈国外射频测量与特征信号情报[J].电子科学技术评论,2005(5):7-10.
③ 赵小康.公开源情报——在情报学和情报工作中引入 Intelligence 的思考[J].情报理论与实践,2009(12):23-27.

才能较好地避免因信息片面而造成的判断失误。同时公开信息源为情报分析提供了更为丰富的"起点"和"入口",可以引导情报工作人员挖掘更多有价值的信息。

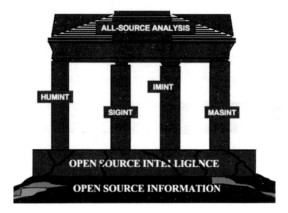

图 1 - 5 全源情报结构

资料来源:NATO. NATO OSINT handbooks[EB/OL].[2013 - 12 - 27]. http://www. au. af. mil/au/awc/awcgate/nato/osint_hdbk. pdf.

(9)反情报(counterintelligence):反情报是由美国政府安全委员会于1957年首次提出的概念,该概念指出反情报是一种知识和一种行为,具体来说,一方面反情报是美国保护与保存军事、经济与生产上的优势所需要的相关知识,另一方面反情报是政府在应对间谍活动、破坏活动等威胁美国国家安全的秘密活动时,所采取的安全保护行为①。反情报包括所有针对盟军、竞争对手及敌军的多科目情报活动采取的侦察、识别、跟踪及抵制活动,通过采集、反情报调查、操作、分析、生产及功能与技术服务,对抗、压制国外情报和安全服务机构及国际恐怖主义组织的情报搜集活动。

1. 2. 3. 3 根据应用范围划分

(1)政治情报(political intelligence)。政治情报是包含一个国家的对外政策及国内的政治情势的情报。搜集情报的国家最关切的当然是其他国家国内、对外政治活动或变迁对本国可能造成的影响。所以政治情报主要是用于分析外国在国际社会之中,对本国所采取的立场是友善的、中立的、竞争的或是敌对的。例如外交政策、国内选举结果、政治团体冲突等,

① 王沙骋,刘洁,赵澄谋. 军民融合:21世纪反情报工作的几点探索[J]. 图书情报工作,2009(4):87 - 90,105.

都是政治情报分析的重点①。

(2)军事情报(military intelligence)。军事活动及相关的信息,通常都是各国对外搜集情报的主要目标,举凡一国的军事战略思想、军事力量(包括军队编制、训练、武器装备类型、数量)、军力部署、作战计划与相关国防科技产业的技术水准、生产能力等,都属于军事情报的范畴。军事情报搜集的对象也并非仅限于有敌意的国家。事实上,即使是同盟国或友邦之间,也经常相互刺探彼此的军事情报,如英国的情报单位曾设法窃得法国研发成功的、能从卫星追踪潜艇的机密科技②。一方面,盟国的军事能力或行动,即使未对本国造成威胁,在国际社会中也不无可能发生连锁反应或使本国遭到牵连,本国必须预先采取应变措施;另一方面,如能获得他国的先进科技,也有助于提升本国的军力。

(3)科技情报(scientific and technical intelligence)。科技的能力与水平攸关国家的发展与在国际社会中的竞争力。因此,其他国家所拥有或正在发展中的各种先进科技,经常都是国家情报搜集的对象。尤其许多民用科技,如计算机、雷达等都可以运用在军事方面。科技情报是各国平时情报搜集的主要目标,最明显的例证就是冷战结束后,国际社会中刺探各种科技及商业机密的产业间谍事件在短期内大量增加,由此可见世界各国对科技情报的重视。

(4)社会情报(sociological intelligence)。一个国家内部的社会状况及发展,如族群关系、社会阶层利益冲突等,通常也是其他国家关切的对象。社会的任何变迁,不仅会直接影响原有社会秩序的稳定,也可能会对政治情势产生冲击,从而改变该国的对外政策,以致影响到其他国家或地区,甚至整个世界情势。如印度旁遮普省锡克人分离主义运动、加拿大魁北克独立运动、俄罗斯车臣暴力内战等分离独立运动所引发的冲突,都牵动地区与世界局势的发展。

(5)经济情报(economic intelligence)。经济利益原本就是国家的重大利益,经济发展是国家安全的重要成分,更是世界各国积极追求的主要目标。为求安全与利益的巩固及促进,各国均有必要加强经济情报的搜集与分析。国际社会中许多冲突或战争的爆发,也经常起因于各国对各种经济

---

① RICHELSON J T. The U. S. intelligence community[M]. Cambridge: Ballinger Publishing Co. , 1995:7 - 9.

② 高金虎. 军事情报学[M]. 南京:江苏人民出版社,2016:285.

利益或相关资源的争夺。经济情报主要搜集内容通常包括:跨国公司活动、国际开发计划、地区经济发展、国际原料市场波动、国际金融秩序、战略物资储存等;另外,一国的财政、工商农矿业、交通运输等资料,均有必要搜集。

(6)环境情报(environmental intelligence)。环境情报指的是国家的自然环境数据,尤其是对于军事行动与情报活动具有密切关系的地理情势(如平地、山岳、河川、海域的分布及特性)、气候变化、特殊疾病、人文分布等。环境有时会影响行动成败,如 1979 年美国派遣特战队前往伊朗解救人质,因未在其搭载直升机通风气口加装滤沙罩,致使直升机因发动机进沙而失灵、坠毁,整个行动可以说是因环境情报之疏忽而失败。环境情报又称为地略情报,是因其注重地理、军事及战略之间的关系。

1.2.3.4 根据情报应用功能分类

(1)积极情报(positive intelligence):含有主动、正面、肯定的意义,具有战略情报作用的情报,也包括促进本国利益及有利于本国制定各项政策、实施各项计划而采取的各种情报活动。积极情报的主要目的是了解国际的情势和对外政策,为本国制定对外政策提供参考依据。因为积极情报是以国外情报作为对象,所以也可称为国外情报。

(2)消极情报(negative intelligence):可以理解为防守情报、反情报,含有反面的、否定的意义,与"积极情报"相比较具有被动性和防卫性等特点,目的是保护国家机密和维护国家安全利益,防范和消减国外采取的颠覆、破坏行动。如针对他国对本国采取的非法情报活动采取各种防范措施,保护己方秘密不被泄露,防止机要部门人员被策反或叛逃等。

1.2.3.5 根据情报产品分类

情报界根据用户的不同需求,提供了多种不同类型的情报产品。美国中央情报局网站将情报产品概括为"以书面报告、口头简报或者其他形式来满足情报用户,包括地图、表格、照片或者模型"[①],并将其分为四种类型:

(1)动态情报(current intelligence):通过对动态情况的跟踪、积累和综合分析,获得最新的事件发展动向,并及时告知情报用户最新的进展、相关背景、评估短期结果的重要性,为潜在危机发布信号。动态情报包括经常

---

① Analytical products of the DI[EB/OL].[2013 - 12 - 27]. http://www. odci. gov/cia/di/work/major. html.

性事件和动态性事件情报研究。

（2）研究情报（research intelligence）：比动态情报研究的内容要深入，且能被用来支持特定的操作和决策，对事件新的发展进行细致描述。研究情报提供的是对地理、人口、社会、军事、外交和国家政治数据结构化的汇编，也可称作"基础情报"。

（3）评估情报（estimative intelligence）：通过信息搜集、分析和内在发展规律研究，预先进行推测、判断和描述研究对象将来可能会发生的情况或者变化，用来支持科学决策等活动。评估情报通常是针对制定中长期发展战略、规划、管理政策等预测性研究。

（4）预警情报（warning intelligence）：主要针对临时紧急的事件进行预警，如反恐情报分析就包含了大量的预警成分。美国的操作中心提供给情报界主要机构和负责人一天24小时全球影响美国利益的事件警报和预警，同时确保提供给决策者动态情报的准确性。

1.2.4 安全情报的职能及作用

由历史来看，安全情报是冲突或竞争的产物，人类的竞争和决策与安全情报活动一直息息相关。在战争年代，安全情报发挥着"耳目、尖兵和参谋"的作用；在和平时期，非传统安全具有跨国性、不确定性、动态性等特点[1]，这意味着非传统安全领域也需要安全情报的介入，并且安全情报依旧要发挥其在战争年代所具有的"耳目、尖兵和参谋"的作用。

《情报：从秘密到公开》一书将情报的职能划分为四个方面[2]：①避免战略突袭；②提供长期的专家意见；③支持政策制定过程；④维持机密性、确保相对优势。兰德公司（Rand Corporation）则认为以下五个方面的情报功能认同度更高[3]：①确定介入事态变化的关键点，特别是在冲突发生之前这点尤为重要，因为一旦将一定规模的军事行动作为解决方案，则意味着情报失察；②帮助国家在决策时获得相对优势，即可行性情报（actionable

---

① 十六大报告辅导读本. 非传统安全威胁因素[EB/OL]. [2013 - 06 - 08]. http://www. southcn. com/news/ztbd/llb/keyword/200212200630. htm.

② LOWENTHAL M M. Intelligence：from secrets to policy[M]. Washington, D. C.：CQ Press, 2000：2 - 5.

③ TREVERTON G F, JONES S G, BORAZ S, et al. Toward a theory of intelligence：workshop report[EB/OL]. [2013 - 06 - 08]. Santa Monira, CA：RAND Corporation, 2006. http://www. rand. org/pubs/conf-procea/CF219.

intelligence）；③确保国家和人民安全；④优化资源配置；⑤整合信息并增强认知和判断力。

本书认为，安全情报既要发挥传统安全时期的"知己知彼"的作用，在面对新的安全形势时也要发挥新的职能。

1.2.4.1 耳目、尖兵、参谋

按传统定义，安全情报是"战时敌情之报告"。在战争年代，它发挥着"耳目、尖兵和参谋"的作用。所谓"耳目"是指侦察或及时告知信息，这也是《孙子兵法》"知己知彼"中的"知彼"。安全情报工作一方面需要时刻监视可能引发威胁的因素，并做好预防措施；另一方面，也要及时跟进已发生的威胁，采取有效措施减少危害。所谓"尖兵"是指事先打探情况或进行预测，监视所关注对象的行为动向，及时做出预测，预防危害性突发事件的发生。所谓"参谋"就是综合分析各类信息辅助决策。在突发事件发生过程中，情报机构通过不断的信息更新来逐步完善该类突发事件的模型，进而可以进行深入研究①。在这个信息爆炸的时代，各种信息蜂拥而至，决策者通常要面对"信息爆炸"及"情报过度"的情况，因此情报的作用十分突出。决策者需要寻求专家来提供咨询和参谋，安全情报能够帮助决策者对国际、国内形势做出正确判断，并辅助决策者制定能确保国家安全的政策。一个国家只有始终掌握准确的安全情报信息，才能掌握斗争的主动权，为决策工作打下坚实的基础；只有通过获取情报，才能明确斗争的方向，主动发起进攻，进而及时制止、打击和粉碎恐怖组织的破坏活动，实现维护国家安全和社会政治稳定的目标②。

1.2.4.2 服务于决策的执行职能

服务于决策是公认的安全情报职能，但在新安全形势下，安全情报还要担当服务于决策的执行和行使监督的职能。安全情报需要与决策者之间维持严格的界限。安全情报可以辅助决策，在与决策者互动中，需要保持一定的客观性和中立性，是为"决策"（policy）服务而不是"决策者"（policy-maker）。有的决策在提出之后，没有得到很好的贯彻执行，这也是很多流弊产生的原因，因此，为了决策的顺利执行，应当在决策执行的过程中进行全程的情报干预。此外，安全情报还需要监督决策结果，即

---

① 吴力群.论实时情报[J].现代情报,2004(12):8-11.
② 张史勇.从新疆恐怖事件分析安全情报工作的重要性[J].科技情报开发与经济,2009(1):102-104.

对决策进行评估。情报学研究中的执法情报(law enforcement intelligence)研究属于政策执行的情报研究,而情报失察研究(intelligence failure)属于政策执行结果的反馈研究。在政策实施情报监督方面,情报机关如何利用情报手段对各类隐蔽的腐败和犯罪行为进行侦查和取证是我国情报学体系从安全的角度需要加以探索的。

1.3 面向国家安全的情报机构

情报工作最初没有专门机构,因此也就没有明确定位,直到现代,各国情报机构才浮出水面,名正言顺地进行情报活动。特别是两次世界大战结束后,一些国家的主要服务于军事目的的情报机构从军事部门中独立出来,并有了自己的专业名称①。因此,情报机构在国家安全工作中的定位,是一个不断发展、逐渐明确及自我完善的过程。

1.3.1 情报机构及其传统任务

1.3.1.1 苏联
1954 年,克格勃正式成立,其前身为苏联内务部的国家安全局,一直以来,克格勃都是苏联重要的情报机构。在冷战期间,克格勃的职权过大,凌驾于苏联党和政府之上。之后随着苏联解体,克格勃机构解散,俄罗斯便创立了国家安全部,该部门继承了克格勃的情报工作,成为俄罗斯重要的国家情报机构。

1.3.1.2 英国
在 19 世纪末和 20 世纪初,英国的情报服务发展迅速。1909 年,秘密工作局成立,并成为秘密情报局(Secret Intelligence Service,SIS,代号为MI6)的前身,主要关注对本国有重大影响的国外情报。此外,政府通信总部(Government Communications Headquarters,GCHQ)为提供信号情报做出了重要贡献。联合情报委员会(Joint Intelligence Committee,JIC)作为另一个重要的国家情报机构,需要针对不同的决策需求及时提交情报搜集报告,对影响国家安全的行为及时做出预警,以及评估国家各安全领域的重

---

① 情报与国家安全课题组.情报与国家安全——进入 21 世纪的各国情报机构[M].北京:时事出版社,2002:20.

大事件和形势(见图1-6)。

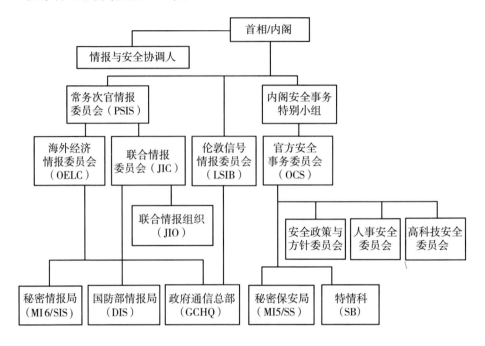

图 1-6 英国情报组织结构图

资料来源:CLINE R S, RICHELSON J T. Foreign intelligence organizations[J]. Political science quarterly, 1989(1):153.

1.3.1.3 美国

美国拥有世界上最庞大的情报机构,按隶属关系和职责可以将其分为四个层级:国会立法建立、总统直接领导的机构;国防部管理的、为政府决策服务的国家情报机构;由国务院和各行政部门管理的情报机构;军事情报部门[①]。

中央情报局(CIA)于1947年成立,直属国家安全委员会(National Security Council,NSC),主要负责搜集国外政治、文化、科技等情报,还要协调国内各情报机构的情报活动,并向总统和国家安全委员会提供相关情报资料和报告。联邦调查局(Federal Bureau of Investigation,FBI)于1908年成立,是隶属于美国司法部的情报机构。除了其他机构管辖的权限外,联邦调查局有权调查一切违反联邦法律的行为。国家安全局(National Security Agency,NSA)于1952年11月成立,主要负责协调美国各个情报部门的电子间谍活动,还与北约国家的无线电侦察以及无线电谍

---

① 胡雅萍,潘彬彬. Intelligence 视角下美国情报教育研究[J].情报杂志,2014(6):4-9,16.

报机关建立合作关系。1978年,中央安全局(Central Security Service, CSS)成立,该机构是美国的绝密情报机关,该机构的主要任务包括以下几点:在保障国家电讯安全的同时,收集国外经济、政治、军事、科技等方面的情报;借助海、地、空和宇宙手段进行全球无线电和无线电技术侦察;对世界各个国家的密码信息进行破译;编制美国国家机关和五角大楼秘密线路中使用的密码,并且要采取一定措施保证密码的稳定性;对世界上各个监听站以及整个间谍卫星网进行控制。美国的情报机构详见图1-7。

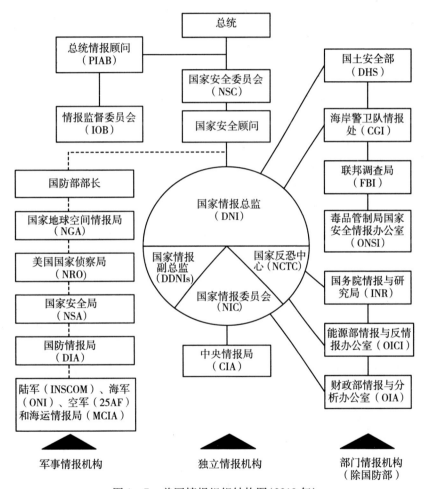

图1-7 美国情报组织结构图(2010年)

资料来源:JOHNSON L K. The Oxford handbook of national security intelligence[M]. Oxford:Oxford University Press,2010:32.

1.3.1.4 以色列

情报系统在以色列举足轻重,被称为"犹太王国的守护神",包括摩萨德、辛贝特、阿穆恩等。其中直属总理办公室领导的最高情报机构摩萨德声名显赫。

摩萨德(Mossad),全称为"以色列情报和特殊使命局",主管对外情报和各种"特别行动",是以色列最重要的情报机构,与美国中央情报局、克格勃(改制为俄罗斯联邦安全局)和英国军情六处,并称为"世界四大情报机构"。摩萨德成立于1949年(也有资料显示成立于1951年),其前身是英国委任统治时期的犹太人军事组织"哈加纳"的"情报服务队"——"沙亚"。奠定摩萨德重要性的基石并非规模,而是它的工作性质、范围,特别是其辉煌的业绩,其主要职能有三方面:一是搜集重点国家和地区的政治、经济、军事和恐怖主义活动等方面的情报,经分析整理后连同对策建议一起上报总理府;二是策划并实施以暗杀、破坏、绑架、营救人质、窃取军事设备为主的特别行动等,根除国家的"敌人";三是负责处理与以色列无外交关系国家的有关事务,如以多种秘密途径和方式,营救海外遇难的情报人员及公民,并对肇事者进行报复等。

1.3.1.5 加拿大

加拿大安全情报局(The Canadian Security Intelligence Service, CSIS),隶属于公共安全部。其主要目标是保护国家和公民安全,主要任务是侦察威胁国家安全的各种活动,搜集威胁加拿大安全的相关情报,并向政府相关部门提交安全评估报告。CSIS担当了加拿大政府国家安全事务的决策顾问角色,这也是它独特价值的体现。在CSIS网站上,公众可以查看大量有用的公开信息。CSIS注重情报的内涵和质量以及对人力资源和技术的运用,并且要求组织对新出现的问题能够保持适应性、灵活性和敏感性[①]。

1.3.1.6 澳大利亚

澳大利亚的情报机构的主要职责是收集和评估外国情报。随着恐怖主义、有组织犯罪和网络安全等领域的国家安全问题的发生,国外和国内安全问题的明确界限被打破,需要更为广泛的保障国家安全的措施。

---

① 卢宏,汪社教.国外Intelligence之实践、研究与教学管窥[J].图书情报工作,2005(9):
28-32.

澳大利亚国家情报办公室(Office of National Intelligence,ONI)由《国家评估部门法》(*Office of National Assessments Act*)成立,为总理提供对国际政治、战略和经济发展的情报分析评估。它搜集其他情报机构的信息,包括外交报告、其他政府机构的信息和报告以及公开源材料,还负责协调和评估大洋洲其他国家的情报活动,这样做是为了澳大利亚情报中心(Australia Intelligence Center,AIC)可以满足政府的情报需求。

澳大利亚国防情报局(Defense Intelligence Organization,DIO)是国防组成的一部分,是一个全源情报防务评估机构。该机构提供情报评估、战略态势、政策等以及有关澳大利亚的国家安全军事能力的建议,是政府对大规模杀伤性武器、军事能力、国防经济学和全球军事发展趋势分析的专业知识来源。

澳大利亚秘密情报局(Australian Secret Intelligence Service,ASIS)是海外人力情报搜集机构。其搜集的重点是个人或组织在国外从事影响澳大利亚安全、外交关系或国家经济。

国防通讯局(Defence Signals Directorate,DSD)是澳大利亚国外信号情报搜集机构,也是国防组成的一部分。它有两个主要功能:收集和报道国外情报以支持澳大利亚国家和国防利益的维护和保障;作为维护政府间通讯的国家信息安全权威机构。DSD同时也对澳大利亚国防军部署、反恐、军事和执法行动提供直接支持。

国防影像和地理空间组织(Defence Imagery and Geospatial Organization,DIGO)是关于国防的第三个情报机构。它是澳大利亚政府牵头的国外地理空间情报组织,用以保障国防和国家利益。DIGO也具有重要的非情报职能,提供数字和纸质地图、定制图像、地理空间产品,还建立了针对大范围地区、国家的映射程序。

澳大利亚安全情报局(Australian Security Intelligence Organization,ASIO)是澳大利亚国家情报服务机构。它负责搜集可能威胁国家安全的活动或形势的相关信息,从而及时向相关部门提出预警。其主要工作是安全环境监测、威胁评估、安全评估和安全保护[①]。澳大利亚情报机构详见图1-8。

---

① 卢宏,汪社教.国外 Intelligence 之实践、研究与教学管窥[J].图书情报工作,2005(9):28-32.

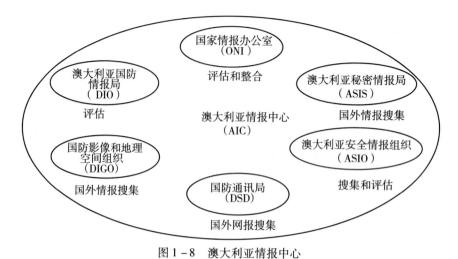

图 1 - 8　澳大利亚情报中心

资料来源：Australian intelligence community-overview［EB/OL］．［2013 - 12 - 27］．http：//www. ona. gov. au/history/australian-intelligence-community. html.

1.3.2　情报机构任务的多元化

经济全球化将各国经济紧密联系在一起，使各国相互依存。近年来爆发的金融危机对很多国家都造成了极大的经济损失，严重影响国家的经济发展。因此，很多国家为了发展本国经济，借助各种手段窃取他国的经济情报。

如今进入信息时代，网络信息安全也成为关系国家安全的突出问题，如有些国家会发布虚假消息迷惑对方，或者散布各种谣言造成社会动荡，扰乱社会稳定，再或者进行信息战等，这些都严重影响国家安全和社会稳定。

资源、环境安全也被纳入国家安全的范畴。许多资源和环境问题引起了各国的重点关注，并且成了国家之间新的冲突源。因而情报机构在这些领域的关注点也日益增多。

由此可见，随着全球化、信息化进程逐渐加快，诸如经济安全、信息安全、能源安全等"非传统国家安全"问题日益显著并引起了各国的重点关注。因此，冷战结束后各国情报机构开始呈现任务多元化特点，军事安全、政治安全等传统国家安全问题以及经济安全、信息安全等非传统国家安全问题都成为各国情报机构关注的焦点。

1.3.3　传统情报模式转为协作情报模式

2001 年，美国遭遇了举世震惊的"9·11"恐怖袭击，这是继珍珠港事件以来,美国所遭受的最为严重的袭击。作为具有世界上最强大的侦察情报系统的美国情报界却没能及时阻止这次恐怖袭击,甚至没有预警,引发了"9·11"事件之后各界对情报工作的大讨论。上至美国高层,下到普通百姓,都要求对情报部门在该事件中的失误进行调查,要求对安全问题进行重新审视,并将目光转移到以往忽视的非传统安全领域,如跨国主义威胁。相对于冷战时期传统威胁目标清晰稳定等特点,新的安全威胁具有组织零散、领导分散、目标不确定、突袭性强等特点。这就意味着维护国家安全的情报工作必须顺应新形势的发展,应对日益扩大化的非传统安全。恐怖主义、毒品走私和洗钱等不仅被看作是犯罪活动,更被视为国家安全的重大威胁。一旦这种新威胁出现,情报部门将与更多安全机构实现跨地区跨部门的多方面联合行动。

在传统情报模式中,情报分析很直接。分析者针对任务和问题,通常采用线性、因果分析的方法进行,将问题分割成几块,并细化分步解决,通过解决部分问题来达到解决整个问题的目的。情报的主体是一个封闭系统,结果具有显著的确定性。传统情报模式的标志性特点是强调情报的"秘密性",情报信息的交流大多采用秘密渠道,并且只能在有限范围内接触相关专家,完成的任务通常也十分艰巨①。传统情报观认为情报过程类似于解谜题,而谜题是由许许多多的信息碎片构成的,对解谜题至关重要的碎片却恰巧丢失了,因此需要情报工作人员尽可能多地搜集碎片,并通过情报工作人员进行"信息拼图"完成解题。因此,情报部门在描述"实质性不确定"时,要考虑如下问题:①对于这个问题,我们知道些什么?②什么是我们不知道的? ③我们不知道的有多重要? 传统情报模式中,问题碎片被划分为三类:一类是秘密的,即行动者为了防止他人知道而刻意隐藏的信息;另一类是神秘的,即组成的信息是不可知的,通常这些信息指代的内容是不确定的;还有一类是公开源信息,即信息可以通过公开渠道获得。传统情报模式解决困惑的情报过程是情报工作人员通过由秘密、神秘或者公开源情报构成的碎片化信息,最终解开谜题。这些模式是由当时特定的政治环境造成的,或是由中心军事力量的对抗性造成的,如冷战时期的越南战争。

相比传统情报模式关注特殊的硬目标(hard targets),协作情报模式更关注公开源信息和大范围的专家意见,该模式注重扫描事件间的内在联

---

① GEORGE R Z. Meeting 21st century transnational challenges:building a global intelligence paradigm[J]. Studies in intelligence,2007(3):1-9.

系,强调依靠整合与协作的力量来进行情报分析与研判,专家们往往会注意到希望看到的其他观点和言论(这些在传统模式中将被认为是无关紧要的或常规不太使用的)。

21 世纪的安全环境要求情报组织在接受两种不同范式的基础上来整合完成任务。情报组织在解决传统安全方面可以利用解谜范式,在面对新时期的跨国威胁时,需要利用新的自适应协作情报范式。协作情报范式在信息化的支撑下,整合各类信息资源,以情报信息分析研判为主要任务,服务于国家安全决策。

1.4 面向国家安全的情报工作

21 世纪,为适应新时期社会、文化和技术的发展,国际情报界大大调整了研究取向和组织结构,并且采取新理念认识安全威胁的本质和急剧变化。这对保护国家安全具有重要作用。

情报研究的最终目的是服务决策,一方面为维护国家利益的相关决策服务,另一方面为保护行业和组织利益的相关决策服务。情报工作因为其特殊性,可以应用情报方法或手段来保障国家安全,以我国国家情报工作为例,如表 1－2 所示。

表 1－2　我国国家安全与情报

安全类别	安全内容	安全情报工作
国土安全和军事安全	免于军事入侵和战争威胁,保卫国家主权和领土完整、维护边疆地区稳定、实现祖国统一大业	军事情报(战场态势、敌方信息系统、武器装备、兵力部署、战略决策、战区地理水文气象等信息);国防建设情报(国防科技水平、武器装备研制和生产能力、国防工业建设、作战物资储备)、周边冲突及威胁分析、科技成果优先用于军事领域的情报、海洋权益监测
经济安全	资源安全、粮食安全、金融安全、贸易安全、食品安全、反经济制裁、打击经济犯罪	抵制和消除内外各种风险冲击和危害的一切情报辅助工作:反经济间谍、反策反渗透、反欺诈套取、反制裁信息搜集、黑色(地下)经济活动侦查、反洗钱资金监测等;在产业危机、贸易壁垒、知识产权等方面的预警

续表

安全类别	安全内容	安全情报工作
政治安全	维护政权和政治制度	反策反、反情报，以及反颠覆、破坏、渗透、武力威胁和内政干涉相关的情报活动，监测影响政治制度和社会稳定的各种相关因素，关于毒品走私和恐怖主义活动的情报搜集
科技安全	科技成果、科技人员、科技产品、科技设施和科技活动的安全	与科技相关的情报与反情报工作，后者包括防止与安全和利益相关的重大科技成果的泄露、窃取，关键科技人员的情报搜集和保护、科技成果的安全控制、科研设施的安全防卫
生态安全	流行病预防、环境安全、围绕大气污染、气候异常、水资源缺乏等问题的情报工作	环境问题可能引发的危机事件和冲突预测，基于资源争夺的情报搜集，尤其是水、油、渔业等生存资源；国外绿色壁垒的政策动向分析，环境外交的信息准备
信息安全	信息数据保护、信息基础设施和软件系统安全、信息技术保护、网络安全等	争夺信息控制权（信息战）所涉及的信息搜集、处理、传播和使用，包括信息探测、信息引导、信息控制等；威胁识别与评价，风险评估，案件调查、网络监控

除了上述常见的情报工作之外，近几年国内外出现的智库机构也在情报工作中充当重要角色。"智库"（think tank）又称"思想库"，主要指研究对象为公共政策，研究目标为辅助政府决策和改进政策制定的专业研究机构。服务决策是智库的主要职能，其服务过程为：依据政府、企业等提出的情报需求，利用所拥有的资料集、方法体系、工具模型、专家智慧等资源进行情报收集（调研）、处理、加工、分析等工作，进而对某项政策性问题提出相应的建议，最终形成诸如研究报告、要报提案、系列书刊等类型的情报产品，用于辅助决策[①]。可以看出，相较于传统情报机构服务，智库服务融入了特定领域专家的知识、经验和智慧，并且智库最终提供的不仅是"耳目、尖兵、参谋"的情报类产品，而是对决策具有导向性，甚至已经具备政策

---

① 李纲，李阳.面向决策的智库协同创新情报服务：功能定位与体系构建[J].图书与情报，2016（1）：36－43.

"雏形"的情报产品①。智库"知行合一"的职能特点使其在面对国家安全问题时的"情报意识"更加敏感,国际上的典型案例有以色列智库对伊朗核问题的判断、建议,彼得伯格俱乐部利用多源信息分析对国际金融体系的深刻影响等②。在经济、产业、科技创新需求的时代,智库服务对国家安全和发展具有重要作用。

---

① 张家年,卓翔芝.融合情报流程:我国智库组织结构和运行机制的研究[J].情报杂志,2016(3):42-48.

② 李纲,李阳.情报视角下的智库建设研究[J].图书情报工作,2015(11):36-41,61.

2 面向国家安全的情报支持路径

2.1 情报支持路径相关研究

2.1.1 从国家安全的角度看情报研究的新使命

海外国家安全情报研究已经积累了一定的成果。国外研究者们一方面意识到在目前的战略环境中,冲突与威胁的边界更加分散与模糊,非直线式情报途径的重要性日益凸显①②;另一方面意识到在信息时代,想要获得商业竞争或是军事冲突的成功就需要在最正确的时间取得最正确的情报且用于正确的地方。

从国家安全的角度,有研究成果提出将情报品质化。斯普拉彻(Spracher)阐述了如何认知预警问题及预警解决方案等③,提出以人民中心取代以往政府中心的情报概念。在实践上,"9·11"事件以后,美国更加重视国家安全情报工作,开始检讨情报失察(intelligence failures),强调情报分析(intelligence analysis)质量,要求情报工作人员利用各种可利用的情报源,并加强与各领域专家学者的接触。

国内情报学由于长期面向文献学路径,对国家安全情报的研究目前还不够深入。一些学者提出要建立国家竞争情报体系,引入企业竞争情报理

---

① HERMAN M. 11 September: legitimizing intelligence? [J]. International relations, 2002(2): 227 – 241.

② MIJALKOVIĆ S. "Trash intelligence" as a method in intelligence and security[J]. Bezbednost Beograd, 2015(1): 5 – 31.

③ SPRACHER W C. Teaching intelligence in the United States, the United Kingdom, and Canada [M]. The International Studies Encyclopedia, New Jersy: Wiley-Blackwell, 2010: 307 – 330.

念和方法提升国家竞争力①②③。一些学者多年来呼吁以 intelligence 为导向构建情报学知识体系,分析情报学相关基本概念,认为应在总体国家安全观的指导下,丰富国家情报学说、健全国家情报体制、完善国家情报法律④。

2.1.2 情报支持路径相关研究

2.1.2.1 情报支持路径微观环节研究

在情报支持平台建设上,美国在"9·11"恐怖袭击事件后,建立了国家级专业情报信息中心以及分散在全美各地的联合反恐行动队、区域情报整合中心,有一套完整的涵盖执法机关、联邦情报以及州、地方各级执法与应急处置机构等各个部门的庞大的反恐与执法情报信息系统。国内的情报平台建设集中在竞争情报平台、政府情报平台、科技情报平台上,这些平台的主要职能也仅限于提供信息和文献等传统服务,对安全问题涉及甚少。

在情报运作流程上,国外在 2002 年就阐述了国家安全情报的过程要素,之后,《美国陆军情报分析手册》⑤给出了强调以作战任务为中心的情报分析流程;我国参照美国的国家安全情报体系的情报运作流程,结合国情提出了我国国家安全情报体系的情报运作流程。

2.1.2.2 情报支持路径整体研究

1980 年,美国政府成立了情报支持活动局(America Intelligence Support Administration, AISA)⑥,一个超越美国法律规定范围的非常秘密的组

---

① 赵刚. 建立国家竞争情报体系:目标与原则[J]. 情报学报,2004(3):367-371.

② 陶翔,缪其浩. 国家竞争情报的概念及其演变过程[J]. 图书情报工作,2005(9):16-20.

③ 韩玺,王翠萍. 国家竞争情报体系构建研究[J]. 情报杂志,2006(9):67-69.

④ 沈固朝. 两种情报观:Information 还是 Intelligence? ——在情报学和情报工作中引入 Intelligence 的思考[J]. 情报学报,2005(3):259-267;沈固朝. "耳目、尖兵、参谋"——在情报服务和情报研究中引入 intelligence studies 的一些思考[J]. 医学信息学杂志,2009(4):1-5;包昌火. Intelligence 和我国的情报学研究[J]. 情报理论与实践,1996(6):6;包昌火,马德辉,李艳. Intelligence 视域下的中国情报学研究[J]. 情报杂志,2015(12):1-6;张家年,马费成. 我国国家安全情报体系构建及运作[J]. 情报理论与实践,2015(8):5-10.

⑤ Department of the army. Open source intelligence, FMI2-22.9[R]. Washington, D. C. :Department of the Army,2008:40-50.

⑥ 陈淑仪. "情报支持活动局"——美国一个最秘密的间谍机构[J]. 国际问题资料,1984(15):15.

织。该组织的主要工作是调查欧洲恐怖分子、向外国提供武器、在全世界范围内搜集情报和进行秘密活动,类似中央情报局,且更注重情报支持路径的可实施性和时效性。此外空中情报支持路径的研究、科技情报支持路径研究(如2000年,新加坡成立技术竞争情报局,2003年,日本成立日本科技情报中心等),以及目前比较热门的智能情报分析等研究成为国外整体情报支持路径研究的主要内容。

我国1956年成立了第一个情报机构——中国科学院科学技术情报研究所。1982年,情报学界提倡健全组织机构,如韩锦平建议成立一个专门的研究机构,并就军工产品的防腐情报工作开展试验①,刘毅夫等提出要结合国情和历史经验,对科技情报工作进行系统调整②,1992年,樊松林提到经济计划中的情报支持等③。此外,还有一些研究关注国家安全领域的教育、应急情报体系的组织结构、保障体系、运行机制、国家情报体系的组织结构、情报运作流程、工程思维与情报活动的结合④⑤。2017年6月27日,第十二届全国人民代表大会常务委员会第二十八次会议通过的《中华人民共和国国家情报法》,重点强调要加强和保障国家情报工作,维护国家安全和利益。同年10月,在南京召开的情报学与情报工作发展论坛,达成了《情报学与情报工作发展南京共识》,重点强调"情报工作应以'耳目、尖兵、参谋'为准绳"。

不可否认的是,目前安全情报研究在如何进行情报介入、解决情报问题的理论方法研究方面还存在较大不足,虽然国内情报研究已经从文献情报、科技情报向安全情报迈进,安全情报的实践工作也在各个环节中广泛开展,但是多数还停留在理论层次,或者关注具体的情报技术和方法。对于如何将情报学与解决国家安全问题的国家安全学、军事学、大数据、人工智能、移动互联网、云计算等其他相关学科的理论、方法、技术有机结合在一起,工程化、具体地指导安全情报工作开展、指导情报组织建设、指导情报工作人员培养的研究还比较缺乏,针对完整的情报支持路径的研究则更加薄弱。

---

① 韩锦平.防腐包装网积极开展情报调研[J].兵工情报工作,1982(6):4.
② 刘毅夫,何璧.论国民经济调整时期中央部委科技情报机构工作的调整[J].情报科学,1982(2):76-81.
③ 樊松林.中国信息市场的建设和培育[J].情报科学,1992(5):53-59.
④ 江焕辉.国家安全与情报工作关系的嬗变研究[J].情报杂志,2015(12):11-15.
⑤ 张家年,马费成.我国国家安全情报体系构建及运作[J].情报理论与实践,2015(8):5-10.

2.1.3 从情报工程到情报支持路径

将工程化的思维引入情报的开发、管理和应用过程中并不是新想法。早在 20 世纪 80 年代，我国就在多所高校开设情报工程学专业，但当时的情报工程学只是作为情报学的前身，与本书提到的情报工程并不是一个概念。2009 年，中国科学技术研究所提出了"事实型数据 + 工具方法 + 专家智慧"的情报研究方法论[①②]，在科技情报领域率先强调工程化思维的重要性；2014 年，贺德方将情报工程概念从基本模式拓展到工程化思维下的情报服务范式[③]。

近几年，国内将工程化思维引入情报工作过程中的研究趋势逐渐兴起。2016 年，唐晓波等提出构建基于霍尔模型的情报工程知识体系，梳理情报工程知识体系[④]；同年，李阳等提出将工程化与平行化相结合，构建以情报工程化为主导、情报平行化为支撑的"两融合"应急决策情报服务模式，为我国应急决策情报研究提供新思路[⑤]。情报工程是将工程学思想引入情报学研究而诞生的概念，工程化的思维最终是面向解决问题、面向业务开展的，情报工程创新地提出要借鉴软件工程面向对象的思想来处理情报问题。但目前情报工程并没有一套完整的理论成果和真正的实施成果，且研究多局限于科技情报领域。

情报支持路径概念与情报工程概念有很多相似之处。情报支持路径是梳理现有的研究成果，全方位探索归纳当前情报工作中支持路径各环节，即情报工作的理论、方法、技术以及它们的逻辑关系、实施环节、工程范式和模型，并探索形成情报运作流程、情报支持平台建设与情报活动的效果评价等一系列模型和规则的研究。

---

① 贺德方. 基于事实型数据的科技情报研究工作思考[J]. 情报学报，2009(5)：764 – 770.

② 贺德方. 事实型数据：科技情报研究工作的基石[J]. 情报学报，2010(5)：771 – 776.

③ 贺德方. 工程化思维下的科技情报研究范式——情报工程学探析[J]. 情报学报，2014(12)：1236 – 1241.

④ 唐晓波，朱娟. 基于霍尔模型的情报工程知识体系构建[J]. 数字图书馆论坛，2016(2)：27 – 32.

⑤ 李阳，李纲. 工程化与平行化的融合：大数据时代下的应急决策情报服务构思[J]. 图书情报知识，2016(3)：4 – 14.

2.1.4　软件工程思想与情报支持路径的结合

情报工作是复杂的系统工作,情报工作过程是非线性过程,传统的情报流程与情报周期并不能很好地描述情报工作过程。情报工作过程应是一个不断迭代与扩充、各系统间不断交互的增量式工作过程,这与软件过程的特点非常相似。但情报工作过程与软件过程也存在着区别,即安全情报工作人员的工作能力、安全情报理论、安全情报方法与安全情报技术也是情报工作的产品,应在情报工作过程中对情报理论进行总结,对情报方法进行归纳,对情报技术与工具加以提取实施,对情报工作人员进行培养。

软件过程是软件工程中的概念,指软件生产过程中相互连贯的一系列活动。软件过程与情报工作过程一样是复杂活动,依赖于人的主观决策和判断,且工作面对的需求不断变化,需要灵活、快速地开展工作。软件过程模型是软件过程的简化表示,常见的软件过程模型有瀑布模型、增量式开发模型、集成和配置模型等,其中增量式开发方法被广泛地应用于快速变化的系统开发工作过程管理场景。

Rational 统一过程(Rational Unified Process,RUP)[1]是美国软件工程公司 Rational 在通用过程模型的基础上提出的"普遍适用"的过程模型。Rational 统一过程作为一种软件工程过程解决了如何在开发组织中严格进行任务分配、职责分配的问题。Rational 统一过程是开发组织用以分配与管理任务支撑的规范化方法,以一种"可剪裁"的表达形式适应多种项目需求。以目标为驱动的国家安全情报支持路径倒金字塔模型中借鉴了 Rational 统一过程的"工作流""活动""制品"的思想。

2.2　面向国家安全的情报支持路径内涵

我国目前的情报研究刚刚将重心从文献情报、科技情报转移到安全情报上来,原有的学科体系并不能适应目前国家安全情报工作要求,需要将现有的情报学与解决国家安全问题的国家安全学、军事学、大数据、人工智

---

[1]　克鲁森. Rational 统一过程[M]. 徐正生,程逸,邓君威,译. 北京:中国电力出版社,2004:100.

能、移动互联网、云计算等其他相关学科的理论、方法、技术有机结合。面向国家安全的情报学与其他相关学科的融合研究能够为情报支持路径研究提供支撑，在这个过程中，情报学的理论体系也将得到丰富。将情报理论、方法和技术与相关学科结合起来，将更有效地推动情报工作和情报学的发展。

　　面向国家安全的情报支持路径从若干特定的侧面表现安全情报工作过程中各项工作，并阐述如何总结安全情报工作理论、归纳安全情报工作方法、提取安全情报工作技术、培养安全情报工作人员。通用的情报支持路径模型是情报工作过程的高层和抽象描述，用于解释不同的情报工作方法，可被视为情报工作的过程框架。情报支持路径可以通过扩展和调整来创建特定的情报工作具体实施方法。

　　情报支持路径研究的目标是从支持路径和实现的角度研究国家安全情报，将安全情报的研究从理论层、概念层进一步深化至操作层（情报支持路径为具体实施提供指南）。情报支持路径研究通过探源索隐，提出新问题，获得新的框架体系，提出部分新的概念并加以阐释，启迪相关研究和新的工作思路。情报支持路径研究梳理现有的研究成果，全方位探索归纳当前情报工作中支持路径各环节，即情报工作的理论、方法、技术以及它们的逻辑关系、实施环节、工程范式和模型，进而描述情报工作全生命周期中的活动序列，定义过程中人员的交互，从理论和实践两个层面进行研究。

　　在理论层面，情报支持路径提出倒金字塔式的螺旋增长模型，如图2-1所示，以目标为驱动，从安全情报工作的生命周期、情报工作流、情报理论总结、情报方法归纳、情报技术提取、情报人员培养6个维度定义情报支持路径①。模型用以描述增量式的情报工作过程、情报理论总结过程、情报方法归纳过程、情报技术提取过程与情报人员培养过程。在指导情报工作过程的基础上，该模型拓展安全情报视野，梳理安全情报理论体系，融合其他相关学科归纳安全情报方法，形成一套实用的安全情报工具和人才培养方案。

---

① 石进，赵小柯，刘千里.面向国家安全的情报支持路径[J].情报学报，2020（7）：675-686.

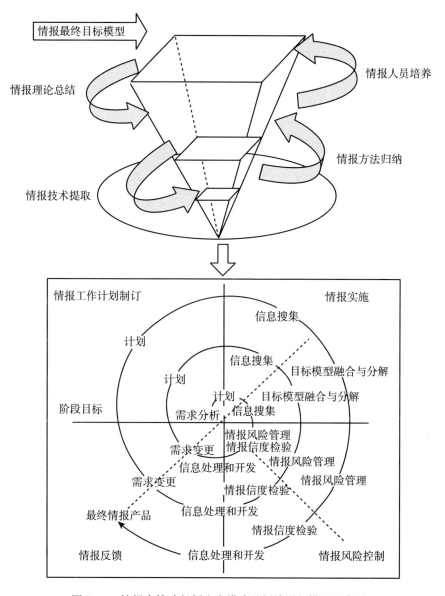

图2-1 情报支持路径倒金字塔式的螺旋增长模型示意图

在实践层面,情报支持路径主要是在归纳情报方法的基础上,对于提取的共性情报技术支持工具进行开发。石进等通过分析用户具体情报需求、情报机构能力和情报类型,简化情报工作过程,建立情报工作过程框架,通过扩展和调整创建特定的情报工作具体实施方法[①]。

————————

① 石进,赵小柯,刘千里. 面向国家安全的情报支持路径[J]. 情报学报,2020(7):675-686.

　　情报工作支持路径受用户具体情报需求、情报机构能力与情报类型影响。面向国家安全的情报支持路径应该是情报工作过程的简化表示，每个支持路径从一个特定的侧面表现情报工作过程，只提供情报工作过程的部分信息。

2.3　面向国家安全情报支持路径核心组件

2.3.1　目标驱动的情报工作思想

　　2001 年至 2005 年之间发生了两起情报失误事件："9·11"事件与伊拉克战争事件。这两起情报失误事件暴露出传统情报周期理论在实际应用场景中存在的情报共享不畅、情报反馈不及时等问题，使美国情报界对于情报支持路径的研究从第二次世界大战后诞生的传统的情报周期理论发展到以目标为中心的情报流程，模型结构如图 2-2 所示。以目标为中心的情报流程是一个网络过程，用户可以查看目标共享图景来明确需要，情报分析人员与搜集人员一起将需要转化成搜集人员需要解决的信息需求，搜集人员获取信息纳入目标共享图景，分析人员从中提取情报提供给用户，用户补充认识并提出新的信息需求。在这个过程中，情报分析人员协调用户和搜集人员完善目标图景，形成一个情报分析网络。相比传统的情报周期概念，以目标为中心的情报流程更符合情报分析工作的实际，更适应复杂问题的研究。

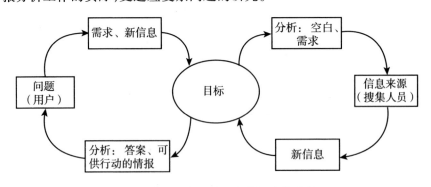

图 2-2　以目标为中心的情报支持路径

资料来源：克拉克.情报分析：以目标为中心的方法[M].马忠元，译.北京：金城出版社，2013：90-92.

　　面向国家安全的情报支持路径研究引入了情报目标模型的概念。由于情报工作直接面向的决策者往往存在目标模糊的问题,情报工作想要做到有的放矢,引入情报工作目标模型的概念是有必要的。

2.3.1.1　情报工作目标模型

将情报工作的最终成果具象为目标模型有助于情报工作的有序展开,更有助于情报工作人员及时共享情报工作成果,把握情报工作进度,发现情报工作空白。

以目标为中心的情报分析理论认为典型的情报目标是一个系统,情报分析一开始就应该将目标视为一个系统,该系统涵盖结构(structure)、职能(function)、流程(process)。"结构"是由组成系统的成员及其关系确定的,"职能"指系统的输出,表示系统产生的效果或结果,"流程"是指系统实现职能所要进行的事件或活动的次序。所有的情报目标都可以用系统模型来表征,且大部分都是动态的、不断演变的、非线性的复杂系统,大部分的复杂系统模型其实都是网络模型。

情报机构可以在不完全了解需求的情况下建立目标模型,并不断通过迭代的情报分析活动扩大该目标模型,创建更为详细的子模型(submodel)或附带模型(collateral model)。情报模型的类型有很多,包括清单模型、曲线图、比较性模型、模式模型(统计式、编年式、空间式模型等)、关系模型(层次体系模型、联系与社交网络模型、矩阵模型等)、网络模型(人物传略、过程模型等)等。除此之外还有很多综合模型也可作为情报目标模型,例如地理空间模型、人类地形模型、空间—时间模型等,也可以按照实际模型与概念模型的分类将情报目标模型进行分类(见图2-3)。

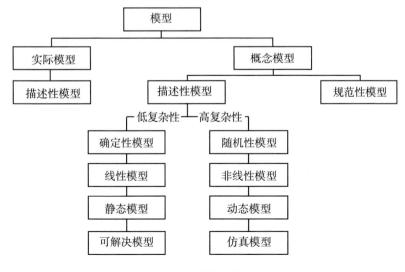

图2-3　情报目标模型

2.3.1.2　增量迭代的情报工作过程

情报工作要求快速、准确,且要高度适应用户的需求转变,这种工作特征与软件工程的过程非常相似,借鉴软件工程的增量式思想,在情报工作过程中采用迭代的工作过程是符合情报工作实际的。

因为情报工作绝非是线性过程,情报周期的概念并不能真正应用于实际的情报工作中。在真正的情报工作中,多部门之间的交互更频繁、界限更模糊,美国前国家情报总监迈克·麦康奈尔(Mike McConnel)等人主张情报工作过程更应像是一系列的反馈回路,情报支持路径就是吸收了这一观点。

迭代的情报工作过程更符合情报工作的实际。情报工作就是一个不断地发现、创造和实现的过程,需要在工作过程中不断甄别情报的准确性,不断地依据变化的需求修改情报目标。迭代的情报工作过程能使不同职能角色之间的沟通更顺畅,降低情报失察、情报误判的风险,保证最后的情报产品更符合使用方的需求。

2.3.1.3　里程碑

若将情报工作过程视为迭代过程,就不可避免地需要决定何时可以进入下一轮迭代的问题。一般的迭代模型都会通过判断是否达到阶段目标即里程碑来明确是否可以进入下一阶段。情报支持路径通过建立多套阶段目标指标体系来评判目前的工作状态是否可以进入下一阶段。情报工作作为一项非线性复杂系统工作,其阶段目标有可能随时产生变化,在进行阶段目标指标体系设计时需要考虑这一点。

对情报工作进行评价一般会采用定性、定量或二者结合的指标评价模型研究方法。定性指标比较全面,但主观性较强;定量指标较为客观但难度较大。情报工作绩效评估方法有很多,包括审计法、平衡记分卡法、定标比超法、基于人力资源的方法、目标管理方法等。国家安全层面的情报工作绩效评估,无法像企业竞争情报绩效评估一样采用核算期望价值差额来评估情报工作情况,而应该采用定性定量相结合的方法,重新构建全面的评估指标模型。

本书参考国内外相关情报评价成果的指标体系,从目标模型、人员培养、技术实现、方法归纳、理论总结 5 个方面全面考察情报工作的开展情况,通过德尔菲法与模糊综合评价法来构建指标体系,根据模型评价的结果确定是否可以进行下一轮迭代(见图 2 - 4)。

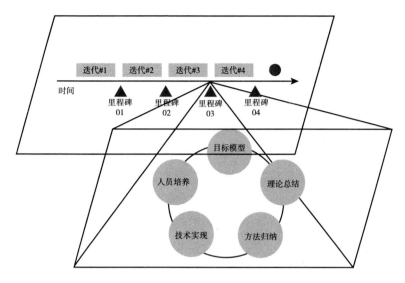

图2-4　情报支持路径里程碑示意图

2.3.2　情报工作人员

人员是情报工作的核心,任何情报活动都离不开情报工作人员的参与,软件工程理论认为每一个工作人员都与一组内聚的活动(activity)相联系,对于每个工作人员职责的表示通常与某一特定制品(artifact)相联系,即工作人员制造、修改和控制制品。

对于情报工作人员管理和培养方面的研究是情报支持路径研究与情报工程研究最大的不同之处。软件工程理论是建立在项目组可以招募到成熟的管理人员、开发人员的基础上展开的,而情报组织往往面临着人手不足、人员职能不清、人员水平有限的困境,特别是在新成立或正在建设过程中的情报组织中尤为如此。情报支持路径可以帮助情报机构定位人员职能,从而明确人员选拔和培养的方向。

2.3.2.1　情报工作角色划分

情报支持路径研究会抽象情报活动中的工作人员角色。情报工作人员角色定义着扮演该角色的人员应该具备的能力和应该执行的活动、应该产生的特定制品。

在情报支持路径中,情报工作角色被划分为四种:情报管理人员、情报搜集人员、情报分析人员、情报联络人员(见表2-1)。

表 2 - 1　情报工作角色

情报角色	角色描述	活动示例
情报管理人员	根据情报目标的变化与需求的变化确定情报工作的工作方向以及情报工作的重点。监督情报工作实施,保障情报工作有序进行,随着工作的开展不断修正目标	在情报活动的初期撰写情报工作计划
情报搜集人员	通过各种方式搜集各类情报,并对情报进行过滤	与相关人物接触获取情报
情报分析人员	从复杂的情报信息中提取构建情报目标模型所需的情报,构建情报目标模型,与情报搜集人员和情报管理人员沟通,是情报组织中的枢纽	用人机网络分析法确定关键人物
情报联络人员	辅助进行情报共享,促进部门间信息沟通交流	递交多部门共享的情报简报

2.3.2.2　情报工作人员选拔与培养

情报工作人员培养具有成长周期长、岗位流动大、条件环境差三个特点。成长周期长是指情报工作是一项对经验积累要求较高的工作,优秀的情报工作人员需要有较长一段时间的经验积累。岗位流动大体现在情报工作人员供不应求,一定条件下需先满足重要情报工作的人才需求。条件环境差是指情报工作人员的工作性质特殊导致情报工作人员常常需要面临危险的工作环境。情报工作人员的培养不仅要克服一般情报工作人员培养的困难,还要注重对安全领域知识的普及,这是一项复杂的工作。

情报支持路径在明确情报工作人员职能的前提下,针对每一个情报角色制订培养计划,帮助情报机构有目标地招募情报工作人员、培养情报工作人员。

情报工作人员的培养需要有所侧重,针对情报工作的需求,在情报支持路径部署的过程中提高情报工作人员的能力。迭代过程的优势之一就是情报工作人员可以在整个过程中不断进行学习,个人的能力和专长不断得到成长,在一些环节中可以提前进入角色,提前着手开始工作,提高效率。

2.3.3　情报工作活动与制品

情报工作活动定义了情报工作需要执行的工作单元,活动的目标是生产制品或更新制品,每一个活动都对应特定的情报工作角色。活动所用的时间一般比较短,通常涉及一个工作人员,影响几个制品。对于同一个制品,活动可能重复多次。在迭代的过程中,重复的活动可能被同一种角色完成,但不一定是同一个人。

活动应该被分解成多个步骤,每个活动中不是所有的步骤都必须执行,以可替换流的形式将它们表示出来。

情报工作制品是由情报工作过程产生、修改或使用的一条信息,可以是模型或模型元素,也可以是文档、图表等。情报工作制品可以是一项活动的输入,也可以是一项活动的输出。

情报支持路径不但要研究情报角色和情报活动,还需要研究活动产生的中间制品,并将其划分为相应的信息集。在迭代的过程中各种制品并不会在一次迭代中固定下来,不同的信息集不断发展、不断成长,伴随着工作流的不断迭代,信息集中的情报工作制品也不断完善。

2.3.4 安全情报支持理论、方法、技术

(1)安全情报支持理论

情报支持路径引入国家安全学、军事学、计算机科学等目前情报学未涉及或涉及不足的部分理论来开展情报工作。

(2)安全情报支持方法

在开展情报工作的同时梳理开展安全情报工作所需情报工作方法,既包括传统情报学方法,也包括与其他学科融合的方法,用于指导实务。

(3)安全情报支持技术

情报支持路径支持将方法应用于实务,构建一系列安全情报工作方法支持工具,目的是将方法技术化。

2.3.5 工作流

仅仅描述情报工作角色、情报工作活动与情报工作制品,并不能完整地定义整个情报工作过程。在软件工程中,研究人员往往采用工作流的概念来描述活动顺序与工作人员间的关系,在情报支持路径中也引入工作流的概念。

情报工作流描述情报支持路径中所有能够产出有价值成果的活动序列,并表示出这个过程中情报工作人员之间的交互。一个工作流可以以序列图、协作图或活动图的方式表示。不是所有的情报活动之间的依赖关系都能被表示出来,因此工作流的定义并不是要求角色机械地遵守程序,而是指明该项工作内容的可能路径,情报工作流也可以反映出情报信息流。

以目标为驱动的国家安全情报支持路径倒金字塔模型中初步设定有8条迭代情报工作流,分别构成4个象限:需求分析工作流、计划工作流、信息搜集工作流、信息处理和开发工作流、目标模型融合与分解工作流、需求变更工作流、情报风险管理工作流、情报信度检验工作流。此外,还有4条全生命周期工作流:情报理论总结工作流、情报方法归纳工作流、情报技术提取工作流、情报工作人员培养工作流。图2-5是其中计划工作流的示意图。

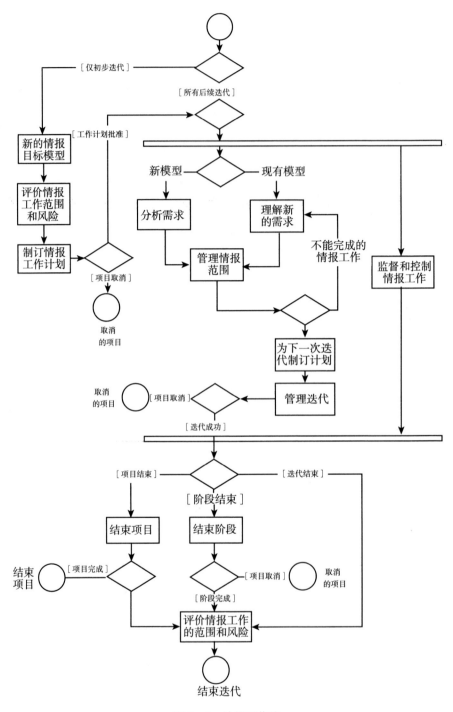

图 2-5 计划工作流

注:圆形代表项目,菱形代表条件分支。

3 情报流程:搜集、处理

情报搜集是指根据搜集原则与策略,使用恰当的搜集方法和技术,从各个可能产生与问题相关情报的源头搜集情报的过程[①②];情报处理是指对搜集到的情报资料进行加工,转化为情报分析适用的形式的过程[③]。情报搜集和处理是情报分析和呈现的基础。情报搜集的范围与方法直接影响分析结果的全面性、准确性,情报处理的方法与过程直接影响分析结果的质量与效果,这两个步骤处理不当会导致后续工作失去意义,同时直接影响决策的准确性。

3.1 情报搜集

如前所述,面向安全的情报搜集的主要范围是涉及国家安全的所有领域,还包括猖獗的有组织犯罪、隐蔽的金融犯罪、爆发性的公共卫生事件等非传统安全领域。此类情报搜集的主要方式是侦察(reconnaissance)、监视(surveillance)、检测(detection)、访谈(interview)、检索(retrieval)等。

3.1.1 情报搜集存在的问题

在当前安全情报搜集过程中,由于缺少科学系统的安全情报理论指导和切实有效的情报搜集方法,许多安全领域的情报搜集工作存在情报来源狭窄、时效滞后、内容单一等问题[④⑤]。想要既快又准地开展情报搜集工

---

① 张福俊. 竞争情报分析[M]. 北京:中国书籍出版社,2016:23 – 24.
② 桑德斯,史密斯. 网络安全监控:收集、检测和分析[M]. 北京:机械工业出版社,2016:310 – 311.
③ 彭知辉. 情报流程研究:述评与反思[J]. 情报学报,2016(10):1110 – 1120.
④ 李亦农. 经济犯罪情报若干问题研究[C]//《公安情报学理论与实践》编委会. 公安情报学理论与实践:全国公安情报学研讨会论文集. 北京:中国人民公安大学出版社,2007:63.
⑤ 张晖等. 高校图书馆信息服务创新研究[M]. 北京:清华大学出版社,2015:78 – 86.

作,需要完善信息资源配置,构建科学的情报搜集方法,加强情报加工整理,强调全过程思维分析和综合评估等。

因为经验不足或者知识背景的局限,安全领域的工作人员或情报工作人员在搜集情报时可能限于某些情报来源,情报源单一,难以保证情报的可靠性。在新闻媒体界,记者常通过自己的"线人"挖掘独家信息,但是单一的情报来源会造成虚假新闻,给媒体形象和权威带来很大的负面效应①。另外,有些情报源并不是所有人员都能通过公开渠道接触到,需要借助一些手段。

网络新形势下,情报源的结构已完成重组。有学者提出情报搜集应将原本关注有限的核心情报源的传统模式转化为依据"长尾理论"扩大搜索对象的新型情报思维②。安全问题涉及面广,相关工作人员在安全情报搜集方面更要开拓视野,积极发现线索,顺藤摸瓜,扩大情报搜集范围。

扩大情报搜集范围后,特别是利用网络途径搜集情报时,如何从海量的信息中挖掘出有价值的情报成为新问题。网络资源数量庞大、错综复杂,更新迅速,如果仅靠人工搜集处理是难以想象的,需要情报搜集技术的辅助③。在新形势下,新兴技术的诞生也要求情报搜集技术的不断更新。1991年海湾战争时,伊拉克使用了目标损毁的高新技术武器,当时美国对目标毁伤效果的情报搜集技术较为落后,难以及时准确地对目标毁伤效果做出评估,这大大制约了美军及其盟军的各项军事行动④。而根据20世纪80年代以来多场局部战争瞬息万变的战场情况,战争指挥和决策对情报的时效性和准确性的依赖显著增强⑤。这都要求情报搜集技术能够做到与时俱进,不断适应新形势。

随着网络信息量的激增以及安全领域情报搜集范围的扩大,情报评估的工作量也呈正比上升。鉴别情报的真假正误是搜集和评估情报资料时的重要环节。例如,当截获到一条关于恐怖袭击的消息时,如果没有进行评估而盲目地采取行动,很可能会造成不必要的骚动。再如,网络中的信息失真现象严重,如果不能有效甄别,完全有可能把过时的、失真的信息当

① 陈志伟.论新闻报道的"单一信息源"[J].江南论坛,2010(11):59-60.

② 葛敏.网络公开军事情报搜集的探索[J].高校图书馆工作,2012(2):54-57,96.

③ 程绍琴.浅谈网络时代的科技情报搜集[J].泸州科技,2012(3):20.

④ 李志亮,邢国平,陈辉.基于无线传感器网络的目标毁伤效果情报搜集[J].物联网技术,2012(1):24-27,32.

⑤ 陈刚,吴德元.从近期几场局部战争看情报的时效性和准确性[J].情报杂志,2010(29):133-134,78.

作情报。未经鉴别的情报资料是不能作为决策依据的,需要把各种来源的情报反复进行比较分析,多方面补充印证,以提高情报的准确性和可靠性[①]。

当情报机构采取各种方式以确保既快又准地获取情报时,情报伦理问题也随之而来。"棱镜"计划的揭露将美国国家安全局的绝密电子监听计划公之于世。从欧洲到拉美,从盟友到合作伙伴,从国家元首到普通民众,他们的通话记录、网络活动全部在美国国家安全局的监视范围内[②]。个人隐私被视若无睹,企业为做国家安全的"协管员"不惜泄露客户资料[③]。由于情报天生具有对抗性,在情报搜集过程中很容易超越伦理道德的界限。用符合道德伦理的方式搜集情报很重要,这也是如今重视通过公开源获取情报的一个原因。

3.1.2　情报搜集需求

3.1.2.1　需求分析的必要性

信息需求是情报搜集的内在动力。情报搜集是人类意识到存在某一方面的空白,为填补空白所进行信息寻求的过程。军事战争中,为制定战略战术,需要对武器装备、兵力部署、作战特点等情报进行观察、探测与调查。公安侦查时,为寻找犯罪嫌疑人,需要对犯罪现场、受害人、物品痕迹等侦察类情报进行收集。此外,根据公安的其他职能,他们还会搜集维稳类情报、治安管理类情报、社会信息等内容[④]。国家安全战略的制定需要对地理、军事、经济、政治、社会、道德、经济等人类活动领域以及重要人物进行系统监视[⑤]。诸如此类,面向安全的情报搜集是以需求为导向进行决策支持的活动。

情报搜集只能满足部分需求。冰山理论指出人类的思维活动处于意识层面上的只占5%,而潜意识则占有95%。用户会根据自身所处的情况,"以最小努力获取最大收益"的方式进行需求表述,此类需求往往是不完整的。如新任务的内容是一个姓名、一串身份证号,任务发起者要求情报工作人员两天内找到该用户正在使用的手机号码。该任务的信息需求

---

① 李耐国.军事情报研究[M].北京:军事科学出版社,2001:89.
② 复旦大学国际政治系.半个世纪的足迹——复旦大学国际政治系建系五十周年纪念文集[G].上海:复旦大学出版社,2014:160-163.
③ 徐立凡."棱镜门":信息与政治冲突的标注[J].小康,2013(7):95.
④ 刘硕.公安情报学总论[M].北京:中国人民公安大学出版社,2015:72-74.
⑤ 肯特.战略情报:为美国世界政策服务[M].北京:金城出版社,2011:27-32.

表面看似明确:寻找手机号,但如果仔细思考寻找手机号背后真正的需要:是要通过该手机号联系嫌疑人,还是通过该手机号定位嫌疑人?如果只是找到了手机号,从利用满足的角度说,此次搜集可能只满足了任务发起者的应达需求,其隐含的内在需求并未得到真正满足。

3.1.2.2 需求识别

需求识别是指探究真正所需,识别隐性需求。需求识别首先面临的问题是哪些因素将影响需求的变化。威尔逊(Wilson)提出:受个人背景、激励机制、环境因素、社会角色、获得的资源等多种因素的影响,用户的搜集行为会发生改变[①]。

迫于安全形势的问题,情报搜集不可能面面俱到。受恶劣的环境、复杂的组织、迫切的任务等因素的制约,情报搜集要有所选择,突出重点。此外,情报的搜集还需具备可行性,需要综合估算费用、时间与人力状况。通过情报搜集的概率影响矩阵,按照事件发生概率与影响程度计算,在概率影响矩阵中分布在"第2区域"(见图3-1)中的情报搜集任务需优先完成。

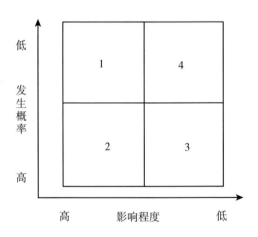

图 3 - 1　情报搜集的概率影响矩阵

从搜集的流程看,反馈是确保情报搜集质量的重要途径(见图3-2)。受认知水平、沟通等因素的影响,情报在传递过程中存在"失真"现象,导致所"需"非所"求"。需求反馈减少了需求理解的偏差,保证需求理解的

---

①　WILSON D T. The cognitive approach to information-seeking behavior and information use[J]. Social science information studies,1984(2/3):197 - 204.

一致性,确保需求的准确传达。需求反馈的手段是多样的,常见的手段为言语交流、书面沟通等形式。此外,情报工作人员还可采用提问的方式,探寻反馈者需求的根本动机。

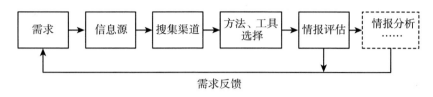

图 3 - 2　情报搜集中的需求反馈

需求常是模糊的、不清晰的,可能连需求者本身也不明确自身所要的是什么。情报工作人员对此类隐性需求的识别可先确定主题,然后对主题进行维度的确立,产生指标。详细而又全面的指标有助于揭示需求,补充搜集的信息。

3.1.3　情报源

凡是能够产生、持有、载存、传递情报的任何形式载体,包括机构、个人或物体等,都可以成为情报的来源。由于涉及的领域不同,不同性质的安全情报信息来源具有特殊性,这要求情报搜集具有一定的专业特性。例如:军事情报领域多使用侦察手段进行情报搜集,其情报源包括谍报与武官侦察、军队侦察、人民群众侦察、无线电技术侦察、卫星侦察等[①];医药领域医生可以利用的情报源包括专科杂志、学会报告、说明书、医药品集、药品公司的印刷物、公司广告、同行之间的交流等[②];图书情报领域常以文献、网络、实物、话语、视觉、服务机构等作为情报来源[③]。

面向安全领域的情报搜集,不仅强调多情报源的综合使用,而且十分重视从公开源中获取情报[④]。美国国家情报委员会主席托马斯·芬加指出公开渠道能为美国多数情报机构提供高达 90% 的信息,因而充分利用这部分信息"非常重要,应该是我们工作的一部分"。事实上,通过公开源获取情报的效果经过时间的检验也得到了肯定。罗宾·温克斯(Robin Winks)指出需要的外国情报 90% 可从公开情报源中获得;阿瑟·S. 胡尔

① 高金虎. 军事情报学[M]. 南京:江苏人民出版社,2017:157 - 259.

② 日本科学技术厅. 医学情报[M]. 北京:科学技术文献出版社,1986:106.

③ 沈固朝. 信息源和信息采集[M]. 北京:清华大学出版社,2012:33 - 34.

④ 高金虎. 军事情报学[M]. 南京:江苏人民出版社,2017:244 - 259.

尼克(Arthur S. Hulnick)认为在一份典型的分析报告中,约80%的内容来自公开情报源①。从这些数字可以看出,公开情报源已经成为情报获取的主要来源。

对于公开情报源的分类,《美国陆军战场手册2-22.9 公开源情报》(*FMI 2-22.9 Open Source Intelligence*)将众多公开源大体上分为:学术机构、政府及政府间和非政府组织、商业和公共信息服务机构、图书馆和研究中心、个人和团体②,将一手公开源媒介分为公共发言论坛(public speaking forums)、公开文档(public documents)、公共广播(pubic broadcast)、网站(Internet sites)。赵小康③根据西方的分类,将公开情报源分为印刷媒介、电子媒介、展示媒介、户外媒介、物件媒介、Web 2.0时代的媒介和其他媒介(政府数据等)。美国信息安全协会④将公开情报源分为:媒体、基于网页的社区以及用户生成内容、公共数据、专业和学术类。不同的依据有不同的分类方式,目前,公开情报源尚未形成被广泛认可的分类。除了公开情报源外,根据美国联邦调查局的情报搜集理论⑤,情报源还包括人力情报源、信号情报源、图像情报源、测量和特征情报源。其中,人力情报源是竞争情报、公安情报等领域常用的情报源之一,其他情报源则涉及隐秘途径,在此不做讨论。

为了进一步阐述安全领域的重点情报源,下文根据情报源的载体形式,分别从文献情报源、网络情报源、人力情报源、机构情报源和实物情报源五个方面进行阐述。虽然这五种情报源载体不同,但它们之间存在广泛而复杂的联系,通过某一种类型的情报源,可以获得另一类情报源的线索,以此环环相扣,最终满足情报需求。

3.1.3.1 文献情报源

文献情报源一直在情报搜集过程中发挥着不可忽视的作用。许多影响美国对华政策的研究报告和重要文件就是依靠搜集大量中国的著作、报

---

① 丁波涛. 国外开源情报工作的发展与我国的对策研究[J]. 情报资料工作,2011(6): 103-106.

② Department of the army. Open source intelligence FMI 2-22.9[R]. Washington, D. C.: Department of the Army,2008:10-12.

③ 赵小康. 公开源情报——在情报学和情报工作中引入 Intelligence 的思考[J]. 情报理论与实践,2009(12):23-27.

④ INFOSEC Institute. OSINT(Open-Source Intelligence)[EB/OL]. [2013-11-25]. http://resources. infosecinstitute. com/osint-open-source-intelligence/.

⑤ Federal bureau of investigation. Intelligence collection disciplines(INTs)[EB/OL]. [2013-11-25]. http://www. fbi. gov/about-us/intelligence/disciplines.

告、报纸、期刊、论文、军事教材、法律文献和新闻社供稿得来。供职于美国国防部战略评估办公室的汉学家、鹰派智囊白邦瑞(Michael Pillsbury)的《美国学者解读中国安全》(*China:Debates the Future Security Environment*)一书就收集了200多位中国学者自1994年以来发表的600多篇战略分析文章。文献作为情报搜集的传统来源,也是最基本的来源,每种文献资料都发挥着它独特的重要性,下文仅针对安全领域问题重点探讨部分情报源的利用。

(1)图书

正如上文提到的,我国学者的著作已经成为美国对华研究分析的重要渠道。此外,领域内知名人物的代表作品都被重点关注,如中美关系领域史景迁(Jonathan D. Spence)的《追寻现代中国》、陆伯彬(Robert S. Ross)的《长城与空城计:中国对安全的寻求》等。对图书的系统研究能产生意想不到的结果。20世纪70年代,美国哈佛大学一位攻读经济学专业的青年学生利用图书馆中的那些极为平常的公开图书和资料写出了一份长达400多页的技术报告《制造核弹的方法》,该报告被美国核专家泰勒称为"迄今看到的最详细、最全面的一份"制造核弹的资料①。情报工作人员除了通过图书内容获得情报外,还应关注文后的引文,找到更多线索,方便进一步的研究。

除了用于国家战略、国际关系的研究外,图书著作也可以作为证据出现。例如,在维护南海权益的过程中,我国学者积极搜集国外图书中的有力证据。1921年,英国海军测绘局编印的《中国航海志》,多处载明南海诸岛常有中国人的足迹②;1966年,日本出版的《新中国年鉴》显示:"中国的沿海线,北从辽东半岛起到南沙群岛约一万一千公里,加上沿海岛屿的海岸线,达二万公里"③。如此种种,均是南沙群岛属于我国的例证。所以,维护我国国家安全,不能忽视图书带来的有利情报。

(2)报纸

报纸涉及的情报包括国内外政治、经济、文化、学术、社会等各个领域,是"通向世界的窗口"④。美国驻国外的大使馆通常会订阅当地的各类重

---

① 李耐国.军事情报研究[M].北京:军事科学出版社,2001:95.

② 朱坚真.多视角下南海争议岛屿权益问题及对策研究[J].太平洋学报,2013(12):4 - 13.

③ 中华人民共和国驻朝鲜民主主义人民共和国大使馆.中国拥有南海诸岛主权的历史事实无可争辩[EB/OL].[2021 - 07 - 11].https://www.fmprc.gov.cn/ce/cekp/chn/zgxw/zgzxxw/t1367093.htm.

④ 谢志忠.浅谈报纸情报源的挖掘[J].图书馆工作与研究,2004(3):53 - 55.

大报纸,并将相关国家的信息圈出来,通过剪报的形式汇总有关信息,由此形成情报报告的一部分,为政府决策做支持。美国新闻中甚至提出"Spy agencies turn to newspapers,NPR,and wikipedia for information",即间谍机构都开始转向以新闻报道为主的公开渠道进行情报搜集,可见报纸作为情报源的重要性。

研究表明,我国《人民日报》《解放军报》等官方报纸受到国外情报工作人员的高度重视,是对华研究的重要依据。同理,维护我国国家安全也应对国外的报纸进行订阅和内容跟踪。李莉[①]通过《纽约时报》解读"危机中国"国家形象的形成过程,分析了西方视角下的中国形象,阐释国家形象形成过程的影响因素;美国的《华尔街日报》(*The Wall Street Journal*)的内容可能会对每日的国际经济活动造成影响,我国制定有关经济政策时不妨将其作为了解国际经济形势的情报源之一;再如,抗日战争时期,以英国《泰晤士报》(*The Times*)为代表的西方主流媒体关于抗日战争报道的态度转变可以作为国家战略制定的重要支撑[②]。

(3)科技报告

科技报告的内容涉及军事、国防、尖端技术、重要工程、新材料、新工艺等新领域和技术前沿。这其中有些具有保密性,需等到内容已无保密需要才能转为公开。各国都有自己的科技报告,其中美国的四大报告数量最大、品种最多,由美国国家技术服务局(National Technical Information Service,NTIS)编辑出版,涉及能源、航空航天、军事等各个领域。其中:出版(Publication Board,PB)报告是对战败国的秘密科技资料的收集、整理和利用;武装(Accession Document,AD 原为 Armed Document)报告是以美国国防部各合作单位的研究报告为主;美国国家航天局(National Aeronautics and Space Administration,NASA)报告侧重于航空、空间科学技术领域,同时涉及许多基础学科;美国能源部(Department of Energy,DOE)报告主要是能源的开发研究活动,几乎涉及整个能源领域及其应用。四大报告中,公开和解密的 AD、NASA、DOE 报告由美国国家技术服务局收藏与公开发行,年发行量达 6 万多份,占全世界科技报告总量的 80% 左右[③]。我国在实际情报工作中也注意到了对美国四大报告的利用,如在研究训练靶标建

① 李莉.近代中国的媒介镜像:《纽约时报》驻华首席记者哈雷特·阿班中国报道研究(1927—1940)[D].上海:上海大学,2011:184 – 186.

② 张炜.《泰晤士报》对中日战争态度的转变——九一八事变与七七事变相关报道之比较[J].兰州学刊,2007(8):174 – 176.

③ 贺德方.科技报告资源体系研究[J].信息资源管理学报,2013(1):4 – 9,31.

设情况时,可通过 AD 报告了解美国陆军的靶场建设、训练情况,但是在运用这些资料时,需要注意报告的时效性。

（4）政府出版物

英、美、法、日、德、加等国家都有系统的政府出版物,是我国深入研究其他国家的政治、经济、文化、社会、科技等状况的重要资料,对我国法律、法规、政策、国家战略的制定有很大的参考价值。如美国总统向国会提交的《国家安全战略报告》,是研究和了解美国国家安全战略十分可靠的依据,从中可以研究其国家战略的重点和演变过程等。同样,美国对我国的《中国国防白皮书》也进行了细致的研究。面对这样的安全威胁,我国除了通过外交手段进行抗议外,反情报工作也应当引起重视。日本政府出版物数量众多,有《官报》《经济财政白皮书》《公海纠纷处理白皮书》《国语审议会报告书》[1]等各类型出版物,都是外国了解日本官方信息的重要途径。为方便政府出版物的检索利用,各国出版目录、月报等文献,如美国编有《美国政府出版物每月目录》(Monthly Catalog of U. S. Government Publications),《美国国会文献索引》(Index to Publications of the U. S. Congress),英国有《英国政府出版物指南》(A Guide to British Government Publications)等。

（5）档案

档案资料是研究一个国家外交及军事政策的重要资源。在谈及如何获取情报时,首次对苏联提出"遏制政策"的美国冷战战略大师乔治·凯南在 1997 年 5 月 18 日的《纽约时报》上称："在我们需要知道的事情中,95% 以上完全可以通过对我国掌握的大量文献和档案中的那些合法情报来源进行仔细充分研究来获得。"[2]档案中蕴含着大量的内容和线索,对其进行系统的研究,可以获得很多关键情报。2002 年 4 月,美国国家安全档案馆公布的古巴政府秘密文件包括内部报告、备忘录、电报的手写样品等,这些资料能够促进美国了解古巴在国际事件中发挥的作用[3]。再如苏联历史档案的解密,为我国研究苏联史,分析其剧变的原因提供了第一手史料依据,有助于我国吸取苏联发展过程中的经验教训。

在通过他国档案资料获取情报的过程中,我国档案开放中的国家安全问题也引起了关注。以黑龙江省档案馆为例,该馆不仅有中东铁路档案、

---

① 林青. 日本政府出版物及政府资料概况[J]. 法律文献信息与研究,2007(4):65 - 70.

② 王知津,卞丹,范淑杰. 基于"小世界"理论的竞争情报解决方案[J]. 图书馆工作与研究,2010(1):4 - 9.

③ 邓峰. 古巴秘档揭示美国—古巴在非洲的冲突史——美国国家安全档案馆第 67 号电子简报对《冲突的使命》一书评介[J]. 冷战国际史研究,2007(00):234 - 237.

清代黑龙江将军衙门档案、反映日本侵华罪恶史的731部队特别移送档案等具有极强史料价值的珍贵档案,是馆藏档案资料保护的重点,必须增强反情报意识,维护国家安全[①]。

除了上述形式的文献外,还有期刊、专利、标准、会议文献、学位论文、产品样本、灰色文献等类型的文献,在情报搜集过程中都不同程度地发挥着各自的作用。在确定情报源的过程中,情报工作人员应根据各类文献的特点以及安全领域的具体问题有所选择。

由于安全问题涉及国家范围较广,在利用国外的文献情报源时,情报工作人员往往面临语言障碍,这是目前情报工作利用文献情报源时的一大难题。针对这一问题,美国已经有外国广播信息服务公司(Foreign Broadcast Information Service,FBIS)专门对国外印刷资料进行转录和翻译,包括报纸、杂志、技术期刊等,为美国政府提供公开源情报服务。我国尚未有这样的情报服务机构,对于情报工作人员的自身素质提出了更高的要求。

3.1.3.2 网络情报源

美国于2006年启动了国家公开源事业计划,专注于对有关国家军事、国防、社会、经济等方面公开信息的搜集。在军事领域,世界各国的安全部门和情报机构都投入了大量的人力、物力对计算机互联网上窃密与反窃密技术进行研究和应用,主要包括:计算机获取技术和计算机渗透技术[②]。因特网的飞速发展使得个人和团体进行全球性的研究都成为可能。除了因特网用户的指数级增长,因特网连接设备的使用频率也大幅提升。对于情报工作人员来说,价值巨大的网络情报源才刚刚开始发展。

1994年,美国情报界公开源情报项目办公室的一项研究表明,因特网只有大约450个有用的实体网站,并且99%的网站没有情报价值。2018年,中国互联网络信息中心发布第47次《中国互联网络发展状况统计报告》,截至2020年12月,我国网民规模达7.72亿,互联网普及率为70.4%[③]。发展至今日,网络中的内容可谓海量,充斥着大量反映各国或国家集团的政治、经济、科技、自然环境等领域的动态信息,诸如各国政府工作报告、军事政治理论研究、时政新闻报道、科学技术动态等[④]。有人说,超过25万的数据库可以在"深层互联网"(deep web)中获得,而其中的大

---

① 田明,冯翠芝.从档案馆角度看档案开放中的国家安全[J].黑龙江档案,2008(3):14-15.

② 林平忠.军事信息管理学概论[M].上海:世界图书出版公司,2015:56-57.

③ 第47次《中国互联网络发展状况统计报告》[EB/OL].[2021-07-11].http://www.cac.gov.cn/2021-02/03/c_1613923423079314.htm.

④ 葛敏.网络公开军事情报搜集的探索[J].高校图书馆工作,2012(2):54-57,96.

多数具有很大的情报价值。网络在情报搜集中的作用会有如此大的转变,原因不在于网络中的信息发生了质的转变,而主要是人们的看法和态度发生了改变。技术的发展当然也是一个不可忽视的原因。20世纪90年代,因特网信息源很少被结构化、标页码、编辑、过滤和整理,所以不利于情报工作人员从网络中进行信息的聚类和挖掘处理。情报界对网络的重视,主要源于情报工作人员至少感受到了网络的两种优势:首先,网络提供了一种与世界各地同行快速交流的工具(主要是非涉密信息);其次,网络提供了快速接受免费或付费信息源的手段。

(1)网站类网络信息资源

从网络中获取情报最典型的方式就是输入网址,进入一个网站后对其内容进行遍历,也可以通过站内检索的方式找到需要的内容。网站蕴含着丰富的信息资源,就拿美国政府机构网站来说,这些网站提供了大量信息,包括经济、科技、环境、食品卫生等方方面面(见表3-1)。一般来说,情报工作人员会关注相关领域的网站的动态信息,甚至通过RSS技术订阅相关内容。还有许多商业信息源可以通过在线的形式来订阅。

表3-1 美国部分政府机构网站及可获取内容

机构名称	网址	可获取内容
美国政府官方网站	http://www.usa.gov/	经济、科技、教育、食品卫生等方面的新闻、出版物、手册等
白宫	http://www.whitehouse.gov/	最新新闻、最新联邦热点事件、联邦统计数据等,包括《国家安全战略报告》
财政部	http://www.ustreas.gov/	财政部各办公室、官员、任务、通讯、查询等
国防部	http://www.defense.gov/	国防部相关信息,包括阿富汗、网络安全、国防战略指导等热点问题
国家电信和信息管理局	http://www.ntia.doc.gov/	国家电信和信息管理局的活动、组织、出版物、研究计划等
国家海洋与大气管理局	http://www.noaa.gov	战略规划、多样性计划、一般信息及数据服务等信息
国家气象局	http://www.nws.noaa.gov/	天气预报、气候统计及观察数据、一般技术、信息支持等服务

（2）Web 2.0 时代——用户生成内容

随着网络的发展，以 Web 2.0 为代表的互联网新浪潮给情报搜集带来了新的源泉。Web 2.0 强大的交互能力和互操作性深深地吸引了用户，突出了"开放分享、用户参与"的理念。网络上的资源也不再仅仅是自上而下地构建，还包括通过用户的协作和贡献自下而上地形成。这对情报工作人员意味着更丰富的信息资源以及新型的人际情报网，但同时也对片段信息的情报分析能力提出了更高的要求①。

网络快速发展情形下，Web 2.0 中广播式的传播方式使得网络成为继报纸、广播、电视之后的第四媒体。网络情报源成为网络舆情监控的一个重要途径。网络舆情的监控对于网络文化安全的保障以及突发性事件的预警有着重大意义。

（3）序化的网络资源——数据库

在网络情报源中，还有一种经过处理，并按照一定规则呈现的情报源——数据库。数据库的种类繁多，一般依靠较大的科研机构和科技信息机构建设，资源的可信度高。很多纸质文献资料可在数据库中获得电子版，如中国知网的"中国期刊全文数据库""中国重要报纸全文数据库"。美国四大科技报告也可通过美国国家技术服务局数据库获取。

除了一般的文献数据库外，近年来随着大量的卫星发射，商业影像行业也越来越成熟。现在，分辨率达厘米级的光电图像对于私营部门来说不仅是可能的，而且在将来会成为必须。目前有许多私营公司已经将高清晰度商业遥感卫星运行在轨道上，付费即可获得所需要的产品。西欧联盟卫星中心在利用欧洲卫星信息源的基础上，提出应用所有可利用的商业卫星信息源的思想，提高了自身的情报能力。目前基于我国国家地理信息公共服务平台的"天地图"分辨率可达 50 厘米。这些系统能够为敌我双方提供极具军事意义的商业图像信息。一些国家直接通过购买商业图像来满足对图像情报源的需求②。

除了学术界、商业界在数据库方面的建设，其他行业也已经注意到信息资源建设的必要性，利用自己的资源优势建设了各类数据库，如税务部门的纳税人信息库、公安部门的犯罪信息资料库、物流公司的物流信息

① 沈固朝. Web 2.0 能为建立竞争情报人际网络做些什么[J]. 中国图书馆学报,2007(1)：52-57.

② 胡雅萍,刘千里,潘彬彬. 维护科技安全的情报预测研究[J]. 情报杂志,2014(9)：8-12,7.

数据库。另外,如电力公司、气象部门、互联网企业等还建设有大量的数据型数据库。如果将这些数据库作为情报来源,将会有意想不到的效果。一方面情报工作人员可以对海量数据进行深度挖掘,不仅可以分析过去的情况,对比现状发现问题,还可以对未来的发展趋势做出预测;另一方面,通过数据型数据库之间的联系,情报工作人员建立起一张信息网,在各类数据之间捕捉线索,可以更加及时有效地获取情报,如公安部门的网上信息库。

公安部门目前为网上作战构筑了公安网络信息库和社会网络信息库。前者包括全国人口基本信息、在逃人员、违法犯罪人员、机动车驾驶人员、被盗抢车辆等八大信息资源库及全国禁毒信息系统、全国刑事信息联查平台、毒品犯罪嫌疑人员数据库、全国吸毒人员数据库等,这些数据库覆盖全国范围,因此具有数据量大的优势;社会网络信息库涉及电话登记及通话记录信息,水、电、管道煤气和有线电视收费信息,车、船、飞机乘坐登记信息和其他航空信息,邮政、汇款信息,房地产交易信息,银行卡跨行交易等金融信息,物流信息等①。公安部门通过海量的社会网络信息,获取社会各行业、单位信息数据,可以实现对高危人群的快速比对和查控,以获取更加及时高效的情报。

(4)共享平台的构建

安全问题需要各部门单位、组织机构的协调合作,建设共享平台,这样可以获取更广范围的情报,使情报价值增值,有效避免信息资源的低水平重复建设,解决信息壁垒、信息孤岛问题,促进情报的传递和交流,发挥情报的最大效用。

中国反洗钱监测分析中心(www. camlmac. gov. cn)隶属于中国人民银行,作为一个信息共享平台,和公安、法院等职能部门建立信息沟通平台,办案人员可以直接线上采集所需信息情报②。

美国公共卫生信息网(Public Health Information Network,PHIN)③是美国疾病预防控制中心设计、开发和维护的公共卫生信息系统,能够实时捕

---

① 徐媛媛,庄华.禁毒工作中的信息化侦查——以广东禁毒工作中网上作战为例[C]//陈刚.信息化侦查大趋势——信息化侦查理论与实践学术研讨会论文集.北京:中国人民公安大学出版社,2010:307 – 310.

② 宋晓雨,吴瑞松.渎职侵权犯罪信息情报搜集机制的构建与运用[J].中国检察官,2012(19):17 – 19.

③ 刘焕成,刘芬,刘爽.美国应急管理现状及对我国的启示[J].情报科学,2009(11):1619 – 1622,1630.

获和分析疾病数据、对疾病发展趋势进行监测并评估等。

除了公安、公共卫生领域外，水文信息网、气象科学数据共享服务网、中国科技资源共享网等涉及环境、科技等领域的共享平台也逐渐完善，成为数据获取的重要途径。

（5）大数据时代的畅想与担忧

伴随着用户数据的指数级增长以及各类信息库的建设，大数据时代来临。在这个时代，很多数据在被收集的时候并无意用作其他用途，最终却产生了意想不到的用途。2009年，在甲型H1N1流感暴发的几周前，互联网巨头谷歌公司的工程师们在《自然》杂志发表关于谷歌预测冬季流感传播的论文。谷歌多年来保存着每日来自全球超过30亿条搜索指令，庞大的数据资源支撑它通过分析人们的搜索记录实现预测，预测结果与官方数据相关性高达97%[①]。有学者提出，国家可以通过大数据来管理社会。大数据为政府制定政策提供关键依据，同时还可以评估政府政策的实施效果，从而帮助政府不断发现问题、改进管理[②]。大数据在维护国家安全方面也有着巨大的潜力，正如美国在《大数据研发倡议》中提出的，"通过提高我们从大型复杂的数字数据集中提取知识和观点的能力，加快科学与工程的发展步伐，加强国家安全"[③]。

诚然，网络带来了便捷的获取情报途径，但是大数据让目前用以保护隐私的法律手段和核心技术失去了效果，甚至威胁到国家秘密的安全。而"棱镜"事件的发生再次引起了人们对网络安全问题的高度关注。美国利用网络电磁空间对网络用户的各类信息进行全面的深度监控，虽然一定程度上遏制了恐怖事件的发生，但是严重侵犯了公民隐私，对于其他国家的国家安全形成了巨大的威胁。所以，在充分利用网络情报源的同时，也要加强对网络安全隐患的预防。

万物互联时代，5G、物联网等技术的出现和发展也丰富了情报工作的信息来源。安置在人们生活、工作各个角落的各类传感器能收集到涉及国家安全的数据，使情报工作人员发现大量传统情报工作中被忽视的细节。网络边缘设备及其数据量的大大增加对情报系统的存储、处理能力提出了更高的要求。自2015年以来，边缘计算开始被业内熟知并获得飞速发展。

---

① 雨石. 大数据ABC[J]. 保密工作,2013(7):17-19.

② 杨芸. 大数据离你我有多远[J]. 保密工作,2013(7):20-22.

③ 徐琛. 大数据引发新一代信息技术变革浪潮——访国防大学信息作战研究所所长周德旺教授[J]. 保密工作,2013(7):22-24.

根据 2017 年 11 月边缘计算产业联盟与工业互联网产业联盟(Alliance of Industrial Internet,AII)联合发布的边缘计算参考架构 2.0①,网络边缘侧与云端进行协同,边缘计算节点、联接运算、业务层自底向上共同支撑了基于模型驱动的统一服务框架的智能服务层,提供纵向的管理服务、数据全生命周期服务以及安全服务。边缘计算与云计算相辅相成,帮助情报工作人员获取全源情报,形成关于安全态势的正确认识,并且在提高情报处理速度、优化情报工作机制、保障信息安全等方面更好地发挥优势②。

3.1.3.3 人力情报源

人是情报搜集过程中非常重要的资源。《美国陆军战场手册 2 - 22.3 人力情报搜集指南》(*FMI 2 - 22.3 Human Intelligence Collector Operations*)中将人力情报源(HUMINT source)描述为可能拥有通过"听""看"获得的一手或二手的知识,可以通过这个源获得信息。在我国,竞争情报领域在人际情报方面有很多研究,将人际关系看作一种社会资本,通过一张"who knows who"以及"who knows what"的人际网络地图来获取情报。面向安全问题时,除了人本身掌握的知识、人的社会关系外,人本身通过肢体语言、眼神传递表达的信息或是其生物特征都可以作为情报的来源,这一点与公安情报领域的人力情报源不谋而合。公安情报中的人力情报源与美国陆军的内涵相似,都将每个在社会生活中正常活动的人视为某些情报的来源,主要分为人物对象情报源、人物本体情报源和人际网络情报源三种类型③④。

(1)人物对象情报源

人物对象情报源是指能够提供情报或具有情报价值的人物对象,包括提供情报的情报人力资源(如武官、线人)和具有情报价值的工作对象(如专家、FBI 退役人员)。

1)专家

专家既是情报的需求者,也是情报的提供者,在德尔菲法等定性评价法中常需要专家提供专业的看法、见解,为情报分析作支撑。在国家战略、法律法规的制定、科技咨询、药品评价、政府采购评标、应急救援等过程中,

---

① 工业互联网产业联盟.《边缘计算架构 2.0》白皮书[EB/OL].[2019 - 04 - 01].http://www.aii-alliance.org/static/upload/202003/0302_143013_316.pdf.

② 石进,李益婷,胡雅萍.基于边缘计算的竞争情报系统研究[J].情报科学,2019(10):34 - 39.

③ 彭知辉.公安情报源类型研究[J].山东警察学院学报,2010(3):69 - 72.

④ 王建伟,朱晓莉.禁毒情报[M].北京:中国人民公安大学出版社,2014:46 - 54.

专家是进行决策的"思想库"和"智囊团"。我国为充分利用专家资源,已开始构建甚至运行各类专家库,如2008年中共贵州省委政研室整合全省决策研究资源,建立了决策咨询专家库,为贵州省委提供决策参考和决策服务①。此外,专家还代表了各自领域的前沿和发展方向,因此情报工作人员通过关注军事、政治、外交、经济、能源等领域专家的著作、文章、演讲、座谈等就可以掌握一手资料。例如1935年,德国法西斯正密谋侵略和扩张阴谋时,德国评论家雅各布写了大量文章加以揭露,并在《战斗情报》中披露了德国法西斯重整军备、国防军编制等大量核心秘密。若情报工作人员当时关注雅各布则可以获得大量有关德国法西斯的情报②。

2)利益相关者③

安全问题一般涉及多方利益相关者,他们掌握关于此安全领域的一手消息。如食品安全问题,涉及政府、媒体、食品生产者、食品消费者,各方的参与都不同程度影响着食品安全的发展。受害人或者知情人对安全隐患的检举、监察部门对与问题食品生产商有合作关系的厂商的监督检查,都有利于相关部门全方位地获取有效情报。

3)行业人力资源

行业内工作人员一般对本领域较为熟知,他们虽不如专家有雄厚的知识背景和对发展趋势的了解,但他们工作在一线,能够获得更全面、更及时的信息。如气象监测人员,他们会在第一时间得到气象数据,凭借丰富的经验去判断气象数据波动是否在正常范围内。

4)武官

1882年10月,美国向外国派出了第一个武官——弗伦奇·恩索尔·查德威克海军教官,他对欧洲海军强国的海军训练制度做了系统的调研,写出的具有建设性的研究报告被美国参议院当作重要文件出版④。武官集军官、情报官、外交官、大使军事助手等诸多职能于一身,因为享有外交特权和豁免权,在搜集情报方面有着得天独厚的条件,其通过各类渠道获取的情报信息是一般人所不能及的。法国国防部档案馆中有关法国驻华武官的报告也强调了武官作为情报源的重要性,并建议与别国武官建立联

① 罗征文.贵州年鉴2009[M].贵阳:贵州年鉴社,2009:104.

② 李耐国.军事情报研究[M].北京:军事科学出版社,2001:94.

③ 朱飞.论"情报信息"主导有组织毒品犯罪侦查的策略[C]//陈刚.信息化侦查大趋势——信息化侦查理论与实践学术研讨会论文集.北京:中国人民公安大学出版社,2010:321.

④ 何宜进.武官与情报[J].国家安全通讯,2003(2):57-58.

系作为情报获取途径①。

5)秘密力量

秘密力量是一般情报搜集过程中不太常用的一种情报源,但是在公安情报搜集过程中,秘密力量并不陌生,如线人、便衣等。

(2)人物本体情报源

人物本体情报源可以反映人物对象多方面的特征,包括生物特征、语言、体态、行为等情报源,这类情报源可用于了解罪犯心理,探听关于其同伙的情报或为查案、谈判等提供依据②③。

1)生物特征

有关人体的生物属性,包括指纹、DNA、虹膜、声音,以及体貌特征、体表标记等可以作为情报来源。在德国的反恐法律制度改革中,有通过扩大披露德国公民生物特征信息的范围来保障国家安全的做法④,以此加强对恐怖分子的辨识。此外,在加强网络信息安全时,可以通过指纹识别、虹膜识别等方法进行身份认证,公安机关也可以运用这些方法对个人身份进行识别和鉴定,从而锁定犯罪嫌疑人或其他人物目标。

2)言语情报源

言语情报源又称为口头信息源。言语是反映人的大脑情报的一种方式,是世界上3/4没有文字的语言存在的唯一方式⑤。作为一种交流工具,它能反映人的见解、观点、立场以及社会特征、心理特征等,可以通过个人交流、会议、电话等方式获得,尤其在一些社交场合,人们言语交流过程中流露出很多信息。口头信息几乎无处不在,作为人们了解情况、交流信息的途径,占有十分重要的地位。

3)体态情报源

人的手势、身势、面部表情、眼色、人际空间位置等,构成了一个个连贯的形象符号,除配合语言表达外,还具有独特的信息传递作用。人在语言

① 孙友晋,朱晓明.法国驻华使馆武官卡瑟维尔少校报告二十世纪三十年代初法在华情报工作[J].民国档案,2013(2):50-59.

② 彭知辉.公安情报源类型研究[J].山东警察学院学报,2010(3):69-72.

③ 王建伟,朱晓莉.禁毒情报[M].北京:中国人民公安大学出版社,2014:46-47.

④ 戚建刚.后"9·11"时代德国反恐法律制度之改革[J].欧洲研究,2007(4):135-148,161.

⑤ 高平平.语言在情报活动中的地位和作用[J].中国人民公安大学学报(社会科学版),2005(6):28-32.

表达过程中可能存在隐瞒或欺骗现象,但是人体本能的一些体态可以反映出其真实想法。

4)行为特征

人的行为反映了人的社会特征、心理特征、生理特征和习惯特征等。例如当一个网页的被浏览次数大大超过平常数量时,可以通过浏览日志分析出用户的检索习惯、需求等。一个典型的案例是,非典型肺炎大面积暴发前,网络上关于"感冒""流感""发烧"的关键词检索频次大幅增加,这就是网民检索行为的一种体现。类似这样的网络集体行为往往对于突发性事件的预警具有重大意义。

(3)人际网络情报源

人际网络是通过人与人之间信息交流和资源利用形成的关系网,通过这个关系网可以获取、分析、传播非公开信息和隐性知识,是寻找"who knows who"以及"who knows what"的重要情报来源。根据包昌火对人际网络的定义,人际网络基本上是由节点和联系两部分构成。节点是网络中的人或机构,代表了网络中的信息资源,能够识别"who knows what";联系是交流的方式和内容,表明了"who knows who"[1]。在人际网络中,情报不仅仅来源于人、机构这样的节点,联系中反映出的交流方式、信息流向即人际网络结构本身也是重要的情报源。人际网络中的信息交换弥补了个体在获取情报能力上的不足,实现了资源互补,弥补了公开源情报搜集的不足。

在人际网络中,每个节点之间的联系可以表现为强联系或者弱联系。一般认为,通过强联系可以获得大量丰富的信息,且更加可靠,但是这些信息很大程度上会是重复的或已知的。而通过弱联系可以扩展人际圈子,获得更多的人脉信息,建立社会资本。人际网络中还可以通过"桥"寻找"强连带",建立每个"小世界网络"之间的互通,从而促进情报的传递和利用[2]。

3.1.3.4 机构情报源

鲍梅卡尔斯基认为,机构指的是"生产或者存在传播用的情报的地方"[3]。机构的数量众多、种类繁杂。目前,在安全领域,许多国家都从国

① 包昌火.人际网络开发与竞争情报发展[J].情报杂志,2008(3):3-4.
② 沈固朝.Web 2.0 能为建立竞争情报人际网络做些什么[J].中国图书馆学报,2007(1):52-57.
③ 王崇德.情报学引论[M].天津:天津大学出版社,1994:57.

家层面设置了国家安全委员会(会议)、国防委员会、军事委员会或类似机构①。表3-2以国家安全委员会和国防委员会为例列举了部分机构及其职责。

表3-2 部分国家安全委员会和国防委员会②

机构类别	机构名称	职责描述
国家安全委员会(会议)	美国国家安全委员会	国家安全问题的最高决策咨询机构,美国对外政策的主要协调机构
	俄罗斯联邦安全会议	由俄罗斯联邦总统领导,保障国家安全的整个国家机制的核心
	德国联邦安全委员会	负责研究德国安全情报机构提交的报告,处理关系国家安全的重大问题
	韩国国家安全保障会议	搜集安全保障政策所需要的材料,研究制定预防策略,并就有关国家安全保障方面的政策接受总统的咨询
国防委员会	英国国防部	贯彻执行首相、国防与海外政策委员会的指示和决议;制定有关政策;进行国防预算等
	巴基斯坦防务理事会	制定和解释防务政策与战略;协调对国防可能产生影响的外交、政治、军事、经济方面的方针和政策;评估国家的战略水平和状态
	以色列国防委员会	解决有关国防的一些重大问题,包括制定建军方针、作战计划以及武器装备的生产和采购等

除了国家层面安全机构的设置,在应对国内经济、环境、公共卫生等领域安全问题时,各国也有对应的机构负责获取有关情报。如金融情报机构作为反洗钱和反恐融资体系的信息平台和枢纽,通过交易报告发现可疑线索,向执法、监管及行政机关移送金融情报。此外,它还代表国家参与国际反洗钱和反恐融资相关的情报交流及国际合作,维护国家利益,构建世界

---

① 宋德星,李庆功.世界主要国家安全政策[M].北京:中央文献出版社,2016:40-45.

② 朱建新,王晓东.各国国家安全机构比较研究[M].北京:时事出版社,2009:5-77.

金融情报网络①②。

每个机构本身都能通过自己的力量获取很多情报,但在应对安全问题时,只有融汇各方面的线索才能支持最终的决策。因此,满足情报需求不能单单靠一己之力,还需要机构间进行合作交流,为情报的传播和利用架起一座桥梁。

美国海军海洋气象学指挥部在利用海底测图搜集有关海洋航行图、作战海图和其他水文地理数据集等方面的信息时,除了利用自己在全球部署的测量船舰队外,还通过与美国以及其他国家的水文地理舰队协作,共同获取数据,为作战指挥员提供数据支持③。

日本在 20 世纪 80 年代为保障医药品的使用安全通过各机构集中情报资料就是一个很好的例子。日本通过厚生省的医药品副作用情报系统收集来自药房商店、医药协会、医院诊所、医药产业、卫生实验所等各个机构的情报资料,机构范围十分广泛(见图 3 - 3)。这些机构间的合作交流将各个机构可用的有关医药品的情报资料汇集起来,最大限度地保障了医药品的使用安全。

在我国,缉毒侦查的工作也开始通过机构间合作交流获取更广泛的情报。缉毒侦查除了利用公安禁毒部门自身的情报外,还要充分发挥军队、安全、边防、海关等部门的优势,多管齐下,使各机构获取的情报互相补充,相得益彰④。此外,缉毒不仅立足国内,还放眼国外,利用驻外机构获取的情报作为国内获取情报的补充。

除了机构间的情报共享外,情报交换也是对机构情报源的一种利用方式,这在各国谋求国际税务合作时常常发生——针对国际逃税问题进行情报交换。通过这种方式,可以从合作的国家获取到以下情报信息:①日常的情报信息,包括股息、利息、特许权使用费、财产租赁收入等跨国的支付;②跨国纳税人基本情况,包括企业结构、经营方式、财务活动情况等;③跨国纳税人违反税收协定及缔约国税收法规的情况⑤。这些都有助于税务部门从多方面审核纳税人的税务申报表,从而有效减少逃税问题的发生。但是,一些国家不愿意交换其权限内取得的部分情报,一些国家又拒绝向纳税人收集这些情报,这对税务情报交换工作形成了巨大的障碍。

---

① 欧阳卫民,成景阳,陈捷.论金融情报机构[J].金融研究,2005(9):19 - 30.

② 郑洁,卢汉桥.廉洁生态论[M].北京:社会科学文献出版社,2015:289 - 306.

③ 姚园园.美军地理空间情报研究[D].郑州:解放军信息工程大学,2009:18.

④ 刘建强.以情报信息引导缉毒侦查实践[J].湖南公安高等专科学校学报,2008(1):73 - 77.

⑤ 张永芳.对国际税收情报交换问题的研究[D].大连:东北财经大学,2003:5 - 8.

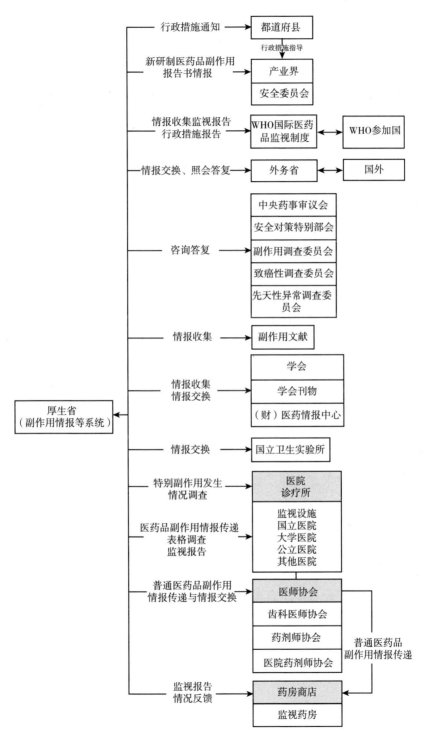

图 3 - 3　日本医药品副作用的情报收集渠道及传递机构

资料来源:日本科学技术厅.医学情报[M].北京:科学技术文献出版社,1986:107.

3.1.3.5　实物情报源

军事情报中,武器装备和尖端技术的实物样品和模型,大至导弹部件,小至一块钢板或一把军用小锹都属于实物情报源[1]。在公安工作中,实物情报源涉及违法犯罪现场的痕迹物证、犯罪分子的作案工具和侵财对象、需要管制的危险违禁物品、需要纳入保护范围的贵重物品、各种实物证据等[2]。在非传统安全领域,环境污染中的水质采样、食品安全问题中的食物本身或样品、税务稽查过程中的实物证据、技术引进环节的模型或样品等都可以成为情报来源。在计算机、网络、通信技术快速发展的今天,新型通信设备也成为情报获取的实物来源之一。所以说实物情报源泛指一切以物质形式存在或表现出的情报源。根据现有实物情报源的效用,一般将实物情报源分为样品类、线索类、证据类等。

(1)样品类

各国情报机关一如既往地注意"战场"中实物的搜寻,甚至残骸碎片都在搜集范围内。这里的战场不仅仅指真实的战争,也包括灾害事故的现场,如汶川地震、印尼海啸等。灾害发生后,国家往往集中力量利用先进的技术和设备对灾区予以支援,这种力量并不亚于战争中体现的军事力量和先进技术。少数怀有恶意的国家以援助国身份获取他国实物情报,不仅通过实物情报及时了解其他国家的装备、技术情况,还直接效仿,取其精华以改进本国的技术装备和生产工艺。除了"战场"中的实物情报,技术引进、文化交流等过程中获取的样品也是研究他国的重要情报源。当然,那些一经拆卸就自毁的装置消除了被研究的可能性。

(2)线索类

一些实物情报源本身并不能直接带来效益,但是情报工作人员通过推理可以找到符合情报需求的内容。比如通过枪弹的痕迹,情报工作人员可以推理子弹的型号、子弹射出的方位。这类情报源起到线索的作用。线索类实物情报源广泛应用于查案、追踪、勘察的过程。在军事领域,线索类实物情报源比比皆是,如《曹刿论战》中所描述的"视其辙乱,望其旗靡",此时追击必能大败敌军。1964 年大庆油田泄密案对于我国来说是一个教训。日本情报专家根据"铁人"王进喜握着钻机手柄眺望远方,在他身后

---

①　闫晋中.军事情报学[M].北京:时事出版社,2003:66.

②　彭知辉.公安情报源与情报收集[M].北京:中国人民公安大学出版社,2009:64.

散布着高大井架的照片,侦测到大庆油田的地理位置、储量等重要信息①。一张照片就可以透露那么多的线索,可见实物情报源的价值。

(3)证据类

证据类实物情报源不仅包括书面、物品类证据,还包括电子证据。书面、物品的证据已经被广泛运用。例如,查办贪污案件时,会计资料和账簿往往是查案的重点,犯罪嫌疑人为了掩盖真相一般会在会计资料上弄虚作假、销毁痕迹、巧立名目。检察机关查到与事实不符的情况时,这些会计资料自然就成为提起诉讼时的实物证据。

目前,电子证据除了应用于计算机、网络领域的违法犯罪案件外,还应用于传统案件。经济敲诈的电话记录、网络联系记录、信用盗窃的操作日志、侵犯版权的电子文件等,都成为打击违法犯罪的证据来源。另外,在计算机、网络上留下的违法犯罪操作系统日志、电子文件甚至是销毁痕迹后留下的磁盘碎片都可以成为证据来源。

3.1.3.6 全源情报搜集的思想

以上都是从单个情报源的视角说明情报源的利用,而事实上单个情报源的使用已经不能满足安全形势下的情报需求。当情报工作人员处理复杂问题时,需要多种类型信息的整合来帮助他们进行合理的判断。比如在恐怖活动中,恐怖分子使用"wedding"(婚礼)进行交流,但单一的情报来源无法使情报工作人员了解"wedding"的真正含义,他们需要通过多种情报来源的融合才能发现"wedding"作为"terrorist attack"(恐怖袭击)的代号,这需要通过多方面的信息分析才能推断其真实含义。针对情报来源单一,可能会导致错过关键情报的情况,美国情报界提出了全源情报的思想。

全源情报的思想主要体现在情报搜集不能仅限于单一渠道或者单一类型的情报源,要考虑到各种渠道、各种类型的情报源,才能最大限度地满足情报需求。美国情报界普遍将全源情报定义为运用全部情报源或信息源,包括公开源,形成的情报产品、组织或情报活动。全源情报是一个独立的情报理念,从其名称来看是指对多种情报源或信息源的使用。参照美国情报界从搜集手段的角度对情报的分类以及加拿大国防研究与发展部从全源角度对情报流程的研究,全源情报搜集的范畴可见图3-4。

---

① 中国一张"泄密"照:日本据此造机器卖中国(图)[EB/OL].[2013-11-10].http:// news.ifeng.com/history/1/midang/200812/1205_2664_909612.shtml.

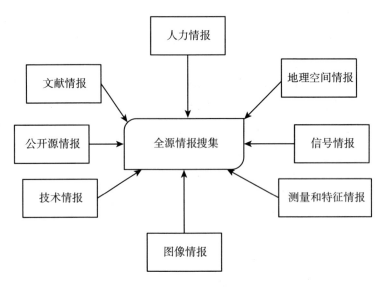

图 3 - 4   全源情报搜集的范畴

在前文中,本书以载体形式将情报源分为文献、网络、人力、机构以及实物五种。从另一个维度,对这五种情报源的综合利用构成了全源情报搜集的范畴。

虽然全源情报搜集能够为情报分析奠定更好的基础,但是在实际操作过程中面临着一个新的难题——信息共享机制的建立。在如今节奏快、资源丰富、需求不断提升的时代,光靠个人的努力已经不能够解决信息共享的问题。虽然一些机构之间已经建立了共享平台,通过情报交流、情报交换的手段获取情报,但由于国家之间存在利益的冲突或竞争关系,一些关键信息或数据被保护起来,从全源角度获取情报面临重重障碍。

3.1.4　情报搜集方法

情报是智慧的结晶,情报活动的展开就是情报工作人员智力激烈对抗的过程。从本质上讲,情报搜集、情报分析等一系列活动均属于信息处理过程,但情报的决策性、竞争性使得情报活动的特殊性也非常明显,具体说来就是搜集主题的不确定性以及分析材料的不完全性。情报搜集和情报分析并非泾渭分明,而往往是相互依托,相互促进的有机整体。情报分析和情报搜集同样会运用到相应的思维方式、分析思路。两者的不同之处在于,分析阶段往往是一个趋向于目标的收敛过程,而搜集阶段则经常是开放的发散过程。

面向安全的情报搜集,一个很重要的特点就是双方经常处于"捉迷藏"的博弈关系当中。情报搜集大体分为三个阶段:现象的感知、联系的发现以及因果的探查。现象的感知是寻找潜在的危害源;联系的发现是通过各类信息源寻找信息源网络,进行"信息拼图"与情报印证;因果的探查是对已发生事件前因后果的探寻,从而减少或消除威胁,提供决策支持。这三个阶段将传统的搜集和分析链接起来,填补了传统的"搜集前、搜集后与分析前"的划分可能存在的阶段间的空隙。

所谓现象的感知,是指情报搜集主体在面向浩瀚信息宇宙时,通过其信息感官或者技术手段获得的现象认知。在科学哲学中,一直存在"观察渗透理论"的观点。在情报搜集过程中,现象的感知同样受到主体知识背景、信息处理能力等方面的限制,"选择性无视"在情报搜集当中并不罕见。霍耶尔(Heuer)就曾尖锐地指出"我们总是倾向于感知那些我们愿意感知的事情"[①]。那些已经被采集到的信息,由于种种原因无法被处理,待到情报工作人员自身知识背景有所完善了之后他们才恍然大悟,这类信息可以归为"隐性信息"。可以说,信息搜集的意义不仅在于使信息从无到有,还在于使信息从"隐"到"显"。

传统的因果探查包含"执因求果"和"执果溯因"。情报搜集阶段要关注因果关系的衔接。按照心理学观点,有六种情况显著影响主体对于事件 X 和 Y 的因果关系判断,分别是 X 在情景中的显著程度、X 与 Y 的时间先后顺序、X 与 Y 的因果链强度、X 与 Y 的共变程度、X 与 Y 在时空中的接近程度以及 X 与 Y 的相似程度。这几种情况并非我们所熟知的严格的演绎因果关系,但在情报工作中起到重要的启发作用,为情报搜集打开思路,提供启发。

从系统论的角度,情报搜集可被理解为三个阶段,如图 3 - 5 所示,①感知信息,将潜在的,可感知到的情报都尽可能搜集过来;②发现信息节点间的联系,构建信息的搜集网络;③以情报需求为导向,经过思考分析提供搜集路径与目的。信息节点间的联系是广泛存在的。认识是反复的,这使得发现联系与因果探查带有一定的情报分析色彩。现象的感知是事物

---

① HEUER R J. Psychology of intelligence analysis[M]. Washington D. C.:Center for the Study of Intelligence,1999:8.

的真实存在,联系的发现是人对于事物联系的认知,因果的探查是从可用价值的角度寻找信息。

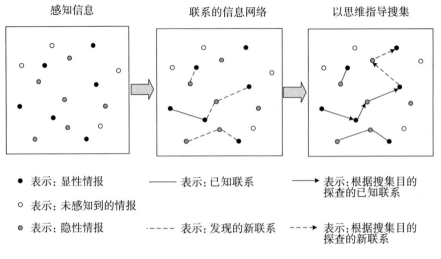

图 3 - 5   情报搜集的三个阶段

3.1.4.1 现象感知:发现隐性情报

情报的"耳""目"无处不在,耳朵听到的、眼睛看到的以及想到的都是情报的重要来源(见图 3 - 6)。科学技术的使用可以扩展人类的情报感知范围,但人的思想和现实生活存在有限性[①],感知能力的有限性、科学技术发展的有限性,使无处不在的情报无法完全被感知。认知的有限性使得部分被感知的情报无法被认识或被使用,此类情报是隐性情报。随着人类认知水平的提升和科学技术的发展,隐性情报在一定条件下可转变为显性情报。

言语感知、技术工具感知、视觉感知是最基本的情报感知手段。在安全领域,这些感知手段常交错使用,表现为一些综合性的手段,如侦察、监视、检查、监督、审查、探问、调查等(见图 3 - 7)。"检查"包含现场的直接观察,还包括问询方式加以了解情况,有时情报工作人员还会使用技术工具进行检查,如经济犯罪检查中会使用数据挖掘技术对异常的账户信息进行洗钱检查,"监视"既包含持续的跟踪观察,也包含使用传感器技术对目标进行定向识别,等等。

---

① 牛小侠.简述马克思的"有限性"思想及其意义[J].哲学研究,2012(2):13 - 15.

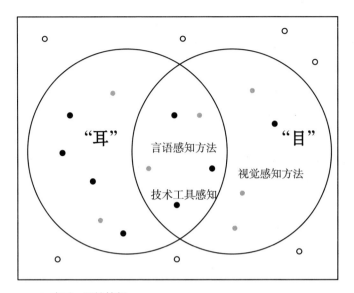

- ● 表示：显性情报
- ○ 表示：未感知到的情报
- ● 表示：隐性情报

图 3－6　现象感知示意图

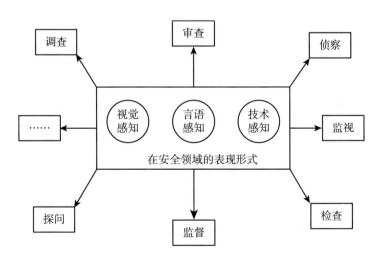

图 3－7　感知方法在安全领域的表现形式

战略情报之父谢尔曼·肯特指出:"人类的生存斗争中最重要的特征就是变化,旨在服务大战略需求的知识必须永远考虑到变化这一因素……

动态变化必须通过观察和报告所监视的哪些现象发生了变化。"①面向安全的哪些内容需要连续的"监视"？肯特指出，唯一的答案是需要差别对待，需要第一时间处理的、具有重要意义的问题需重点监视。

德文(Dervin)的意义构建理论指出当用户意识到某种空白的存在时，会寻求各种方式填补，其采取的步骤取决于认识这一情境信息的预期用途。认知学说认为，信息的查找行为源于人们有某种认知需求和填补其知识的空白的行为②。人类缺乏的知识可通过信息搜集的方式获取，即存在未知的隐性情报通过感知的手段使其显性化，如通过观察人的微表情、言行举止，通过网络知识的挖掘。

(1)观察法：视觉感知

马塔拉佐(Matarazzo)指出，会谈是"为达到预定目标的两个人或更多人之间的交流方式，这种交流是通过言语的和非言语的形式进行的"③。观察法是采集非言语信息的一种手段，通过直接感知和记录的方式收集相关信息或原始资料④。

1)面向安全的观察

观察法是安全领域情报获取的重要手段。在军事情报中，观察法是一种有效的侦察手段。在防御战役中，军队经常设置观察哨，用于观察翼侧、纵深和后方的军种战备情况和地理环境等。在犯罪调查中，调查员采用行为记录与观察相结合的方式进行犯罪现场调查记录，着重记录自身行为和别人行为、整个犯罪现场条件⑤。在健康安全评估中，观察法常与问卷调查法、直接测量和日记记录等多种方法结合，记录个人运动的生理反应，用于评估个人体力⑥。在边防检查中，工作人员观察犯罪者神情、动作、情绪异常表现，搜集一些无法言表的情报信息，从而寻找毒品走私线索⑦。巡逻盘查时，工作人员对犯罪嫌疑人可能去过的地区、场所、路径及落脚点进

① 肯特.战略情报：为美国世界政策服务[M].北京：金城出版社,2011：26－27.
② 沈固朝,施国良.信息源和信息采集[M].北京：清华大学出版社,2012：10.
③ 路燕.疑难案件侦讯心理访谈技术研究[D].兰州：甘肃政法学院,2011：4.
④ 龙倩,汪洋.观察法及其在卫生服务研究领域的应用[J].国外医学(社会医学分册),2005(3)：119－123.
⑤ JANET R,MARCUS D,LAURIE R. Crime Scene Investigation[EB/OL].[2013－10－19]. http://www.fbi.gov/about-us/lab/forensic-science-communications/fsc/april2000/twgcsi.pdf.
⑥ Centers for disease control and prevention. Surveillance systems[EB/OL].[2013－10－18]. http://www.cdc.gov/physicalactivity/data/surveillance.html.
⑦ 董海涛."望闻问切"在公安边防检查情报侦查中的应用研究[J].河南警察学院学报,2011(5)：50－52.

行巡逻,观察地域、场所和人员。生动直观、简单易行、及时的特点使得观察法在安全领域得到广泛运用。此外,通过对情绪、神态等细微现象的观察,情报员可获取潜在的隐性情报,提供新线索。

2)减少观察的偏差

"眼见不一定为实",呈现在观察者面前的事物只是一种表象,甚至是一种假象。面对浩瀚的信息宇宙,由于信息的不对称以及观察者知识结构、职业素养、情感因素的不同,"盲人摸象"的事情时有发生。从思维认知的角度看,观察者常在思想上带着已有的思维模式看待事物。观察者的观察角度和认知水平不同,得出的观察结果也不相同。事物是不断发展与变化的,发生的现象往往不能被还原,具有偶然性。

结构性的观察具备确定具体的观察对象和标准化的记录方法,其观察目的性强,有计划,观察的结果系统、准确,有利于定性定量的后续研究。在"Evaluation:Measuring Campaign Impact"①一文中,观察员在收集血源性病原体预防指标数据时,采用观察表的方式对开始时间、结束时间、擦洗技术、温控技术等数据进行了详细的结构化记录。

人类视觉的感知能力是有限的,借助于仪器设备的观察(间接观察)可获取人类感知范围外的情报。如在军事侦察与监视中使用雷达技术、电子技术、通信技术等多种技术。可见,科技发展使人类的观察范围在深度和广度上都发生了质的变化。

掌握熟练的观察技巧也是减少偏差的重要手段。这些观察技巧包括:

①观察前熟知观察对象的情况;

②划定观察的范围,如观察的地域、人员、场所等;

③选择好的位置和视野,力争好的观察结果;

④善于掌握观察对象的心理状态,捕捉微小的表情变化和反常动作;

⑤进行思考和判断,结合必要的询问,有针对性地观察;

⑥采取记忆记录方式进行识记,必要时借助于摄影、录像等手段。

(2)言语信息采集法:言语感知

语言是人类重要的交际工具,在语言交流过程中,除语言信息的直接传递,以及表情神态、形态动作等无声的语言信息,存储于人脑中的知识信息也会被传递出来,这类信息被视为隐性信息。言语信息采集也是隐性情报获取的重要手段。

---

① Centers for disease control and prevention. Evaluation:measuring campaign impact[EB/OL]. [2013 - 10 - 20]. http://www.cdc.gov/niosh/stopsticks/evaluation.html.

言语采集无处不在,其表现形式也是多种多样,例如:军事战争中的言语采集表现为对俘虏的审讯,向上级指挥官的汇报;在环境安全中,言语采集表现为对周围民众的询问;在公安领域,言语采集表现为审讯、查访等。在公共健康方面,1999—2001 年,美国疾病控制与预防中心(Centers for Disease Control and Prevention,CDC)对美国的公共健康状况进行了行为危险因素调查(BRFSS)、国民健康情况访问(NHIS)、全国健康与营养调查(NHANES)、YRBS(青少年危险行为调查)、全国居民出行调查(NHTS)、学校卫生政策和方案研究(SHPPS)等调查。这些调查采取了多种言语采集方式,如 BRFSS 采用电话访谈的方式,NHIS 采用个人访谈的方式,NHANES 采用采访与面试相结合的方式(见表 3 - 3)。

表 3 - 3　美国体能活动监测数据源汇总表

调查项目	数据采集方式	目标人群	数据采集的频率	体力活动域(S)
BRFSS	电话访谈	2001 年,美国各州的成年人(>18 岁)与哥伦比亚特区的大约 21 000受访者	每年	闲暇时间区域活动
NHIS	个人访谈	2000 年,美国各州的成人和儿童与哥伦比亚特区的大约100 000受访者	每年	闲暇时间
NHANES	采访/面试	1999—2000 年,美国 10 000 名儿童和成人	每年	闲暇时间区域活动
YRBS	个人访谈	2000 年,美国 15 000 名高中学生受访者	每隔两年	闲暇时间区域活动
NHTS	个人访谈	美国 25 000 户以上家庭	每5—7 年	活动
SHPPS	邮件调查	美国学区、州教育机构和教室的学生	定期	学校活动和课程

1)言语采集的分类及特点

按照言语信息采集涉及的工具和环境,言语信息采集分为当面采集、电话采集、文字采集等形式(见表 3 - 4)。

当面采集不仅能获知调查对象的言语,还能观察到采集对象的神态和肢体语言。具体形式有面对面交谈、电视会议、网络视频聊天、视频电话等。采集方通过对采集对象情绪的把控,进行引导提问,可深入挖掘采集对象的信息。采集的信息的真伪可结合采集对象语速、语气以及肢体神态等被一定程度上辨识。

电话采集是通过电话进行实时交流。与当面采集相比,电话采集缺少对采集对象神态和肢体语言的把控,受采集对象情绪、空间的影响较大,采集信息的深入性不够,采集到信息的真伪辨识较难。但相比当面采集,电话采集拥有很大的空间灵活性,同时采集成本较低。

文字采集的对象是通过书写将口述语言转变为文字的人际交流信息,具体包括书信(电子邮件),网络实时通信(包含 BBS、讨论组、QQ 等文字输入方式)。文字采集成本比较低,但采集的针对性较差,真伪辨识难度大。

表 3-4　不同言语信息采集方式比较

信息	当面采集	电话采集	文字采集
	言语、语气语态、神态、肢体语言	言语、语气语态	言语
信息量	大	较大	一般
信息可信度	好	较好	一般
时间限制	较大	一般	很小
空间限制	较大	无	无
采集对象的针对性与代表性	好	较好	差
采集对象硬件限制	较低	中	有时较高
对采集对象保密性	低	较低	较高
采集方保密性	低	较低	较高
互动性	高	一般	低
采集人员素质要求	高	较高	较低
单位成本(时间、经费)	高	较高	低
可能采集范围	较小	较大	很大
信息后期处理难度	高	较高	较低

2) 获取更多的言语情报

采集对象的语音声调、逻辑性、语言情境、表情和微表情包含多种隐性情报。采集方对采集对象进行心理分析和适当调节，选择合适的提问方式，调节采集的气氛和话题，用心听解，都能获取更多的情报。

语音和声调。语言是信息表达和传递的符号，必须有传递的载体才能使符号得以传递、发出并被感知。语言的发音过程中，音调的高低、升降、曲直变化就是声调。语音和声调的完美结合才能完成语言信息的传递。语音和声调是发音者心理活动、思维逻辑的表现形式。平和的语言声调表现出发音者内心的平静、沉着，对阐述的事物进行了冷静的思考；激情的语调表现出发音者的兴奋、高兴，对阐述的事物充满了热情。在审讯活动中，低沉缓慢的声调容易刺激犯罪嫌疑人的忧伤感，形成心理压力；抑扬顿挫的声调使嫌疑人心情放松，嫌疑人在放松的情况下更易表现出更多的信息[1]。

逻辑语言。语言的逻辑性所包含的情报能够超过语言本身的意义，例如，逻辑语言能够隐含一个存在的前提，促进情报的形成："你为什么要拿他钱？"这句话隐含了你拿钱了；"你银行存的钱哪里来的？"这句话隐含了你银行存了钱。

语言的情境。语言的活动是在问与答的相互刺激、反映、影响的情境中完成的，在情境中，采集方与被采集方进行着语言的对抗。如在审讯中，犯罪嫌疑人为隐瞒自己的犯罪事实，会有一个审视和考虑的阶段，那天做了什么，能不能说？说了对自己是否有利？不说又如何回避？被问者沉吟不语、结结巴巴，通过语气、节奏、重复、语病等创建一个不愿回答甚至说谎的情境，审讯者往往无法获得嫌疑人内在的动机和价值判断。

表情与微表情。微表情是人遇到有效刺激时，由情绪或习惯引发的不受思维控制的真实面部反映，可映射出一个人内心的真实想法[2]。一个人的表情所传达的信息，能够揭示其内心的想法。

---

① 吴克利.审讯语言学[M].北京：中国检察出版社，2012：6.

② 姜振宇.微表情：如何识别他人脸面真假[M].南京：凤凰出版社，2011：2.

（3）侦察与监视：技术感知

1）侦察与监视的内涵

侦察与监视是军事活动中探听消息，观察周围情况变化的行为。依据《现代汉语词典》，侦察是为了弄清敌情、地形及其他有关作战情况而进行的活动；监视是从旁严密注视、观察①。侦察与监视通过视觉、听觉或其他的科技手段去发现潜在的情报，包括科学与技术、地缘政治、环境、编制、战斗序列、军事行动。现代指挥（command）、控制（control）、通信（communication）、计算机（computer）、情报（intelligence）、监视（surveillance）和侦察（reconnaissance）系统（简称 C^4ISR 系统）是获取情报、战场支援和夺取信息优势的重要手段。

作为一种情报搜集手段，侦察与监视已经不再局限于军事领域。在非传统安全中也存在着多种侦察、监视的行为。在文物缉私中，工作人员使用地波探测器、集装箱检测仪、雷达探测、红外热成像等多种方法对古墓盗掘、携带走私等违法行为进行监测。在国防安全方面，数据采集（SCADA）系统自动监控和调节国家基础设施。在水安全领域中，3S 技术（遥感技术、地理信息系统和全球定位系统）常被用于了解水域空间环境信息和污染监测。

侦察与监视的表现形式是探测、定位、跟踪、识别和描述，强调及时获取，准确感知，收集的结果是数据、信息和情报。

2）侦察与监视类情报

军事情报来源于众多海、陆、空侦察与监控系统，这些"耳、目"以众多传感器构成，使指挥官运筹帷幄、决胜于千里之外，能使飞行员查看监视屏准确袭击目标，能使士兵获取战场指示与最新情报。军事情报源根据获取技术不同可以分为感知型军事情报源、定位型军事情报源、文献型军事情报源、网络型军事情报源②，其中感知型和定位型军事情报源中包含了大量的侦察与监视类情报。侦察与监视类情报主要来源于：图像情报（IMINT）、信号情报（SIGINT）、测量与特征情报（MASINT）（见图 3 - 8）。

---

① 雷厉. 侦察与监视［M］. 北京：国防工业出版社，2008：1.

② 林平忠. 军事信息管理学概论［M］. 上海：世界图书上海出版公司，2015：14 - 19.

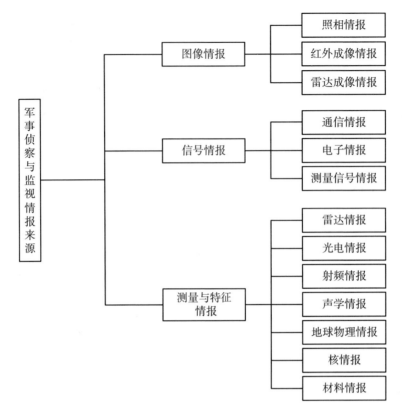

图 3 - 8　军事情报中侦察与监视的情报分类

资料来源:雷厉. 侦察与监视[M]. 北京:国防工业出版社,2008:2 - 6.

3.1.4.2　联系发现:寻找关联信息

联系的发现是指找寻信息之间的关联规律以构建信息网络,发现信息寻找的途径,以扩展信息搜集的范围。

各类信息源之间存在着普遍的联系,不论是强联系还是弱联系,通过这些联系都可以扩展情报的搜集范畴,打开情报搜集的思路。文献与文献之间可以通过引文、主题词、时间、来源等方式建立彼此之间的联系;人因血缘、事缘(因某件事而结识)、学缘(因知识而结识)、地缘(因同处某个地方而结识)等产生人际关系;文献由于作者与人产生联系,又由于出版与机构产生联系……除此之外,还有很多因素使得这些信息源相互之间建立起联系,最终形成一个有疏有密的网络。情报搜集就是通过这些联系实现信息源之间的跳转,从而达到情报搜集的目的(见图 3 - 9)。在这个过程中,抵达另一个信息源的路径选择也是情报搜集需要考虑的问题。

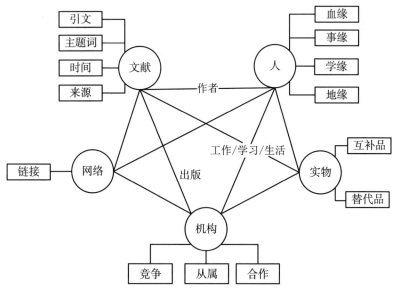

图3-9 联系的信息网络

(1)人—人的联系

人因为各种各样的缘由,如血缘、地缘等联系到一起,在进行情报搜集时,通过人的这种关系可以摸索到很多线索,如公安领域由人及人的调查方法(见图3-10),想了解与调查对象有关的人,可以从婚姻登记、户口信息、航班信息、车辆违章信息、职业部门信息、金融信息等多种线索进行检索。

图3-10 关系人调查法示意图

人的这种联系体现在其交往的圈子,即人际网络。在竞争情报、公安情报领域已有较多人际网络的研究。人际网络研究为竞争情报从"人脉"出发搜集情报信息提供了思路,产生了较多的研究成果,如罗纳德·伯特(Ronald Burt)的结构洞理论、马克·格拉诺维特(Mark Granovetter)的关系强度理论、网络闭合理论,这些理论从联系的视角阐述了人际网络间的各种关系与结构。

1) 构建人际网络

韦恩·贝克①指出"大多数人凭借不准确、不完整的心智地图进行操作……结果他们没有看到或者没有对其人际网络中可利用的资源(对他们来说)进行发掘,因此没有取得他们应有的成功"。找到"可以帮助你的人"、消除信息不对称、快速获取人际资源,是人际网络构建的意义。构建人际网络的基本流程是:需求分析、确定网络模式、识别网络成员和关键联系、建立联系②③(见图3-11)。

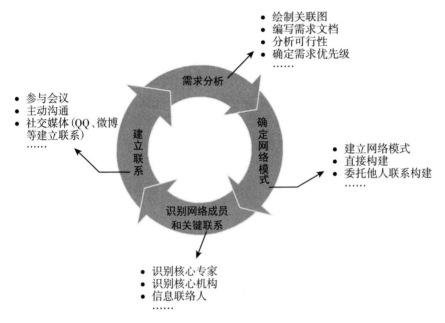

图3-11　人际情报网络构建流程

需求分析主要包括绘制关联图、编写需求文档、分析可行性、确定需求优先级、建立需求模型。其主要目的是明确构建人际网络的需求,分析实施的风险。

紧密型和松散型是人际情报网络的两大主要模式。包昌火等人④认为内紧外松的人际情报网络将产生高水平绩效。组织内部人际联系强,网

①　贝克.社会资本制胜:如何挖掘个人与企业网络中的隐性资源[M].上海:上海交通大学出版社,2003.

②　刘双瑜.基于社会网络理论的公安人际情报网络研究[D].北京:中国人民公安大学,2017:8.

③④　包昌火,李艳,王秀玲,等.人际情报网络[J].情报理论与实践,2006(2):129-141.

络闭合;组织外部联系弱,结构空洞,呈现小核心大范围的扩散模型。秦铁辉等[1]提出了人际网络的三层结构模型,分为组织内部的人际关系、组织与其他部门之间的人际关系、组织与组织外部社会实体间的人际关系,强调以组织为区域的人际网络模型。

识别网络成员即划定人际网络范围。网络成员分为个人与组织两个层面,以内部和外部为范围区分。在公安领域,内部网络如指导者、专家、业务骨干等释疑解难,提供专业知识,相关部门如派出所、户政、出入境、监管等提供侦查破案的情报;外部网络的个人如公安院校的专家、教授提供刑侦情报的咨询或相应理论知识;组织机构如税务、金融、工商、海关等提供相关情报[2]。

建立联系的方式多种多样,如工作活动的沟通、朋友同乡的介绍,参加各类活动、面谈、电话采访、社交网络等都是有效、简单、快捷的联系方式。识别联系可通过问题引导的方式进行,引导问题包括:

- 联系的类型是什么?(来自组织内还是组织外,扮演何种角色)
- 联系的成员提供何种关键的情报、资源、联系?
- 建立联系的不稳定因素和威胁来自哪里?

2)获取人际网络的实现形式

人际网络共享平台、社交网络、人际资源地图是建立联系、发现联系的重要方法。

人际网络共享平台是人际情报网络和信息技术架构平台构建的共享模式。各类专家库、纳税人信息库、公安部门的犯罪信息资料库等以部门机构的共享方式,提供了各类人际情报。查找安全领域的专家时,利用专家库或"who knows who"名单(见表3-5)和"who knows what"进行查找。

表3-5 "who knows who"名单

联系人自身信息					
姓名	性别	所属行业	工作部门	职责范围	联系方式

---

① 秦铁辉,晏创业,王琳.竞争情报与知识管理的互动关系[J].情报科学,2004(7):780-784,791.

② 彭知辉.公安情报源与情报收集[M].北京:中国人民公安大学出版社,2009:243.

续表

所掌握的人际资源						
联系对象	性别	所属行业	工作部门	职责范围	联系方式	认识方式

资料来源:彭知辉.公安情报源与情报收集[M].北京:中国人民公安大学出版社,2009:245.

网络论坛、即时通信、微博等新媒体的网络社交使得人际网络的沟通与分享更为简便。人们通过视频聊天、站内留言、关注好友等方式可获取各类情报。如军事类论坛中可能有专家、学者、组织内部的人员(技术开发者、分析者、决策者),情报工作人员通过对发帖的讨论,往往可以获得一些内部的军事消息。

人际资源地图是人际情报网络和知识管理技术相结合来管理人际情报资源的工具。它是指向人际情报源的"向导",是对知识丰富的专家、领导等隐性人际资源的开发与利用。

(2)文献—文献的联系

文献之间存在着各种各样直接或间接的联系,直接联系如引证关系,间接联系如同属一个主题、包含同样的关键词、作者相同等。这些联系在文献之间架起了桥梁,可以实现文献之间的跳转,即从某一篇文献找到另一篇文献。在进行安全领域的情报搜集时,文献的情报价值已不仅在于其内容本身,还在于文献的线索作用。这些线索构成了一个文献网络,节点是每篇文献,联系可以是主题、关键词、来源、机构、引证等。

1)构建文献网络

一般而言,提及文献之间的联系,最常见的一种就是引证关系。情报工作人员通过引文可以追溯文献的起源、了解同一主题科学知识的变迁。引文能为文献提供证据与说明,提供背景性阅读材料等。除了引证关系外,主题、关键词、作者、来源等也是文献之间的关联方式。通过文献之间的联系,情报工作人员可以从某一文献找到另一文献,或者实现某一类文献的搜集。以图3-12为例,根据文献间的联系对"公开源情报"领域进行研究时,从检索到的"公开源情报研究综述"出发,通过引文、关键词、作者、文中内容等可以找到与之相关联的若干文献,这些文献同样也有与之相关联的一批文献,不断递进,实现文献网络的构建,从而达到情报搜集的目的。

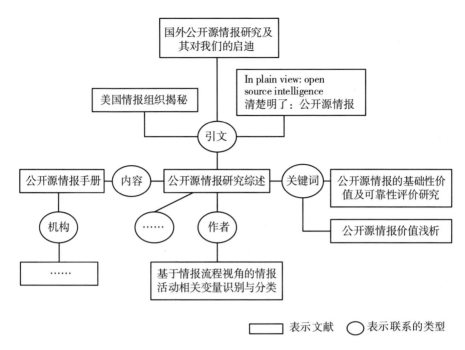

图 3 - 12　文献网络的构建

2）在文献网络中获取信息的方式

许多检索工具揭示了文献之间的关系，如书目、索引、卡片、搜索引擎或数据库等，可以实现文献的检索。

文献获取方法还包括预定采购、交换索要等。预定采购是获取文献资料的传统方式，在网络形式下，可以通过 RSS 技术及时获得领域内文献资料的推送。由于安全问题的特殊性，很多文献资料并不在市面上流通，不是所有内容都能公开发行。这时候需要借助组织或个人的力量获取，如军事、公安领域的一些书籍、论文。在国际上，文献交换也是获取别国文献信息的一个重要途径。美国刊物就曾报道要与我国交换有关核安全问题的参考文献①。

（3）其他联系

如同人与人、文献与文献一般，物与物、人与物、文献与机构……之间都有着各种联系。通过事物之间的联系搜集情报的一个典型场景是在破案的过程中，侦探们根据现场留下的各种痕迹或物品摸索事物之间的联系，从而做出推断。这不仅是影视剧中常见的桥段，也是对犯罪现

---

① 佚名. 美刊报道美将与我国交换核安全情报[J]. 国外核新闻，1980（19）：6.

场、灾害现场或突发事件的现场进行勘查时的真实情景。再比如说公安领域使用财富调查法(见图3-13)对调查对象的房产物业、银行存款、理财投资、汽车信息进行关联查询,通过了解调查对象的财富情况发现不寻常的情况,如贪污腐败。这种方法通过找寻人与物的关联信息进行情报搜集。

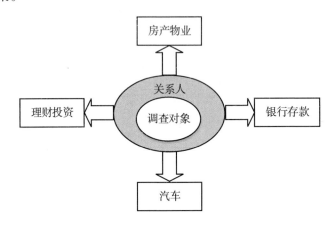

图3-13　财富调查示意图

资料来源:陈刚.信息化侦查大趋势——信息化侦查理论与实践学术研讨会论文集[C].北京:中国人民公安大学出版社,2010:327.

安全问题环环相扣,存在多种联系。情报工作人员在情报搜集过程中更要带着"发现"的眼光去找寻关联。如果说情报搜集是个滚雪球的过程,那么找寻关联就是让雪黏合起来的过程。只有循序渐进,在情报源之间一层一层地滚下去,收集到的资源才会越来越多,越来越贴近需求。

3.1.4.3　因果的探查:构建情报搜集指标

因果的探查是对事件"溯因"与"求果"的过程,无论是执果溯因,还是执因求果,在"溯"和"求"的阶段,都需要新信息的引入、补充才能构建成完整的因果链条。需要一提的是,此处的因果不仅仅指因果的逻辑关系,而是人对事物关系的认知,因果链条是事物发生过程的"全貌"。

(1)模型指导:从模型角度发现信息

以模型指导情报搜集并不少见,在竞争情报的搜集中早已出现。如企业在竞争中常以波特五力模型作为企业竞争情报的搜集指标,PEST模型作为企业市场政策的情报搜集指标。

情报搜集是以需求为导向,最终服务于决策。搜集的信息不经过分析无法为决策提供支持,情报搜集实则服务于分析,分析需要什么样的维度,就需要搜集什么样的信息。如此,指导情报搜集的模型便丰富起来。

在激烈的军事对抗中,敌我双方对自身信息输出的控制相当严格,能用于情报分析的原始资料极为罕见,通常是信息碎片。博弈对方的行为规则难以洞察,竞争环境变幻莫测。片段情报分析就是要将这些蛛丝马迹整合起来,重现具有决策支持价值的"信息全景"。在情报搜集时,可从片段情报分析的三个维度,即时间、行为主体、动作来搜集信息。

在犯罪侦查中,案发现场的各类证据在空间中零散分布,窗户的指纹、桌椅的顺序、地毯上的粉屑……全部搜集还是有所选择?剧情模式归纳方法提供了一个指导性的视角,将案发的各个情节进行归纳:先兆阶段、搜寻阶段、追逐阶段、猎取阶段、杀人阶段、象征物阶段、消沉阶段[①]。再对每个阶段所需信息逐一细化,情报搜集方向就变得清晰明了。

恐怖威胁评估模型从恐怖组织威胁、目标吸引力、目标弱点、袭击后果四个方面进行评估。面向恐怖威胁的情报需要包括:目标所在的国土、地区信息,不同恐怖手段所造成的伤亡信息,目标的弱点信息,等等。从信息来源看,反恐威胁要综合军方、警方、地方社区、有关企事业单位的数据,还需要卫生、环保、建筑等部门的意见及专家意见等[②]。

以模型为指导的搜集将情报的分析需求与搜集联系起来,为情报搜集的广度提供了较为科学的视角。

(2)提问假设法:从推论角度构建信息

假设是根据已有的事实材料及以往的经验和科学知识,对需要解决的问题所做的假定性说明[③]。为何要假设?一方面是出于对不完全信息的无奈,通过推理进行部分未知内容的"猜想",以更大程度地了解事件;另一方面,假设的提出是一个推理的过程,代表思维的流向,为探查事件的前因后果提供了方向。

提问假设法的过程是,首先根据已有的线索进行提问,然后对问题进行推理并提出假设,接着根据假设搜集情报,最后通过收集的资料对假设进行验证,从而回答问题。在不停的提问假设与情报搜集中,事件的"全貌"也得到还原(见图3-14)。好的提问能够打开情报工作人员的思路,好的假设是好的提问的前提。

---

① 崔嵩.再造公安情报:中国情报主导警务、理念、分析工具、实施策略[M].北京:中国人民公安大学出版社,2008:293.

② 崔嵩.再造公安情报:中国情报主导警务、理念、分析工具、实施策略[M].北京:中国人民公安大学出版社,2008:395-396.

③ 田粟.刑事侦查假设逻辑刍议[J].社会科学研究,2000(4):71-74.

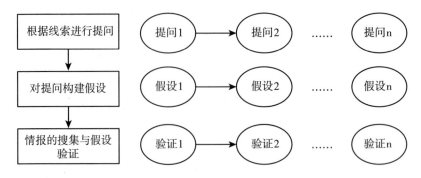

图 3 - 14　提问假设的情报搜集示意图

虽然在解决问题初始阶段已有的线索不多,但这并不意味着提出问题的框架是缺失的。情报工作人员通过知识的阅读与借鉴,以及从实践中获取的经验可完善提出问题的框架。此外,思维方式也会影响提问。发散性思维可以提出跳跃性的问题,这类问题往往带有创造性,可代替不合时宜的观念。批判性思维可以对推理进行反思和检验。

以判断嫌疑人是否犯罪为例,以下为判断其是否犯罪的提问角度(见图3 - 15):

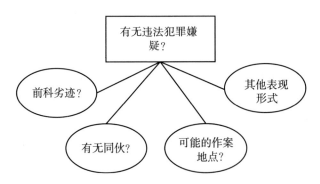

图 3 - 15　对违法犯罪嫌疑人的检索示意图

资料来源:王沙骋. 信息共享环境:情报主导警务[M]. 北京:中国人民公安大学出版社,2010:139.

提问 1:该犯罪嫌疑人是否具有前科劣迹?

提问 2:该犯罪嫌疑人是否有同伙?

提问 3:该犯罪嫌疑人可能的作案地点在哪?

提问 4:其他形式……

由于对提问构建的假设已包含在问题中,含义较为明显,故不再做说明。

在判断犯罪嫌疑人有无犯罪前科时,检索犯罪数据库,了解该嫌疑人的犯罪历史记录;在判断该人是否有同伙时,可检索电话登记及通话记录信息库,判断其是否突然和同一个人频繁联系;在判断嫌疑人可能的作案地点时,可检索刑事信息联查平台,了解最近犯罪案的所在城市,并调用监控录像。

总的来说,提问假设法的指标构建是建立在阅历、思维水平、认知的基础上,针对某些指标的情报搜集较有深度。

3.2 情报处理

情报流程中的情报处理是指对搜集到的情报资料进行加工,转化为情报分析适用的形式①。其中包括:筛选——去伪存真,剔除虚假的情报资料;鉴别——辨别情报资料的重要性、可用性、新颖性等;清洗(数据)——数据滤重、去除噪声、查漏补缺、重名区分、别名识别、数据降维等;关联——对不同来源的情报资料进行整合;序化——对情报资料实施分类、检索和抽取等。

安全情报内容涉及国家和机构安全的所有领域,包括经济安全中的金融安全、贸易安全,社会安全中的治安、刑事、暴力恐怖等方面面,内容较为敏感。安全情报表现形式多样,如文献情报、图像情报、音频情报、视频情报。例如国土安全情报包括通过监视系统在边境采集到各种信息:时间、人员、装备、地理、静态、图文等②。综合情报流程的一般性概念与安全情报内容敏感的特点,安全情报的处理过程可以分成四个部分:

(1)情报评估:对搜集到的情报进行筛选和鉴别,分析情报的信度和效度,得到可信、有效的情报。

(2)情报内容处理:情报清洗和序化,将上一步得到的情报进行去噪、标准化,形成结构化或半结构化的情报内容。

(3)多源情报整合:情报关联,利用信息处理技术将各种异源、异质、异构的情报(信息)去重、聚合链接起来,构建一个全面的情报空间,为后续情报分析提供基础。

(4)情报安全保密:对情报安全进行全流程的把控,包括人员、设备以

---

① 彭知辉.情报流程研究:述评与反思[J].情报学报,2016(10):1110-1120.

② 黄强.国土安全理念政策技术装备及系统[M].南京:东南大学出版社,2013:59-60.

及情报传递过程的保密管理。

3.2.1 情报评估

3.2.1.1 情报评估的必要性

情报评估是对搜集到的情报的价值进行判定的过程。在公安领域的情报工作中,这一过程被理解为情报真伪的判断,包括:审查情报的来源渠道;调查情报的获取方法;判断情报所反映情况的依据和完整程度;分析情报提供者的动机,如一个经常提供错误情报的线人被认为是不可靠的[①]。事实上,情报评估不仅仅是对情报真伪(信度)的判断,也要对情报能否指导决策、能在多大程度上影响决策做出判断,即情报的有效性,也可称为情报的效度。效度,即情报的适用范围及其效益。有时候,收集到的情报即使是真实的,但如果发挥的效用与花费精力不成正比,情报的效度就是低的。

在军事行动、犯罪追捕中,准确、可靠、真实、及时的情报材料才能为行动提供充分的证据。观察的情报可能不具有客观性,言语信息采集则容易受采集员与采集对象主观情绪的影响,有时并不能表现客观事实。相比之下,侦察与监视的情报往往更加准确、可靠。多种渠道搜集的情报需要相互印证,消除不确定性。

3.2.1.2 情报评估方法

常见的情报评估方法主要有四种(见图 3 – 16),其中前两种方法侧重于情报的信度评估,后两种是综合评估情报信度和效度的方法。

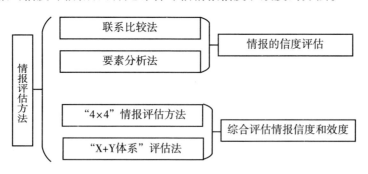

图 3 – 16　情报评估方法

---

① 赵金萍.禁毒情报相关问题研究[C]//《公安情报学理论与实践》编委会.公安情报学理论与实践:全国公安情报学研讨会论文集.北京:中国人民公安大学出版社,2007:324 – 325.

（1）联系比较法

联系比较法①是指对照情报反映的情况和其他相关情况,对情报进行鉴别。其他相关情况包括情报涉及的对象、知识、背景等。

1）联系对象情况进行识别

情报所反映的情况不是独立存在的,而总是与过去的情况或事物的常态有所联系,且应当符合其自身发展的规律。所以,在对情报真伪进行判定时,需注意把情报所反映的情况与已经掌握的事实进行对照,之后做出鉴别。

2）联系有关知识进行识别

当有些情报不能通过常识或过往经验进行鉴别时,需要联系相关知识进行识别。特别是关于先进技术、高端产品等情报,都需要有相关知识作为基础和参照。

联系比较法并不适合所有的情报评估。例如,某些情报起初看起来真实性很小,并且没有其他材料可以作证,结果却被证明是真实的情报。所以,判断情报的真伪还可以辅以其他方法,如下面的要素分析法。

（2）要素分析法

要素分析法②,即从分析情报各个元素的性质、特征和相关关系中识别情况。情报要素包括情报的来源、对象、地区、时间、情节等。

1）分析情报来源

情报来源是指情报内容的提供者或是情报获取的渠道。情报的来源不同,情报的价值也各不相同。从情报源角度可将情报分为直接情报和间接情报。一般而言,直接情报要比间接情报更加可靠。例如:文献情报源中一次文献的可靠性更高,而文献被转引多次后,情报工作人员应该查找原文,判断内容的真实性;人际情报源中,提供者提供与其职位或所在领域直接相关的情报更为可靠,如外交情报中,提供者提供其所在使领馆的外交请示、指示和报告。若医学工作者反映环境卫生情况,科研工作者反映税务情报,其可靠性将大打折扣。

2）分析情报所涉及的人员、时间和地点等具体内容

分析情报中所涉及人员的名称、职务或身份等表达是否正确,是否有

---

① 张晓军. 军事情报学[M]. 北京:军事科学出版社,2001:187 – 189.

② 陈梦醒. 经侦情报研判方法体系研究[C]//《公安情报学理论与实践》编委会. 公安情报学理论与实践:全国公安情报学研讨会论文集. 北京:中国人民公安大学出版社,2007:42.

情报中所提到的职能和进行相关活动的可能性;研究所涉及地区的名称是
否正确、前后表达是否一致、地区之间的关系表述是否有矛盾;时间是否符
合事物发生发展的客观顺序等。

3)分析情报本身的细节

研究情报的格式是否符合惯例,所反映的情节、事理是否符合逻辑和
目前的科学技术水平、有无矛盾等。

(3)"4×4"情报评估方法

"4×4"情报评估模式[①]可用于评估情报来源的可靠性和情报的有效
性,在欧洲各国以及新加坡、菲律宾等东南亚国家普遍使用。中国香港对
于犯罪情报评估时也运用这一方法[②③]。

(4)"X+Y体系"评估法

欧美各国情报机构在对情报信息进行评估时还采用"X+Y体系"评
估等级表这一情报信息评估模式[④],具体评估指标见表3-6。

表3-6 "X+Y体系"评估等级表

信息来源的可靠性(X)	信息内容的准确度(Y)
A——完全可靠	1——经其他渠道证实
B——通常可靠	2——很可能是真实的
C——比较可靠	3——可能是真实的
D——通常不可靠	4——真实性值得怀疑
E——不可靠	5——很不可能
F——无法评价其可靠性	6——无法评价真实性

"X+Y体系"评估法相较于"4×4"情报评估模式指标划分更细,但是
并没有说明如何对情报来源可靠性和内容准确性进行综合评估,方法尚不
成熟,在使用过程中需要谨慎。

---

① 靳娟娟.基于案例的情报评估分析之研究[J].情报理论与实践,2012(1):45-47,74.

② 李亦农.经济犯罪情报若干问题研究[C]//《公安情报学理论与实践》编委会.公安情报
学理论与实践:全国公安情报学研讨会论文集.北京:中国人民公安大学出版社,
2007:66.

③ 清公.香港犯罪情报评估制度评析及其借鉴[J].公安研究,2012(2):80-84.

④ 翟丰,陆才俊.公安情报学研究的几个理论问题[C]//《公安情报学理论与实践》编委会.
公安情报学研究:全国公安情报学研讨会论文集.北京:中国人民公安大学出版
社,2007:460-461.

3.2.2 情报内容处理

经过情报评估后形成的是相对可信的且符合用户需求的情报,但这些情报在内容上可能存在非结构化、缺失、有噪声的现象。情报内容处理就是通过信息处理技术将非结构化、缺失、有噪声的情报处理成半结构化或结构化的、完整的、干净的情报的过程。根据情报内容形式的不同,情报处理主要可以分为结构化数据处理和非结构化数据处理,其中非结构化数据处理包括:文本情报处理、图像情报处理、音频情报处理以及视频情报处理(见图 3 - 17)。结构化数据处理是情报内容处理的基础,文本是主要的情报处理内容,后三种多媒体情报处理可以通过标注的方式形成自然语言描述的文字,进而转变成文本情报处理的问题,同时又有着自身情报内容处理的特殊方法。

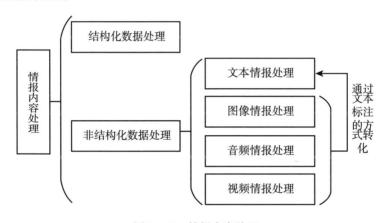

图 3 - 17　情报内容处理

3.2.2.1　结构化数据处理

结构化数据是指高度组织化、可以被直接导入现有数据库中使用的数据①②。由于从现实世界获取的数据可能存在不完整、不正确、有噪声以及不一致等问题,需要对结构化的数据进行处理,提高数据质量的方法主要包括数据清洗、数据集成、数据归约和数据变换③④。

---

① 蔡立志,武星,刘振宇.大数据测评[M].上海:上海科学技术出版社,2015:31 - 35.

② 贝克.大数据策略:如何成功使用大数据与 10 个行业案例分享[M].北京:清华大学出版社,2016:44 - 46.

③ 周英,卓金武,卞月青.大数据挖掘:系统方法与实例分析[M].北京:机械工业出版社,2016:74 - 76.

④ 樊文飞,吉尔茨.数据质量管理基础[M].北京:国防工业出版社,2016:3 - 10.

（1）数据清洗

数据清洗是一个将"脏"数据转换成"干净"数据的过程,具体处理的问题有:空缺值、错误数据、孤立点和噪声点。通过数理统计、数据挖掘等技术填写缺失值、光滑噪声数据、识别或删除离群点,提高数据的质量。

（2）数据集成

数据集成是把来源、格式、特点不同的数据在逻辑上或者是物理上进行有机的集成,主要解决集成时数据表连接不匹配、冗余、数值冲突等问题。对于小项目来说通常是将不同的表根据关键字集成一张或多张表,对于大项目来说可能需要将数据集成到数据仓库中。

（3）数据归约

数据归约是在保证初始数据完整性的前提下将数据集进行简化表示,主要方法有属性选择法和实例选择法。属性选择法是通过减少变量的方式（主成分分析、相关性分析等）对原始数据进行简化和"压缩"。实例选择法是通过样本筛选的方法来减少数据量,从而对数据集进行简化。

（4）数据变换

数据变换是对数据进行标准化处理的过程,主要是根据后续要采用的数据挖掘方法,将数据变换成适用的形式。数据变换的主要内容包括数据类型转换、属性构造、数据离散化和数据标准化。

目前,结构化数据的处理相对来说比较成熟,工具种类繁多,功能也较为完备。例如 SAS 的 Warehouse Administrator、IBM 的 Visual Warehousing、ORACLE 的 ORACLE Warehouse Builder、SQL Server 的 DTS 等,基本可以完成整个结构化数据处理的过程。

3.2.2.2　文本情报处理

文本情报是最通用且普遍存在的情报形式,即使是图像情报、音频情报、视频情报,通常都会辅以文字说明,因此文本情报处理是情报内容处理中的重要部分。文本情报处理是用计算机对自然语言进行转换、传输、存储等加工,使文本情报转化成可以用于分析的情报形式,其主要流程如图3－18所示,包括文本分词、文本表示和文本特征选择①②。

---

① 熊云波. 文本信息处理的若干关键技术研究[D]. 上海:复旦大学,2006:15.

② 袁鼎荣,钟宁,张师超. 文本信息处理研究述评[J]. 计算机科学,2011(2):9－13.

图 3 - 18　文本情报处理的主要内容

（1）文本分词

1）概念

文本分词是指将连续的字符或字符序列切分成有意义的词的过程。每个词在句子中具有一定的词性，这是文本情报处理的前提和基础。英文文本词语之间本身存在空格，不需要进行分词。而对于中文文本词之间没有空格必须进行分词处理。中文分词不仅是文本类情报处理的基础，同时也是其中的技术难点。

2）方法

汉字有不同的组词方式，例如：南京市长江大桥，可以切分为：南京/市长/江大桥，也可以切分为：南京市/长江大桥，两种结果的语义截然不同。除此之外，一些新词频繁出现，情报分析人员如果不借助上下文的语境信息和一定的语言知识很难得出正确的分词结果。虽然目前的分词效果仍不尽如人意，但也已取得了较大的进展。主要的中文分词方法分为 3 类：基于词典的分词方法、基于统计的分词方法、基于语义的分词方法。

基于词典的分词方法，也称基于字符串的匹配分词方法，其核心思想是通过一个包含足够大数量词语的词典来测度待分析字符串与词典内词语的匹配程度。如果两者匹配，则将该词提出作为一个分词。依据扫描的方向和长度的不同还可以细分为正向匹配、逆向匹配、最长匹配、最短匹配、词首匹配以及长短匹配结合等方法。

基于统计的分词方法不需要构建分词词典，其基本思想是通过衡量相邻的字在上下文结构中出现的次数，次数越多则说明其为分词的可能性越大。通过互现信息出现频率判断其构成，在一定程度上反映了成词的可信度。这种方法在一定程度上解决了基于词典的分词方法无法识别新词从而造成歧义的问题，但同时会出现切分出一些经常出现但不合理的组合，例如"你的""之中"等。此外，该方法对一些常用词的识别精确率不如基于词典的分词方法。

基于语义的分词方法，也称基于理解的分词方法。理论上这种分词方法的效果最理想，但目前还处于研究探索中，主要思想是要借助计算机来模拟人对句子的理解从而达到识别分词的目的。消除歧义的根本方法是自然人的分析理解,但无法在大规模文本信息中使用这种方法,因此借助计算机模拟人对句子理解的想法应运而生。为了达到此效果,机器在分析语句时需兼顾句法、词法和语义分析。然而中文语言知识的笼统性和复杂性使得基于语义的分词方法还不能达到较好的分词效果,该方法目前还处于研究和实验的阶段。

目前应用较广的分词软件有 NLPIR 分词系统、Stanford 分词器、FudanNLP、Paoding 分词器、IKAnalyzer 分词器等,这些系统都可以完成大规模文本的自动分词以及词性标注等问题。

(2)文本表示

1)概念

为了能够将文本表示成计算机能够理解的形式而进行大批量的、深入的分析(分类、聚类、关联、摘要等),从而得出能够辅助决策的结论。研究者们提出了一些文本的表示模型。这些模型的核心方法都是用从文本中抽取出的特征词集合来代表原来的文本,其中应用最广的是向量空间模型和概率模型[①]。

2)方法

向量空间模型是一种用向量来表示文本的方法。具体而言,文本可以用若干基本语言单位(字、词、词组、短语等)来表示,如果把基本语言单位看成是一个特征项,特征项的集合看成是一个词袋(bags of words),那么每一个文本可以用词袋的特征项集合来表示,且每一项可以根据其在文本中的重要程度赋予权重,这样就完成了用向量来表示文本的任务。向量空间模型中的特征项是向量空间中的坐标系,相应特征项权值的集合表示相对应的坐标值。权值的赋予方法主要有:布尔权值法(出现为 1,否则为 0)、词频法(特征项在文本中出现的次数越多,权值越高)、TF-IDF 法(特征项仅在某一个文档中出现的次数越多,权值越高)。向量空间模型适用于后续的文档分类与检索,但缺点是每当有新的文档加入时,必须重新计算特征项的权值。

概率模型是通过估计文档与查询内容的相关概率对文档进行排序的方法,是应用于信息检索的文本表示方法。具体而言,是将文本和查询内容相关的概率与文本和查询内容不相关的概率作为文本和查询结果的相似度,相似度越大,文本的排序越靠前。对排序结果的基本评价指标主要

---

① 胡可云,田凤占,黄厚宽. 数据挖掘理论与应用[M]. 北京:北京交通大学出版社,2008:121-123.

有准确率(precision)和召回率(recall),前者表示检索出相关文档数与检索出的文档总数的比率,后者指检索出的相关文档数和文档库中所有的相关文档数的比率。

(3)文本特征选择

1)概念

由于构成文本的字、词语和短语的数量巨大,经过文本表示形成的向量空间的维度可以达到上万维甚至更高。过高的数据维度不但会影响计算机的计算速度,阻碍后续的文本分析,同时,数以万计的字、词和短语对于后续文本分析的意义是不同的,大量的低质特征会抹杀优质特征的区分度,造成过拟合或者欠拟合的问题,降低模型的准确率和召回率。

2)方法

基于文档频率的特征提取法是根据特征项在文档中出现的频率进行特征筛选的方法[①]。其主要依据是:当特征项的文档频率低于某个阈值时,说明该特征项不具有代表该文档的特性;当特征项的文档频率高于某个阈值时,说明该特征项对于区分文档的作用较低。这两种情况筛选出的特征项都要从向量空间中删除。经过文档频率的筛选之后,可以减少文档表示的维度从而降低计算的复杂度,便于后续的情报分析工作。该方法简单、易操作,受到人们的青睐。但对于一些低频的特征项而言,我们很难确定它是否真的包含了较少的信息,而该方法却将其排除在外,会影响后续的情报分析工作。

信息增益是一种基于熵的特征选择方法,核心思想是计算不考虑任何特征项时文档的熵和考虑了某特征项后文档的熵的差值。从信息熵的核心思想可以看出,某个特征项的信息增益代表它所能提供原文本信息量的多少,信息增益值越大,所能代表的文本信息量越大,贡献越大。理论上,信息增益是进行文本特征选择的较优方案,它不仅考虑了词条发生的情况,还考虑了词条未发生的情况,包含了即使某个单词不出现也可能对文本类别判断做出贡献的思想。但实验后的结果是信息增益较大的特征项出现的频率往往较低,容易造成数据稀疏的问题,此时进行的后续情报分析的效果也会较差。

X^2统计量通过衡量特征项和文档类别之间的相关程度来对文档特征进行选择。特征项与某个文档类别的 X^2 统计量越高,说明该特征项与该

---

① 宗成庆.统计自然语言处理[M].北京:清华大学出版社,2008:340 – 370.

类别之间的相关性越大,能够反映更多的类别信息,反之也说明了特征项与文档类别之间的独立程度。对于文档集分为多类的问题,X^2 统计量可以通过计算平均值和最大值两种方法来进行特征选择,且研究表明最大值的方法得到的效果要好于平均值。

3.2.2.3 图像情报处理

图像情报处理是指对通过光学照相、红外传感器、激光、光电和雷达传感器[①]搜集到的图像进行图像变换、图像增强、图像压缩处理、图像分割以及图像描述,使之成为便于图像情报分析的数据格式(见图 3 - 19)。

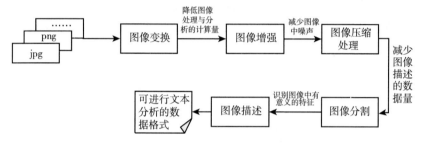

图 3 - 19　图像情报处理

（1）图像变换

图像变换的目的是降低空间域中图像处理的计算量。一般采用傅里叶变换、离散余弦变换等图像变换方法,将空间域中的图像处理转变为变换域中的图像处理,减小计算量,提升图像处理速度,同时为图像的特征提取提供基础。

（2）图像增强

图像增强,顾名思义是将人们对图像中感兴趣的部分进行增强,同时减弱或去除人们不感兴趣的图像部分。该操作在一定程度上去除了图像中的噪声信息,使得有用的信息得到加强。图像增强可分成两大类:基于空间域的增强方法和基于频率域的增强方法。两者的主要区别是在进行图像增强的过程中是否将图像进行变换,基于频率域的图像增强就是先将图像从空间域变换到频率域,进行图像增强后,再将其变换到空间域。

（3）图像压缩

图像压缩是为了解决数字图像数据量较大、不便于存储和传输的问

---

① 王诗薇,蓝龙,张翔.图像标注研究及其在情报处理中的应用[J].国防科技,2017(5): 19 - 22.

题。图像压缩可以在不失真的前提下压缩,也可以在允许失真的范围内进行压缩,其中最重要的方法就是进行图像编码,该方法产生较早也较为成熟。

(4)图像分割

图像分割是将图像中的边缘、区域等在图像中有意义的特征提取出来,为进一步的图像识别、分析和理解提供基础的技术。图像分割是目前图像处理领域的研究热点,得出了很多边缘提取、区域分割的方法,但研究者们尚未找到一种普遍适用于各种图像的有效方法。

(5)图像描述

图像描述是对图像分割后产生的边缘、区域用数据、符号、形式语言来进行表示的技术。图像描述的信息可以分为两个部分:对区域本身的描述和对区域之间的关系、结构的描述。图像描述的主要方法有二维形状描述和三维物体描述。图像描述可以有效地标识目标,为图像识别和理解提供基础。

3.2.2.4　音频情报处理

音频情报是指人耳能够听到的、用于解决特定问题所需的、经过激活过程而活化了的知识。音频的主要形式有波形声音(又称数字化音频,即对声音进行采样并量化的结果)、语音、音乐等①。在数字信号处理技术用于音频情报处理之前,音频情报的处理主要是通过人工用耳朵听,经过分析后将结果用文字记录下来。但是在通信技术和网络迅速发展的情况下,音频信息的量级呈指数增长,人工的音频信息分析方法已经无法满足需求,自动化的音频信息处理方法应运而生。由于音频信息本身是一种非语义符号的表示形式,同时又是非结构化的二进制流,人们不便于对其进行深入处理和分析。因此,如何提取音频信息的语义内容和结构化信息,即音频特征提取,是音频情报处理的主要内容。

音频特征提取是后续对音频情报进行分析的基础,具体指从音频波形中提取出随时间变化的音频特征序列。研究发现,经过采样、量化、编码后进行存储和传输的音频信息存在非常大的冗余,在无损条件下可以对声音进行至少1:4的压缩,也就是说只用其中25%的数字量就可以保留所有的信息,这25%的数字量就是这段音频的特征信息。目前对音频特征的提取有很多种方法,其中具有代表性的技术有:短时时域处理技术、短时频

_____

① 吴韶波,顾奕,李林隽.数字音视频技术及应用[M].2版.哈尔滨:哈尔滨工业大学出版社,2016:11 - 29.

域处理技术和同态处理技术①。

3.2.2.5 视频情报处理

视频的本质是一组随时间动态变化的图像,研究表明,人类接收的信息 70% 来自视频。安全情报包含着大量的视频信息,如电视新闻、战场视频、无人机视频、边海防监控视频等。在打击有组织犯罪和恐怖主义犯罪的过程中,相关工作人员可以利用电子监控发现违法交易中的可疑活动或者是分析恐怖袭击的作案意图等②。视频情报处理融合了语音、图像和视频处理等多种技术,不同类型的视频和用户需求使视频处理在处理方式上有所不同。下面以安全情报中较为重要的监控视频为例介绍视频处理的主要内容。

监控视频可以被划分为室内与室外视频。视频中非静止的背景图像如噪声、树叶摆动、光照等,这些因素都会干扰视频信息分析的结果。为了对监控视频进行内容分析和对比③,达到为决策者提供服务的目的,情报工作人员需要先对视频信息进行初步处理,主要包括两个部分:运动目标的检测与跟踪。

(1)运动目标的检测

运动目标的检测是进行运动目标分析的前提,直接关系到运动跟踪、目标识别、行为分析等进一步的处理和分析。其中具有代表性的方法主要有:

1)减背景法

该方法的核心思想是通过像素变化的阈值来判断该像素是否属于某运动目标。具体做法是用当前帧像素值减去事先存储或者实时得到的背景图像,若大于某一阈值,则该像素属于运动目标。经过像素变化的阈值判断后可以得到运动目标的位置、大小以及形状等信息,且计算复杂度较低,可以进行实时性的分析。

2)帧间差法

该方法从 20 世纪 70 年代出现至今逐渐成熟,基于如果一个像素的亮度变化明显,则表明图像中的一部分内容在变化的假设,通过检测两帧图

---

① 栾悉道,谢毓湘,老松杨. 多媒体情报处理技术 [M]. 北京:国防工业出版社,2016:78-88.
② 勒米厄. 国际警务合作的理论与实践 [M]. 曾范敬,译. 北京:中国人民公安大学出版社,2016:99-101.
③ 汪光华. 智能安防视频监控全面解析与实例分析 [M]. 北京:机械工业出版社,2012:187-189.

像之间的亮度变化来判断该图像是否为运动目标①。

3)光流法

光流的概念由吉布森(Gibson)在 1950 年提出,是通过运动场来描述真实世界的目标运动②,包含了物体的编码结构和动态行为等信息。光流法不需要依赖背景模型与背景学习,对于有背景运动和摄像机运动的情况也可以进行运动目标的检测,但计算复杂度较高,无法保证实时性。

(2)运动目标的跟踪

运动目标的跟踪是指获取运动目标的运动参数,如目标的质心、速度、加速度等,确定其在下一帧图像中的确切位置,为后续的运动分析和场景分析提供数据来源。目前,运动目标跟踪已经应用于军事视觉制导、安全监测、公共场景监测等多种场景,通常是利用点、线、区域等特征在后续帧中匹配运动目标。运动目标跟踪的方法有很多,这里主要介绍基于特征的方法和基于模型的跟踪方法③。

1)基于目标特征的跟踪方法

该方法首先要从视频帧中提取出特征单元(如目标的周长、面积、质心等特征),然后根据特征单元来跟踪和识别目标,或者将特征单元分类到高层特征,再进行跟踪和识别目标。该方法跟踪目标的算法比较简单,但对于复杂的运动目标特征提取较困难,跟踪效果不是很理想。

2)基于模型的跟踪方法

该方法要利用先验知识,预先知道运动目标的运动模型,通过匹配运动区域和目标模型进行运动目标的跟踪,主要包括基于模型的非刚体跟踪方法(如:人)和基于模型的刚体跟踪方法(如:车)。由于预先知道运动目标的运动模型,该方法可以在有干扰的情况下得到较为理想的结果,可以获得目标的三维状态,但不能对未知目标或无目标模型进行跟踪,且计算量较大。

3.2.3 多源情报整合

多源情报整合,也可以称为多源情报融合、分布式异构情报整合,是一种将多个来源的信息或数据进行去重、整合,使获得的情报更加完整、准

---

① 查宇飞,毕笃彦,杨源,等.视频目标跟踪方法[M].北京:国防工业出版社,2015:9 - 10.

② 孙水发,雷帮军,刘勇.视频前景检测及其在水电工程监测中的应用[M].北京:国防工业出版社,2014:3 - 4.

③ 张晓燕,单勇,符艳军.数字视频处理及应用[M].西安:西安电子科技大学出版社,2014:74 - 76.

确、可靠的技术。面向国家安全的情报在内容上、情报源结构上以及情报存在状态上都有着不得不进行多源情报整合的理由。

情报内容特征:①时效性较高。安全情报中的一部分内容:如反恐情报、经济安全类情报等,由于事件的发生往往较为突然且持续时间不定,情报分析处理部门必须在尽可能短的时间内给决策者提供准确、及时、可靠的情报。②综合性。以反恐情报为例,涉及恐怖组织与反恐力量的武力、组织、心理上的内容,同时包括其诱发的经济、政治上的连锁反应,是一种全面的、综合程度较高的情报。③隐蔽性。安全情报涉及的内容关系到国内外的安全情况,内容较为敏感。④分散性。凡是能够产生、持有、载存和传递情报的任何形式的载体,都是情报源。不同性质的安全情报又有着其信息来源的特殊性,这导致安全情报内容的分布较为分散。

情报源结构类型。一般而言,信息分为结构化信息和非结构化信息两类。结构化信息不仅具有高度的利用价值,同时便于利用现代化的信息处理技术对其进行深层次的分析和挖掘。非结构化的信息也是安全情报采集中的重要组成部分,且时效性较高。以反恐情报为例,非结构化的信息主要指社会环境、恐怖组织、恐怖分子等产生的文本信息、消息以及网页信息等。

通过对安全情报的特征进行分析可知:①安全情报涵盖内容繁杂,涵盖多种数据源的海量信息。②安全情报的分布范围较广,这些情报内容来源于不同的安全领域,隶属于不同的应用系统,从而导致安全情报呈现分散状态。③安全情报的结构各异,不同的数据格式(text、html、xml、pdf等)、不同结构类型(结构化、半结构化、非结构化)、不同媒体形式(文本、音频、视频、图像)。④安全情报中存在大量的动态情报,实时数据以及交互数据等都是进行情报预警、情报对抗的重要内容。为了高效地利用这些数量巨大、分布较广、异构的安全情报,为情报分析提供可靠基础,需要对安全情报进行科学整合。

3.2.3.1 情报整合模式

情报整合是指采用技术方法和手段,将搜集到的信息进行去重、链接,并按照统一的规则进行规范和组织,为后续情报分析提供基础①。

逻辑整合模式,如虚拟视图法。由于后续的情报分析并不需要信息所存的物理位置,只要被分析的对象在逻辑上具有整体性和相关性,当面对一个具体的分析需求时,可通过逻辑处理层从不同的信息源获取数据得到

---

① 部先永.基于开源信息整合的反恐情报获取研究[D].武汉:武汉大学,2013:11.

一个临时的数据集合,进行情报分析。虚拟视图法通过数据接口和功能接口来完成信息整合任务,利用整合需求描述调用功能接口和数据接口将查询结果返回给用户,实现了数据的分布存储统一调用。但当数据源较多,用户量较大时,系统的性能会受到影响无法及时响应用户需求。

物理整合模式,如公共数据仓库法。将搜集到的信息按照统一的数据格式存储在一个数据平台中。该方法是在用户请求数据之前就将要整合的信息从各个数据源中取出来,按照统一的数据格式进行转换,存储在公共数据仓库中,并对数据的提取做总体的规划,为情报分析提供基础,是一种本质上的信息整合。但该方法可能存在更新不及时的现象,当源数据库的数据发生变化时,公共数据库无法及时做出更新,同时更新的频率增加了数据库的维护成本。

语义整合模式,如基于本体的知识表示法。这种整合方法主要针对非结构化和半结构化的系统,通过添加机器能够理解的标记来描述对象的内部逻辑和含义,再建立统一的语义视图将多个异构的情报源内容整合到一个统一的语义体系中,达到情报整合的目的。该方法需要用元数据对知识进行统一的表示,同时可以利用形式化的语言(一阶谓词、描述逻辑等)进行推理。但本体的建立过程漫长,同时推理机制也还处在研究过程中,使得该方法的应用不是很广泛。

3.2.3.2 安全情报整合策略

安全情报的整合涉及社会各个部门信息的整合。一个犯罪嫌疑人的姓名、性别、住址等自然属性信息存储在公安机关的人口数据库中,其消费与存款等信息存储在银行金融等部门,其出行信息、通话信息、医疗信息等都分别存在不同的系统中[①],这些还都是一些结构化、半结构化信息。他的社交等实时的、文本类的信息又分散于网络中的各个地方。如何将这些信息进行拼接并提炼出对决策者有用的情报是安全情报整合的核心内容,下面从整合角度和整合层次上进行安全情报整合策略的探讨。

(1)整合角度

1)不同来源的信息整合。安全情报的来源在上文已经进行过讨论,包括文献、网络、人力、机构、实物等。以反恐情报为例,它的信息来源包括数据库、网页、邮箱、新闻、人际网络等,通过公共数据仓库的方法或者虚拟视图的方法都可以实现多源信息的整合。

2)不同结构的信息整合。由于安全信息的分布较广,散布于内部和外

---

① 张蕾华.公安情报理论与实践[M].北京:中国人民公安大学出版社,2015:129－131.

部的信息系统中,同时既包含结构化的数据,也包含非结构化的文本、图片、视频等信息,需要对信息进行抽取或者语义化的表示,才能将不同结构的信息进行整合。

3)不同属性的信息整合。这里的属性主要是指静态的信息和动态的信息。情报工作人员及时地将动态信息和已有的静态信息进行整合,进行实时的情报分析,快速、及时地为决策者提供可选方案。在能够及时采集到实时数据的基础上,虚拟视图的方法是快速进行不同属性信息整合的有效方法。

(2)整合层次

1)基于数据层次的整合。该层次属于基础层次的整合,主要是对现有数据库中的结构化的内容进行关联整合,以提供统一的服务,公共数据仓库以及虚拟视图的方法都可达到这样的效果。安全领域实时数据的整合非常重要,大多数的安全情报工作例如反恐、舆情监测①等都需要实时的数据以支撑情报分析,使决策具有较高的时效性。

2)基于信息层次的整合。基于信息层次的整合首先要分析信息之间的关联关系,然后解决不同信息来源中的信息结构不一致的问题,将各种异构信息源中的实体关联起来。公共数据仓库、虚拟视图、基于本体的知识表示法都可以完成这样的任务。

3)基于情报层次的整合。情报是指有特定意义的信息,有针对性地解决特定问题所需的、经过激活过程而活化了的知识。该层次是深层次的整合,需要从语义的角度关联不同信息源中的信息实体。情报层次的整合首先要以用户需求为导向,根据需求定制整合的策略,同时要以知识的形式进行情报的整合,采用本体、主题图②等知识组织技术使整合后的情报可以进行推理,便于后续的情报分析。

利用虚拟视图法、公共数据仓库法、基于本体的信息整合等方法将不同来源、不同层次的安全数据、安全信息、安全情报进行跨平台、跨网络、跨时空的整合,尽可能消除信息孤岛的问题,使大量、复杂、无序的安全数据、信息、情报为情报分析所用,能够为决策者提供更优的解决方案,优化数据、信息、情报的利用过程。

---

① 张绍华,潘蓉,宗宇伟.大数据技术与应用 大数据治理与服务[M].上海:上海科学技术出版社,2016:153 – 154.

② 马玉荣.整合管理 企业系统化管理与资源优化配置[M].成都:四川大学出版社,2016:171 – 173.

3.2.4 情报安全保密

情报保密已经有近千年的历史,无论是中国的《孙子兵法》还是国外的《战争论》都强调了情报保密在军事中的重要地位。情报保密的核心内容是在情报工作的各个环节中,保证情报在传递以及利用的过程中不会出现丢失、篡改以及泄露的情况[①]。

安全情报涉及国家安全的方方面面,整个情报从产生到利用的过程包括:安全情报搜集的意图、安全情报搜集的成果、安全情报处理后的成果、安全情报分析的意图、安全情报分析的产品等内容。这些内容的丢失、篡改、泄露都会造成严重的后果。因此,在整个情报生命周期内,要考虑情报本身的安全、情报人员以及情报传递使用过程中的安全[②]。

3.2.4.1 情报保密中的风险因素

本书通过分析整个安全情报的生命周期,总结出情报保密的风险主要存在于两个方面:人员管理和设备管理(见图3-20)。

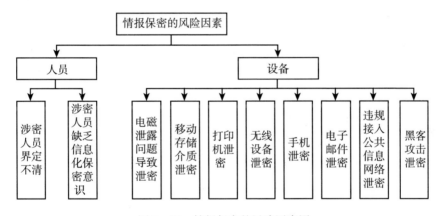

图3-20 情报保密的风险因素图

信息化设备操作人员管理不到位。①涉密人员界定不清:不同职位类型人员对于涉密信息和信息系统的权限不同,例如对于信息搜集人员而言,是否具有安全情报分析产品的查看、下载、修改的权限,是否具有不同主题类型的整合数据库的增、删、改、查的权限。对于涉密人员的权限界定不清,很容易造成情报分析产品的泄露,甚至可能带来无法挽回的结果。②涉密人员缺乏信息化保密意识:信息化为人们的生活、工作带来了很大

---

① 解倩.关于在情报共享中情报保密工作的研究[J].辽宁警专学报,2010(4):47-50.

② 巴芸.信息化条件下保密管理的问题与对策研究[D].苏州:苏州大学,2015:23.

便利,但同时也为信息的窃取提供了便利的渠道。数据库管理人员对安全配置不当、资源共享的权限设置错误、随意点击来历不明的邮件等都会对情报保密造成威胁[①]。

信息化设备及网络安全隐患多。设备运行风险主要是设备库存、变更、运行和事故故障的风险。设备的维护和改造风险主要包括维修风险、技术改造风险、操作合规性和检修及时性等方面。后期的报废阶段则主要是设备运输和销毁过程中的风险。信息化设备风险主要包括:

(1)电磁泄露问题导致泄密。计算机主机、显示器、键盘、打印机等电磁信号被接收后经过专业处理,恢复原始信息,造成信息泄露。

(2)移动存储介质泄密。常见的移动存储介质如 U 盘,易携带,隐蔽性较高,由此引发的泄密问题也是保密工作关注的重点和难点。

(3)打印机泄密。打印机的功能越来越强大,可以通过接入网络进行远程操控,同样也为别有用心的人提供了窃取情报的途径,装入免费的窃密软件或者获取打印机内的硒鼓都可以窃取刚刚在打印机内打印的文件内容。

(4)无线设备泄密。无线设备通常会被黑客所利用,使用专用接收机或者搭建不设密码的无线接入点,再或者劫持无线路由器等都可以窃取用户接入设备的各种信息。

(5)手机泄密。短距离手机窃听器以及复制手机卡的方式都可以从涉密人员的手机中窃取到信息。

(6)电子邮件泄密。黑客拦截电子邮件,获取电子邮件内容。

(7)违规接入公共信息网络泄密。通常情况下企业和政府都有内部网络,接入公共信息网络会让不法分子有机可乘,利用"木马"病毒盗取涉密文件。

(8)黑客攻击泄密[②]。在系统的防护措施不周全的情况下,黑客可以通过许多攻击手段获取数据库中的数据、访问权限、修改信息。

3.2.4.2 情报保密的措施

情报保密是情报流程建设的重要保障。安全情报更是关系着政治、军事、科技、经济、生态等的全局和未来,应加强情报保密,提高体系防护水

---

① 曲丹平.政府信息公开和保密体系建设研究[D].济南:山东财经大学,2016:25.
② 朱杰,黎德榭.看信息社会常见的数据泄密途径 数据泄密十大"漏洞"[J].中国信息安全,2012(2):44-45.

平,突出情报保密的重点,注重情报活动的全要素、全过程的保密管理。

(1)人员管理

实行保密岗位制,把保密工作与国家机密的各个环节结合起来,用规范化的管理提高保密工作水平,同时加强对工作人员的保密教育,增强保密意识①。

1)强化对核心、重点涉密人员的管理。所谓的核心、重点涉密人员主要指产生、管理或直接接触重要情报内容的领导干部和专家。加强对核心、重点涉密人员的管理,完善涉密人员登记制度。

2)完善文件收发、传阅制度。文件在收发和传阅的过程中会有很多人员经手,任何一个环节出现问题都有可能导致重要情报内容的泄露,因此应该认真开展国家秘密动态管理工作。

3)不断研究、探讨、完善保密制度。分析形势发展的新需要和新要求,进一步充实、健全保密制度,并定期开设情报保密培训,不定期地进行严格检查,通过反馈的方式来补充、完善保密制度,从制度上保证保密工作中的人员管理。

(2)设备管理

为贯彻落实"保守机密慎之又慎",国家各情报部门应结合工作实际,确定文书档案、基础设施、情报系统等几个保密重点部位,并将重点部位列入要害部位管理之中,对重点部位的设备进行严格的情报保密管理,采取相应措施加强防范②。

首先应通过分析业务工作特点将涉密与非涉密计算机进行明确区分,涉密计算机物理隔离;其次使用加密技术对涉密计算机进行保护,定期对计算机查毒杀毒,并配置防视频泄密干扰器等,实施安全保密防范措施。严格管理资料的打印或拷贝事项,未经领导同意,禁止将资料打印或拷贝给外单位人员。

(3)业务流程管理

引用全面质量管理体系的定义,结合保密工作性质,从工作的业务流程入手,保密工作以全面为原则,即以全员参与为基础,全设备管理为保障,全流程把控为依托,通过有效措施对保密风险进行有效管控和预防,最终实现情报安全。

---

① 中国人民解放军总参谋部信息化部.军事信息学[M].北京:解放军出版社,2014:375－377.
② 叶益武.办公室工作实务与技能新编[M].杭州:浙江大学出版社,2014:252－255.

　　国家各部门根据各自的保密风险职责进行管理,确保信息的有效与畅通。保密风险存在于业务流程的各个环节,应采用系统化的动态管控方式,全面监控整个情报流程,及时或定期地进行监督。利用反馈的机制,针对发现的问题,及时采取措施,确保风险管理的充分性、适宜性和实效性,通过闭环的风险管理机制达到持续提升保密风险管理水平的目的。

4 情报流程:分析、呈现与共享

情报作为一种活动是对特定知识的追求,作为一种现象是一种知识。小而言之,我们每天都在从事情报工作。有时这项工作是非正式的、发自本能的,以至于不被视为情报工作,如在分类电话簿中寻找合适的修车工人;有时这项工作是正式的、艰苦的、系统的,如在林德伯格绑架案中,警官对涉案的梯子所做的精湛分析。不管这项工作是出于本能,还是有意识的精湛的智力活动,从本质上讲,情报工作都是对最好答案的追求。

4.1 情报分析

情报分析是情报研究的核心内容。情报分析是指情报分析人员对通过各种秘密手段或公开方式收集、获取的各种知识、情况、消息做系统化的分析。情报并不限于"资料"概念,凡是与关注对象有关联的客观物质和客观事物都可以被纳入情报的客体范畴。情报分析能力是指一种将看似不相关的大量信息整合,做出符合形势的准确解释,并对复杂的、动态的事件做出合理预测的能力。

对于情报分析的领域划分,国际上比较认同库珀(Cooper)的三维坐标轴划分方法(见图4-1)。该方法从四个方面(情报种类、涉及领域、功能、产品种类)对情报分析做了分类,在这种分类体系中,第一条轴线包含了各类情报("信息源"),第二条轴线列出了情报分析的各个"主题",第三条轴线则列出各类情报"产品"。所有的情报(或"信息源")按照功能被分为以下几类:人际源情报(HUMINT)、图像情报(IMINT)、信号情报(SIGINT)、测量和电子签章情报(MASINT)、公开源情报(OSINT)、全源情报(all-source intelligence)。图4-1中的领域(或专题)主要强调恐怖主义、军事、科技、经济及政治等。产品种类范围很广,包括原始数据以及经过大量分析后的国家级别的预算与估价统计信息等。在任何层级组织的信息系统中,信息在从低层到高层的分析过程中将被过滤和重新编制。

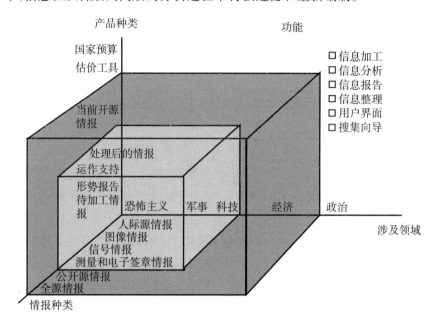

图 4 - 1   情报分析领域划分

资料来源:COOPER J F,KRUEGER R,FARMER J C. Proceeding of the workshop on advances in alternative demilitarization technologies[M]. Reston VA:SAIC Aberdeen MD,1995:429 - 442.

4.1.1   情报分析认知模型

4.1.1.1   棱镜推理/思维范式

美国著名科学哲学家、科学史学家托马斯·库恩(Thomas Kuhn)最早提出范式概念并用其来解释科学知识的历史演变和发展。范式是认识世界的整体性框架和价值标准,是集研究主体的心理特质、科学理论、研究方法于一体的哲学范畴,具有相对性、层次性、结构性及多方面的功能①。

系统理论学者罗伯特·弗勒德(Robert Flood)用棱镜思维比喻具有创造性和变革性的思考。双折射现象的存在,使得进入棱镜的光线被分解出多种颜色的光谱,但离开棱镜后仍然是原先的光线。正如棱镜现象,棱镜思维既可以从多个视角考虑同一个事物,也可以从单一视角考虑不同事物。棱镜思维的目的是质疑假设、激发新想法以及产生一些意料之外的深刻见解②。

①   马费成.IRM-KM 范式与情报学发展研究[M].武汉:武汉大学,2008:1 - 3.

②   FLOOD R. Rethinking the fifth discipline:learning within the unknowable[M]. London:Routledge,1999:123 - 124.

棱镜思维帮助情报分析人员从排他性姿态向多维认知观点转变,情报分析人员不仅要有发散性思维,还要有聚合性思维。发散性思维帮助情报分析人员更有创造性地分析问题,而聚合性思维帮助他们去芜存菁。

4.1.1.2 Waltz 一体化推理流程

华尔兹(Waltz)一体化推理流程整合了多种正式与非正式的方法,是一种解决情报问题的综合分析过程(见图 4-2)。该流程从种种迹象提出质疑开始,然后寻求解释或发现,具体包括:

- 察觉现有的迹象与已知的前提、模式或数据相匹配;
- 解释迹象产生的背后过程;
- 发现基于迹象的新模式。

模型中有三条基本路线即三个基本的推理模式:演绎、逻辑推理和归纳;一条反馈路线:逆推法。这个模型有两大用途:形成假设和形成解释。整个流程分为三个阶段(见图 4-3)。

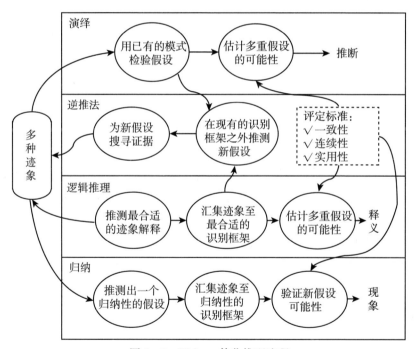

图 4-2 Waltz 一体化推理流程

资料来源:WALTZ E. Knowledge management in the intelligence enterprise[M]. Fitchburg: Artech House, 2003:177.

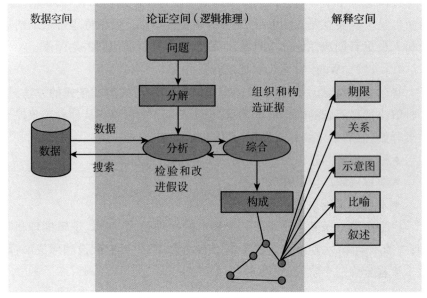

图 4 - 3　Waltz 模型构建流程

资料来源:WALTZ E. Knowledge management in the intelligence enterprise[M]. Fitchburg:Artech House,2003:177.

● 数据空间。数据按照来源、大小、主题和其他形式元数据被索引和收集,用于搜索。

● 论证空间。将所有解释进行关联和分类,形成一组高级别假设。当模式被发现时,继续搜索数据。这些模式导致假设的生成,依次对假设进行检验,确定哪些数据对其支持、哪些对其反驳,随后假设按可能性和额外需要对数据进行分级排序。在这个阶段,实际情况被用来论证假设或模式的完整性、充分性和可行性。

● 解释空间。经过综合,模式得以构成并用于第三阶段——对假设和证据进行解释或阐明。在这个阶段结构化分析方法常被使用。

4.1.1.3　认知作业分析模型

认知作业分析(Cognitive Task Analysis,CTA)是情报分析人员工作中的重要环节(见图 4 -4)。在情报分析的认知作业分析模型中,数据流(矩形框)展示了原始信息是通过怎样的处理流程变成报告的,整个流程和数据按照"实施环节与成果"和"结构层次"两个维度进行划分。其中,包含若干个反馈循环和两个相互影响的活动集合,这两个活动集合也形成两个循环:①"觅食"回路——用于搜寻信息以及对信息的检查和过滤,并辨识和提取出合适的信息放入某个分析图式中;②释意回路——用于信息的解释,从而进行心智模型的迭代开发,或产生与证据最为匹配的图式的构思。

"外部数据源"（external data sources）是原始的证据集合，它们被分解成许多与处理相关的"数据子集"（shoebox）；"证据文档"（evidence files）代表从数据子集中抽取出的有用片段；"图式"（schemas）是信息被重新表述或组织整理的结果，能够帮助情报分析人员获得一些结论；"假设"（hypothe-ses）是这些结论带有论据的暂定表达。数据流的最后一部分迭代结果是一份"陈述"（presentation）或情报产品，其构建环节包括：

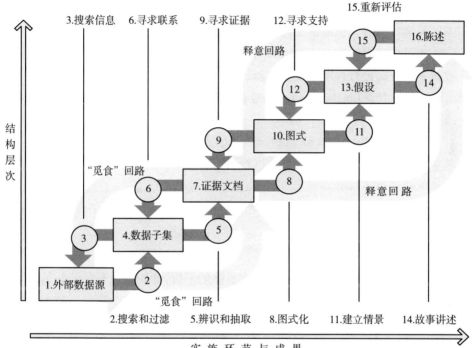

图 4 - 4　情报分析的认知作业分析概念模型

资料来源：PIROLLI P L. Assisting people to become independent learners in the analysis of intelli-gence［J］. Final technical report,2006（2）:1 - 101.

● 搜索和过滤（search and filter）。情报分析人员搜索外部数据源，形成一个数据仓库，并根据相关性对数据进行主观判断过滤，进一步形成数据子集。

● 搜索信息（search for information）。新的假设引起情报分析人员对原始数据更深入的挖掘。

● 辨识和抽取（read and extract）。情报分析人员对数据子集进行辨识并抽取关键证据，这些证据可以被用来推断、支持或反驳某个推测。数据子集中的相关证据片段和相关的低级别推测被置于证据文档中，它们可能在后期触发新的假设或新的搜索。

● 寻求联系(search for relations)。证据文件里的关键信息可能会使情报分析人员联想到新的模式,如一些人与另一些人的关联。新模式带来关于实体间或事件间关系的新假设,这些假设又可能会引发对数据子集和原始数据的再次搜索和抽取。

● 图式化(schematise)。在这个环节,信息可以用某种图解的方法被重新表述,例如将许多事件分列于一个可视化的时间轴上。证据可以形成一些关于特定主题的小规模构思,或者被用来回答特定的问题(如6W:何人? 何事? 何时? 何地? 为何? 如何?)。

● 寻求证据(search for evidence)。对推测的分析或重新评估,需要对收集到的证据进行再审查或搜寻新证据。

● 建立情景(build case)。用经整理的证据构成论据和详情用以支持或反驳假设。

● 寻求支持(search for support)。对推测的分析或重新评估,需要对基本事实的低层次先验图式结构进行再审查。

● 故事讲述(tell story)。向情报客户陈述或发布情景。

● 重新评估(re-evaluate)。向客户寻求反馈,从而重新评估现有推测,或产生和检验可替代的推测。

4.1.1.4 缜密分析矩阵

情报分析人员经常受到不确定性事物的困扰,譬如是否有足够的信息验证他们的假设,或者在等待证实信息源的同时情报是否会过时。缜密分析矩阵能够帮助情报分析人员留心整个情报研究过程并对其进行思考。模型中的"缜密"并不是要求严格遵守标准化的流程进行情报研究,而是对充分性和效率做出评价。该矩阵包含8项指标,通过确定这些指标的缜密程度来综合衡量情报分析过程(见图4-5)。

● 探究假设(hypothesis exploration),指用可解释的数据生成假设的程度。在低缜密级别只有很少的可替代性方案,在高缜密级别则有着广泛的假设和多种视角。

● 搜索信息(information search),关系到数据收集的深度和广度。低缜密级别只限于常规的和容易获取的数据源,而在高缜密级别情报分析人员则会在全面的数据源范围内尝试搜寻所有可能的数据。

● 验证信息(information validation),详述经证实和交叉验证的信息源质量。在低缜密级别情报分析人员只会用很少的精力去核查信息源的准确性,而在高缜密级别则会使用系统的方法核查准确性,从而确定信息源是否符合分析主题。

● 分析立场(stance analysis),评估那些与立场或观点相匹配的数据,以及那些置于更广阔认知背景下的数据。在低缜密级别,情报分析人员可能只会注意到信息源中明显的偏见,而高缜密级别则包括对信息源背景的探寻。

● 分析敏感度(sensitivity analysis),确定分析人员考虑和理解假设以及他们分析缺陷的程度。在低缜密级别,所有的解释在表面上看来都是适合的和有效的,在高缜密级别,情报分析人员则要采用多种策略考虑解释的强度,特别是在个别信息源被证明无效的情况下。

● 专家协作(specialist collaboration),情报分析人员吸收不同领域专家观点的程度。在低缜密级别,情报分析人员很少寻求外部专家的帮助,在高缜密级别,情报分析人员与专家讨论或带领专家分析关键部分。

● 合成信息(information synthesis),情报分析人员组织、整理数据的程度。在低缜密级别,情报分析人员只是把相关信息用统一的形式编纂起来,而在高缜密级别则需要情报分析人员对相关数据做多种解读和全面考虑,从而抽取和整合信息。

● 批判分析(explanation critique),是一种另类的协作形式,包含多种不同观点,用于检验主要的假设。在低缜密级别,情报分析人员几乎得不到关于分析质量的信息,而在高缜密级别,同事和专家会检验推理过程,明确识别哪些推断是牢固的。

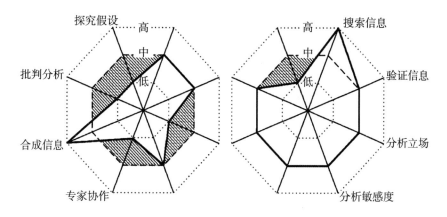

图 4-5 缜密分析矩阵

资料来源:ZELIK D,PATTERSON E S,WOODS D D. Understanding rigor in information analysis [C]. Proceedings of the eighth international conference on naturalistic decision making,2007:1-8.

4.1.2 安全情报分析方法

4.1.2.1 基于数据的情报方法

基于数据的情报分析方法的使用前提是具有经过整理的结构化的数据。这类方法主要包括:回归分析法、聚类映象法、判别分析法、趋势外推法、时间序列法、模型模拟法、贝叶斯分析法等。

基于数据的分析方法一般侧重从定量的角度研究情报对象,在进行较为精准的情报分析中扮演重要角色。从广义的情报观来看,数据不仅包括情报收集时获取到的各种数字,还包括一些关键的概念、特征、描述。在这种情境下,定性分析与定量分析必须相互结合,才能完成情报功能。因此,本书将实地观察法等侧重定性的情报方法也作为基于数据的方法进行介绍。

本书挑选了部分基于数据的情报方法进行集中介绍,这些方法的情报功能和适用范围见图4-6。

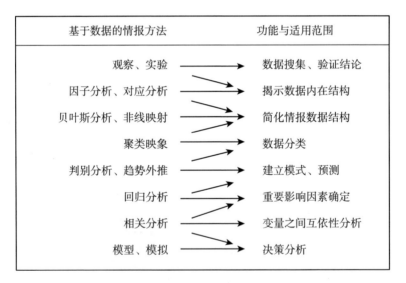

图4-6 基于数据的主要情报方法的功能与适用范围

资料来源:包昌火.情报研究方法论[M].北京:科学技术文献出版社,1990:15.

从图中可以总结出这类方法的主要情报功能表现在以下几个方面:

(1)简化数据结构

主成分分析方法可在保留大部分关键信息的同时,大大简化数据分析维度,减轻情报分析人员的负担。

（2）情报归类

归类包括分类与聚类,从思维过程来看,这两种方法恰好相反。分类时给定类目体系,将收集到的信息指定到恰当的类别中去;聚类则是将相近的信息聚合在一起,从而形成自然的类群。情报归类可以理清杂乱无序的情报或者情报源之间的逻辑关系。

（3）分析情报对象之间的关系

相关分析可以揭示两个情报对象是否存在相关关系,而回归分析则可以设定因变量与自变量进行进一步分析。

（4）确定重要的影响因素

多元回归分析能够按照特定的指标,对多个因素进行筛选,从而构建最佳的多元回归分析模型,此时,自变量就可以被认为是重要的影响因素。

（5）预测功能

预测是情报的重要职能,回归分析、趋势外推等方法都可以用于定量预测。

基于数据的情报方法还有许多情报功能,不同的方法发挥不同的作用。合理地应用这些方法,能够提高情报预测的准确性、情报分析的效率和情报服务的质量。下面介绍七种情报分析方法:

（1）回归分析法

在情报研究中,研究对象之间经常会存在着某种关系,它们相互联系、相互影响、相互作用。当研究对象的某些变化引起另一对象发生变化时,它们之间就存在着某种相关关系,前者被称为自变量,后者被称为因变量。

回归分析法[①]是情报研究中一种重要的基于数据的情报方法。它根据研究对象的大量已知数据,寻求这些数据的统计规律,并用一个数字函数式来近似地描述自变量和因变量之间的关系,从而预测事物未来状况。

回归分析法的步骤分为以下四步:

● 系统地搜集研究对象大量的历史数据,根据数据的分布分析自变量与因变量之间的规律,设置回归方程;

● 计算出合理的回归系数,确定回归方程;

● 对得到的回归方程进行相关性检验,若具有相关性,则可利用回归方程预测研究对象未来的发展状况;

---

① 邹志仁.情报研究定量方法[M].南京:南京大学出版社,1992:53－93.

• 计算预测值的置信区间。

回归方法的预测功能可以很好地服务于情报活动的预测职能,因此在情报分析中有着广泛的应用。

(2)聚类映象法

情报学使用聚类映象法一般是将各种形态的文献情报按其不同的特征聚类,以映象图谱揭示其动态关系,从而研究情报源之间的内在联系以及情报的发生、传播、生长点等内在规律[①]。

20 世纪 60 年代初,著名科学家普赖斯曾利用《科学引文索引》的数据,绘制科学动态映象图谱。1965 年,他提出关于杂志、出版物、作者和引文等聚类分析,并通过期刊的聚类探索"看不见的学院"的情报传播机制。20 世纪 70 年代至 80 年代,美国费城科学情报研究所 H. 斯莫尔(H. Small)和 E. 斯威尼(E. Sweeney)在引文分析中利用聚类映象法研究科学结构,绘成某一时期的科学全貌图,并对双引(cocitation)聚类方法做了改进[②]。这些都是聚类映象法在情报学研究中的应用案例。

在面向非传统安全的情报活动中,采用聚类映象法对重要情报的整理与分析,具有不可忽视的实用价值。《公安情报分析》[③]一书中,有专门介绍聚类分析在公安数据分析中应用的章节,旨在帮助公安人员提高案件的归类和串并能力。

(3)判别分析法

判别分析法(discrimination analysis)又称分类或模式识别。其基本思想是在分类数据基础上,根据某些准则建立起尽可能把数据区分开来的判别函数。这样的统计模型在很多实际领域得到了应用,比如情报检索中用判别分析将文献自动归类。判别分析同时兼有分类和识别(预测)的功能,这也是判别分析与聚类分析的重要区别之一。

判别分析的方法包括距离判别、贝叶斯判别和 Fisher 判别等。曾献军等人对 Bayes 方法在雷达情报目标判别性的应用进行了研究,仿真结果表明,Bayes 方法能较好地解决雷达情报综合问题[④]。边银菊使用 Fisher 方

① 刘植惠. 情报学研究方法论探索[J]. 情报学报,1990(4):283-289.

② SMALL H,SWEENY E. Clustering the science citation index using co-citations[J]. Scientometrics,1985(3):391-409.

③ 孟宪文. 公安情报分析[M]. 北京:中国人民公安大学出版社,2013:80-82.

④ 曾献军,王壮,胡卫东. 雷达情报特征的 Bayes 识别方法[J]. 火力与指挥控制,2003(6):73-77.

法对 m_b/M_s 判据进行研究，给出了定量的全球普适的识别方程，并进行了可靠性分析[1]，为爆炸和地震的识别提供了一种情报方法。这些实例证明判别分析方法在安全情报中有重要的实用价值。

（4）趋势外推法

趋势外推法[2]最早由赖恩（Rhyne）提出并应用于技术预测，是根据过去和现在的发展趋势推断未来发展情况的一类方法的总和。若过去和现在的发展情况可以用数据进行定量描述，且数据间存在着某种函数关系，当事物发展没有发生质变的情况下，可以利用函数模型来预测未来的发展。

根据描述数据关系的函数模型的差异，趋势外推法可以分为线性外推法、指数曲线法、生长曲线法、包络曲线法。这些方法可与内容分析法等方法联合使用。

杨寿青将趋势外推法列为军事情报研究的主要定量方法之一，并引用预测美国战斗机、坦克和航空母舰的成本趋势的案例，说明该方法的应用价值[3]。

（5）时间序列法

时间序列法[4]是一种常用的情报预测方法，它是对均匀时间间隔的动态数据进行分析的方法，目的在于掌握统计数据依时间变化的规律。在情报研究中应用该方法可以研究现状和未来。

影响事物发展的因素多种多样，有时非常复杂。情报分析人员要把事物发展的各种原因研究清楚是很困难的；即使能弄清各种原因，情报分析人员也难以对各种因素的影响做出定量分析。在这种情况下，时间序列法显示了它独特的优势。该方法与因果分析不同，它不需要知道影响变量的因素，只要有足够的历史统计数据构成一个合理长度的时间序列即可。时间序列分析预测主要依据倾向变动分析理论来建立数学模型，倾向变动分析与预测的方法体系如图 4-7 所示。

①　边银菊. Fisher 方法在震级比 m_b/M_s 判据识别爆炸中的应用研究［J］. 地震学报，2005
　　（4）：414-422.
②　包昌火. 情报研究方法论［M］. 北京：科学技术文献出版社，1990：296-297.
③　杨寿青. 军事情报定量研究方法初探［J］. 情报杂志，1994（5）：28-30.
④　包昌火. 情报研究方法论［M］. 北京：科学技术文献出版社，1990：322-323.

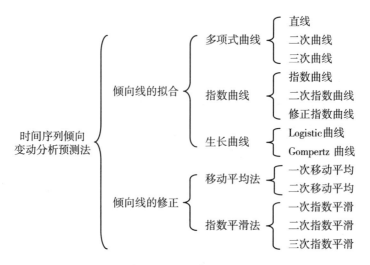

图 4-7　倾向变动分析预测的方法体系

技术预测是时间序列分析在情报分析中的一个典型案例。它能够帮助组织避免发展过程中的近视现象，使决策更长远。以 S 曲线的应用为例，技术创新的经济性长期以来被视为外生变量，因而企业只能对创新做出反应而不是积极地追求创新。S 曲线分析的目的就是将技术整合到企业层面的战略中去。它通过描绘一个产品或者工序技术中的研究计划和所得的结果来完成这一点。技术投入带来的生产力增长会达到拐点，在这一点上，由于回报较低，企业可能会考虑减少对当前技术的投资，或者会转向另一条回报较高的 S 曲线。

（6）模型模拟法

模型方法是为揭示研究对象的形态、特征和本质，通过抽象化和理想化处理构造其相似物的方法[①]，它通过数学形式表示研究对象并进行处理，是进行情报研究乃至一切科学研究的重要手段。由于模型对研究对象的特征和变化规律进行了科学抽象，模型能在研究主题范围内更集中、更深刻地反映研究对象的本质。

情报分析范畴内讨论的模拟方法，主要是以博弈论为基础的对策性模拟（gaming）。博弈论是一种为在竞争的情况下决定最利己策略所采用的数学方法。在对策性模拟中，研究对象处于对立状态的各种要素彼此博弈，在模型中输入的数据必须包括代表各方特征和功能的变量。

---

① 包昌火.情报研究方法论［M］.北京:科学技术文献出版社,1990:353-354.

（7）贝叶斯分析

贝叶斯分析[①]是贝叶斯定理在情报分析中的应用。贝叶斯分析的目的是通过以往发生事件的概率来判断未来某事件发生的概率,即预测未来某事件的发生。

一些学者将贝叶斯分析方法应用于军事情报分析,如尼科尔斯·施魏泽（Nicholas Schweitzer）在《情报生产中的贝叶斯分析法:中东地区的一些焦点问题》[②]中,就利用贝叶斯法评估了中东冲突发生的概率,并以埃及、叙利亚和以色列发生军事冲突的概率评估实例具体说明了贝叶斯方法的使用。Nicholas Schweitzer 在他的文章中肯定了贝叶斯方法对事件预报的准确性和迅速性。查尔斯·E. 菲斯克（Charles E. Fisk）的《中苏边界冲突:传统方法和贝叶斯法用于情报警告》[③]作为类似的研究,同样利用贝叶斯法,以中苏边界冲突事件为例,论述了两种情报警告方法。

4.1.2.2　基于文献及其构件的情报方法

基于文献的情报方法具有强烈的情报学学科特色。利用基于文献及其构件的分析方法可以描述情报研究对象的现状,概括情报研究对象的发展规律,进行情报分析和评价,以及挖掘和发现重要情报,是研究相关学科的核心方法。这类方法主要包括文献计量学方法、引文分析法、内容分析法、领域分析法以及知识图谱分析法等。

（1）文献计量学

文献计量学是以文献数量为基础,论证与讨论科学技术以及与其相关现象、事物、过程的情报学分支。文献计量学在文献统计调查的基础上,试图从典型到一般,从部分到整体地发掘文献规律[④]。文献计量学的基本框架是先后建立的几个文献定量定律:文献增长定律、文献老化规律、论文作者分布规律、科技文献离散定律、词频分布规律、文献引用规律等。利用文献计量学的方法开展情报研究,无论是以论文作者指标为分析研究对象,还是以引用文献与被引文献为分析研究对象,或者以文献利用情况的有关记录以及以书目、文摘、索引等工具为分析研究对象,都主要是依照这些定律来进行文献分布研究的。

①　靳娟娟. 贝叶斯分析在情报分析中的应用[J]. 图书情报工作,2012(6):60-63,50.

②　SCHWEITZER N. Bayesian analysis for intelligence:some focus on the Middle East[J]. International interactions,1978(3):247-263.

③　FISK C. The Sino-Soviet border dispute:a comparison of the conventional and Bayesian methods for intelligence warning[J]. Studies in intelligence,1972(1):53-62.

④　孙建军. 文献情报计量理论与方法[M]. 南京:南京大学出版社,1994:13.

文献计量学方法被广泛地应用于安全领域的研究。例如医疗安全方面:唐雪春等[1]运用循证医学(EBM)原则,以附子临床应用文献为研究对象,分析了其安全性及可能的影响因素;罗娟[2]以国内权威先进的"中国生物医学文献光盘数据库"为基础,为医护人员解决医疗事故及纠纷问题提供了重要的查询工具;何文菊等[3]利用 CNKI、维普、万方、中国生物医学文献数据库中有关针灸不良事件的文献,分析了针灸疗法的安全性及目前存在的问题。食品安全方面,周鹏举等[4]对 Web of Science 数据库中食品安全文献进行文献计量研究,分析了国内外食品安全研究的现状和前沿动态。粮食安全方面,丁麟[5]利用 Web of Science 和 CNKI 数据库,采用文献计量学和竞争情报学的方法,对国内水稻病害研究领域的有利因素和不利条件进行分析。金融安全方面,汪传雷等[6]以 CNKI 数据库为原始文献来源,对金融员工行为进行研究,以规范金融工作,保障金融安全。信息安全方面,左素素[7]对国内信息安全的研究状况进行了分析,郭家慧[8]对我国电子商务安全现状进行了梳理。

(2)引文分析

引文分析是图情方法中的重要组成部分,并在其他学科的研究中得到应用。情报分析人员利用这一方法对文献情报的篇名、作者等各种外部形态进行分析,从而揭示其数量特征和内在规律。

引文分析的一般步骤是:

• 确定引文分析的研究目标;

• 确定统计项目;

• 选取统计工具;

• 统计引用数据;

---

① 唐雪春,宋苹,欧爱华.附子临床应用安全性文献系统评价[J].新中医,2008(4):95-97.

② 罗娟.国内"医疗事故及纠纷"载文期刊分布调查[J].中国卫生法制,2000(5):23.

③ 何文菊,李岩琪,赵雪,等.国内有关针灸不良事件文献的总结分析[C]//中国针灸学会.2011 中国针灸学会年会论文集(摘要).北京:针灸年会,2011:68.

④ 周鹏举,路文如.食品安全文献计量学分析[J].中国农学通报,2010(13):79-89.

⑤ 丁麟.基于文献计量的水稻三种主要病害研究水平的国际比较与实证分析[D].北京:中国农业科学院,2012:42.

⑥ 汪传雷,姜培培,王如正.金融员工行为研究文献计量分析[J].淮南师范学院学报,2012(6):16-19.

⑦ 左素素.CNKI 数据库中关于信息安全的文章的统计分析[J].常州信息职业技术学院学报,2011(2):91-93.

⑧ 郭家慧.我国电子商务安全期刊论文的文献计量研究[D].武汉:华中师范大学,2012:28.

- 拟定引文测度指标;
- 进行引文分析;
- 进行解释和预测;
- 给出对策和建议。

引文分析法在实际应用过程中,往往会结合其他方法。李小宁[①]利用 MEDLINE、SinoMed 和 Web of Science 三个数据库中的事务文件数据和研究文献数据,采用引文分析、同被引分析、关键词共现分析、MeSH 主题词频次计量、聚类分析和常见于人文社会科学研究的文献研究方法等,研究药品监管领域的多元参与,尝试通过深入探索这一公共事务领域所处的社会环境和学术知识环境,来发现建立和维持成功的药品监管体制所需的根本要素,从而为建设和完善科学、公正、高效的药品监管体制提供可资参考的依据。郭卫东[②]利用引文分析法、德尔菲法、情景分析法、社会经济需求分析和技术监测与跟踪五种方法,研究了美国、日本、英国、德国和韩国等国家开展的技术预见和关键技术选择,确定我国科学技术应当优先发展的重点。

(3)内容分析

内容分析法对文献的内容进行分析,从而获取情报,其特点是系统性和客观性,其实质是根据数据对内容进行可再现的、有限的推断[③],通过运用多种统计、推理、比较的分析方法来透过现象看本质[④]。

内容分析法包括六个基本步骤:

- 明确研究目的;
- 抽取文献样本;
- 确定分析单元;
- 制定类目系统;
- 内容编码与统计;
- 解释与检验。

情报分析人员把量化的统计分析与定性判断结合起来,对分析得到的结果进行有效性(validity)和可靠性(reliability)检验,在此基础上得出

---

① 李小宁. 药品监管的多元参与:科学计量学的视角[D]. 大连:大连理工大学,2010:20.

② 郭卫东. 技术预见理论方法及关键技术创新模式研究[D]. 北京:北京邮电大学,2007:31-32.

③ 马文峰. 试析内容分析法在社科情报学中的应用[J]. 情报科学,2000(4):346-349.

④ 邱均平,邹菲. 关于内容分析法的研究[J]. 中国图书馆学报,2004(2):14-19.

结论。

内容分析法可应用于研究任何文献或有记录的交流传播事件,有着广泛的应用领域。该方法可与文献计量学、趋势外推法等预测方法联合使用。

网络舆情方面,靳明等[1]以新浪微博为数据来源,通过对转基因食品——黄金大米实验事件相关内容的研究发现,公众对转基因食品的态度发生了很大转变。信息安全方面,杨晓懿[2]针对文本内容的分析过滤技术进行了研究,利用新提出的基于文本内容的过滤算法,对网络信息内容进行分析,从而达到对网络信息的安全过滤。航空安全方面,刘俊杰等[3]以自愿报告系统反馈信息为样本,采用内容分析法进行分析,得出安全文化对自愿报告的潜在影响。旅游安全方面,邱生荣等[4]内容分析法用于休闲农业旅游安全研究中,搜集研究了 2002—2011 年发生在休闲农业旅游中的安全事故报道,分析了安全事故的特征、规律和趋势等,提出休闲农业旅游安全的防范措施。能源安全方面,王秀峰等[5]利用内容分析法对已有文献进行了研究,总结出我国生物质能源产业发展中的影响因素,在此基础上提出了促进生物质能源产业健康快速发展的对策建议。食品安全方面,尹瑾等[6]利用内容分析法研究我国 2012 年 1—7 月有关食品安全的网络新闻,分析我国食品安全存在的违法问题及现状,并结合美国、日本和欧盟的管理经验,对我国食品安全管理工作提出相应对策。

(4)领域分析

领域分析关注某一知识领域或不同知识领域的比较研究,在学科情境中看待单个问题。

---

① 靳明,靳涛,赵昶.从黄金大米事件剖析指桑骂槐式的公众情绪——基于新浪微博的内容分析[J].浙江社会科学,2013(6):91-98,159.

② 杨晓懿.基于内容分析的信息安全过滤技术研究[D].成都:四川大学,2005:30.

③ 刘俊杰,李华明,梁文娟,等.基于内容分析法的航空安全自愿报告信息分析[J].中国安全科学学报,2012(4):90-96.

④ 邱生荣,邓昀,庄美娟.基于内容分析法的休闲农场旅游安全分析[J].云南农业大学学报社会科学版,2013(2):28-32.

⑤ 王秀峰,李华晶,李永慧.基于内容分析法的中国生物质能源产业发展影响因素研究[J].管理学家(学术版),2012(1):56-64.

⑥ 尹瑾,罗爱静.基于网络调研的中国食品安全问题分析及对策[J].食品与机械,2013(2):250-254.

在经济安全方面,王大伟[①]利用领域分析法研究了我国经济安全提出的背景和演化过程,并结合我国经济安全的现状,重点分析了国家经济安全的基本内涵、影响因素和重点领域存在的国家经济安全问题。在信息安全方面,杨丹[②]通过对信息安全这个特定行业领域进行领域分析和领域构件提取研究,提出一个基于领域构件的信息安全审计系统的体系结构,提高软件开发效率和软件质量,并解决本领域的复用问题。

(5)知识图谱分析

知识图谱分析是结合应用数学、图形学、信息可视化技术、信息科学等以及计量学引文分析、共现分析等学科的理论与方法,用可视化的图谱展示学科的核心结构、发展历史、前沿领域以及整体知识架构的多学科融合的一种研究方法。

在应急管理方面,王云才等[③]以 2001—2011 年间 SSCI 数据库中应急管理相关文献和数据为基础,通过知识图谱可视化分析,展示国际应急管理领域主要研究力量的分布。生物安全方面,王宁等[④]对生物安全相关文献期刊被引、关键词共现、文献共被引以及国际合作等进行可视化分析,分析了生物安全领域研究热点及学科发展等信息,为生物安全研究者提供指引与参考。海疆安全方面,宋继伟[⑤]将信号分析、风险预警等理论方法与知识图谱分析法结合起来,构建了南海冲突信号扫描原型,为我国学者研究南海问题提供了一种新思维。

4.1.2.3 基于知识的情报方法

知识是数据的升华,基于知识的情报方法则是深入知识层面开展情报研究的方法。这类方法是复杂的知识发现过程,因而需要情报分析人员具有一定的知识积累,了解研究领域或者在分析的过程中与专家合作。基于知识的情报方法迎合了目前知识化信息化的社会需求,为人

---

① 王大伟.我国经济安全的影响因素和重点领域分析[J].商业时代,2012(14):53-54.

② 杨丹.信息安全审计领域的领域分析和构件提取研究[J].现代计算机,2011(7):49-51,61.

③ 王云才,牛聚粉.基于知识图谱的应急管理研究态势分析[J].中国安全科学学报,2012(4):171-176.

④ 王宁,盛立.生物安全相关文献知识图谱分析[J].军事医学科学院院刊,2010(4):370-372.

⑤ 宋继伟.信号分析在国家安全战略风险识别中的应用——以南海争端为例[D].南京:南京大学,2013:50-51.

们简化和浓缩知识、发现知识孤岛、揭示知识谱系、挖掘新知识提供帮助。

(1)空白点分析

该方法是由苏联学者于1982年首先提出来的。所谓"空白点",指的是人类在某一领域所取得成果中存在的弱点,这些"弱点"如果得到充分的研究,就可能被消除并获得新的成果,运用这一方法取得的成果也往往具有填补空白的价值和意义①。空白点分析法基于人类知识成果之间普遍存在的连贯性,运用分析和综合等方法,重点挖掘"空白点"。这一方法是情报学"非常核心的方法"②。

空白点分析法的一般步骤是:

• 确定分析目标;

• 绘制知识地图;

• 揭示空白点;

• 形成表达式或解决方案。

例如某食品公司想要生产富含某种特殊营养元素的大米产品,这是涉及食品安全、食品生产、食品生物等知识领域的综合性问题。技术人员对相关知识进行调查学习之后,按照上述步骤运用空白点分析法,可以得出该目标知识链中的空白点。在各学科、各领域知识融合的背景下,空白点分析将会有更为广泛的用途。

(2)知识基因分析法

知识基因分析法主要是通过知识繁衍表的对比分析出知识变异体,从而得出某种结论。知识基因分析法追溯某一知识领域演化历程,寻求该领域的知识变异与遗传规律,从基因遗传与变异的视角探索科学数据的内部结构及发展规律。

公安、边防、经济等安全领域常出现信息量巨大却无法甄别出有效线索的情况,采用知识基因理论的新方法往往能有意外的收获。以银行的反洗钱工作为例,洗钱手段和技术层出不穷,为了做好反洗钱工作,相关部门就必须与时俱进,不断掌握洗钱手段和技术的最新动向,利用知识基因理论可以跟踪洗钱手段和技术的发展趋势,绘制变异图谱,把握其内在规律。

① 刘植惠.情报学研究方法论探索[J].情报学报,1990(4):283-289.

② 刘植惠.情报学基础理论研究动向[J].情报学报,1986(Z1):284-293.

4.1.2.4　基于人的情报方法

基于人的情报方法又称为专家调查法或者专家评估法,这类方法就是以人为重点,充分利用人脑的隐性信息源,如人脑中存在的知识、想法和经验等,最终做出判断和决策的分析方法。实践证明,这类方法在做出判断和评估方面具有强大的生命力,可以促进隐性知识的收集和交流,便于创新性思考,也有利于发挥集体力量,是计算机无法替代的。在很多情况下,只有依靠人(专家)才能做出判断和评估。这类方法主要包括德尔菲法、交叉影响分析法、访谈法、头脑风暴法、战争游戏法等。从情报方法处理形式角度,又可以将这些方法分为个别决策和团体决策。个别决策就是只基于个别人(专家)而进行活动的一种方法,如个人访谈法,这类方法避免专家被其他人或外界环境打扰,能获得更真实的情报。而团体决策,则是具有多个人(专家)参与活动的一种分析方法,如头脑风暴法,这类方法可以集思广益,便于激发创新。

(1)交叉影响分析

交叉影响分析法,亦称交叉影响矩阵或交叉概率法,由 T. J. 戈登(T. J. Gordon)等人首先提出,最初主要是为了弥补德尔菲法的不足[①]。交叉影响分析法要求专家们在预测相关事件时,意识到交叉影响的存在,并在自己的主观判断中将它考虑进去。

运用交叉影响分析法时,一般包括以下步骤:

- 确定影响关系;
- 评定影响程度;
- 计算影响值。

在环境安全方面,徐鸿德提出了交叉分析法对应的计算机程序,通过对电镀含铬废水处理技术进行系统的模拟预测及运算,预测了含铬废水处理技术的发展趋势。徐鸿德在他的文章中将交叉分析预测废水处理分为四个步骤:首先,将对未来政策有重大影响的事物确定为系统目标;其次,通过各种办法确定目标初始发生概率;再次,对目标事物相互之间的影响程度量化;最后,利用公式进行交叉影响模拟计算[②]。图 4 - 8 为交叉影响模型工作流程。

---

① 包昌火. 情报研究方法论[M]. 北京:科学技术文献出版社,1990:200 - 205.

② 徐鸿德. 交叉影响分析法预测废水处理的技术发展[J]. 上海环境科学,1988(4):9 - 12.

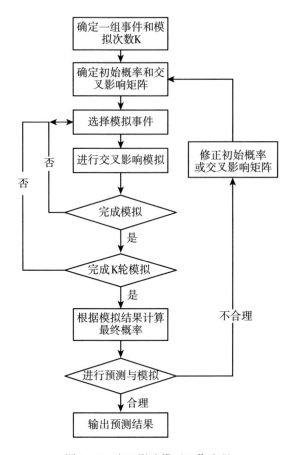

图 4 - 8　交叉影响模型工作流程

(2) 头脑风暴

头脑风暴法又称智力激励法,是一种集体创造思维的方法①。头脑风暴法经各国学者的实践和发展,至今已经形成了一个方法群,如奥斯本头脑风暴法、默写式头脑风暴法、卡片式头脑风暴法等。

在医疗安全方面,赵杨秋②提出护理部和病区采用头脑风暴法定期召开护理安全讨论会后,提高了护理人员安全意识,达到了规范护理行为、保障护理安全的效果,有效降低了护理差错事故的发生概率。在安全生产方面,郭俊义等③介绍了煤炭企业体验式安全培训的产生及其理论基础,阐

① 薛亮.妙用头脑风暴法[J].企业研究,2005(5):61 - 62.
② 赵杨秋.头脑风暴法在护理安全管理中的应用[J].护理学杂志,2008(2):7 - 9.
③ 郭俊义,陈晓红,解培东,等.体验式培训在煤炭企业安全培训中的应用[J].煤炭经济研究,2012(6):94 - 97.

述了典型事故案例分析、安全培训头脑风暴、安全培训场景模拟和安全培训拓展训练等具体方法，认为体验式培训是煤炭企业安全培训的有益补充。在消防安全方面，钟韵瑶等①介绍了上海世博会美国馆的安全管理模式，利用"头脑风暴"的方法考虑所有的安全隐患，给美国馆与园区消防组之间提供了新的合作模式。在城市安全方面，卢耀如等②利用新思维头脑风暴法，及时反思了汶川地震后城市安全与应急管理中暴露出的问题，为抗震救灾工作提出对策。

（3）战争游戏

战争游戏法来源于作战模拟，至少在萌芽形式上类似战争模拟所包含的程序③。战争游戏法在军事、国防领域已经得到非常成熟的应用。早在20世纪40年代，美国国防部就曾经用该方法预测敌对国家使用核武器的各种情形；到了20世纪70年代，兰德公司也用该方法预测美国导弹防御计划的前景；美国中央情报局也经常使用该方法进行军事对策研究④。在反恐方面，昆鲁斯等在《灾难的启示：建立有效的应急反应战略》（*Learning from Catastrophes：Strategies for Reaction and Response*）一书中，利用战争游戏法模拟恐怖分子可能进行的攻击场景，根据情报识别恐怖分子的意图和能力以及可能采取的攻击路线，同时使用项目管理的理念和工具来设计计划周密的攻击，并分析其失败或成功的风险⑤。现在战争游戏法得到了更加广泛的应用，在商业竞争中，商业公司往往也会用该方法进行竞争环境、竞争对手、消费者行为的模拟。

（4）信号侦测理论

信号侦测理论被用来解决在不确定环境下进行推断时的根本性问题：如何区分情报分析人员的知识和反应偏差（responses biases）⑥。两名情报分析人员看待同一个不确定性事件的证据时可能会做出不同的预测，这可能是因为一名情报分析人员对整体情况有更好的理解，另一名对预测事件

---

① 钟韵瑶，葛瑾瑾，吴学华.看美国馆消防安保"头脑风暴"[J].新安全 东方消防，2010（10）：65.

② 卢耀如，胡家伦，滕五晓，等.居安思危才能临危不乱——专家会诊"城市安全与应急管理"[J].社会观察，2008（7）：4-7.

③ 王寿云.现代作战模拟[M].上海：知识出版社，1984：1-143.

④ 刘强.国际军事安全论[M].北京：时事出版社，2010：442.

⑤ 昆鲁斯，尤西姆.灾难的启示：建立有效的应急反应战略[M].何云朝，李险峰，兰花，等，译.北京：中国人民大学出版社，2011：92.

⑥ MCCLELLAND G. Intelligence analysis：behavioral and social scientific foundations[M]. Washington，D. C.：The National Academies Press，2011：203.

更具主观意愿性(如想告诫决策者会出现政治危机、战备问题)。

信号侦测理论能从外部解释为什么针对同一问题人们会得出不同的结论,或者为什么感测器(censors)会有不同的反应模式。实际上,信号侦测理论是信号情报(signals intelligence,SIGINT)的标准技术(standard technique),但它也能向全源情报分析人员提供清楚的动机报告,以便他们能够在信号发出之前确认需要什么级别的保证。信号侦测理论体现出贝叶斯推断原理,它表明了在预测中期望值的重要性。一种观点是,如果一个事件是非常不可能的,那么它不值得去做预测,直到有很强的信号出现或无法错过的强信号出现。另外,马斯(Masse)、安索夫(Ansoff)等人提出弱信号概念也有重要的理论和方法意义①。

4.1.2.5 基于组织的情报方法

基于组织的情报方法又称为竞争情报方法,该类方法立足于对某一或某些组织的相关情报进行搜集、整理、分析,为组织提供有关竞争环境、竞争对手、组织自身水平等方面的情报,对组织确定竞争对手、获取技术情报、进行市场定位、确定核心竞争力具有重要意义。这类方法主要包括SWOT 分析法、PEST 分析法、"五力"分析法、定标比超法、反求工程法、财务分析法、顾客满意度分析法、核心竞争力分析法等。

(1)专利情报分析

专利情报分析法是指对来自专利说明书、专利公报中的专利信息进行加工及组合,并利用统计方法和技术使这些信息具有预测功能的一种分析方法②。

专利情报分析法常用于经济情报分析。一些学者将此方法应用于分析企业竞争对手的状况,通过定量分析竞争对手专利数量、同族专利数、专利效率、专利被引用数、专利实施率和定性分析专利内容,如专利用途、专利原理、专利材料、专利结构、专利方法等来了解竞争对手的最新动态、技术动向、技术水平、竞争实力以及监测企业竞争对手的市场策略等。还有一些学者将此方法应用于预测企业自身的技术发展前途,通过对企业专利的分析,发现新技术,推广成熟技术,在市场中占据核心地位。

国外很多商业公司都承担军方项目,例如卫星、通信、飞机、发动机、信息安全等领域的技术,有可能会由民用技术转为军用技术。对这些公司进行专利情报分析,有利于我国国防科技水平的提高。

---

① 费伊. 竞争者:以才智、谋略与绩效取胜[M].北京:中国人民大学出版社,2005:89 - 90.

② 包昌火,谢新洲. 竞争对手分析[M].北京:华夏出版社,2003:239.

（2）财务分析

财务分析方法就是对财务状况进行总体分析,以了解组织内部的经营状况、可能遇到的风险以及分析组织的竞争力。企业也可以通过财务分析方法了解竞争对手的经营状况,如竞争对手的营利能力、偿债能力、资源配置效率、未来规划等。

财务分析方法主要有比率分析法和重新构造财务报表法。财务报表法又包括两种方法:直接成本会计法和盈亏平衡分析法。

财务分析方法是侦查经济犯罪的重要方法之一,例如税务部门进行税务查账,银保监会进行反洗钱,缉私部门对涉嫌走私企业进行财务稽查等。

（3）SWOT 分析

SWOT 代表影响企业竞争力的四大因素:内部优势因素（S-Strength）、内部劣势因素（W-Weakness）、外部机会因素（O-Opportunities）和外部威胁因素（T-Threats）。SWOT 分析就是综合考虑这四大因素,列出影响企业竞争力的优势、劣势、机会和威胁,并将它们按照 SWOT 矩阵形式排列,再分别组配这四个因素,进行综合分析,做出最优决策。SWOT 分析法的一般步骤分为:明确目标、确定需要调查分析的因素、构造 SWOT 矩阵、进行SWOT 分析。

在安全领域,SWOT 分析法的应用很广。在航海安全方面,孙宁[1]借用SWOT 分析工具,论述我国海上安全维护方面的优劣势以及面对的机遇和威胁,他将当代中国维护海上安全形势的 SWOT 分析矩阵列为表 4 - 1。类似的研究还有,赖声亮[2]分析了我国油轮船队的现有规模、运力缺口,并运用 SWOT 矩阵分析法对如何提高我国油轮船队综合竞争实力进行了阐述。在食品安全领域,龙华等[3]在农产品贸易竞争日益激烈的背景下,运用 SWOT 方法对湖南省优质农产品进行分析,并提出了部分发展优质农产品的策略。在信息安全方面,刘晔等[4]对目前企业信息安全管理风险评估方法进行了 SWOT 分析,并结合信息资产、信息安全环境、社会环境、法律环境等态势分析和网络感知,从宏观和微观两个层面探讨了信息安全管理

---

① 孙宁. 当代中国海上安全的 SWOT 分析[J]. 大连海事大学学报（社会科学版）,2010(5):27 - 31.

② 赖声亮. 我国石油运输安全与远洋运输保障分析[D]. 大连:大连海事大学,2010:75.

③ 龙华,何李花. 湖南省安全农产品的 SWOT 分析[J]. 农村经济,2010(2):88 - 90.

④ 刘晔,郭金根. 信息安全态势分析[J]. 浙江电力,2010(12):44 - 47.

中态势分析的应用。在生态安全方面,杨晓静[①]通过 SWOT 原理综合分析了微山湖湿地旅游资源开发和保护的内在潜力。

表 4-1 当代中国海上安全形势的 SWOT 分析模型

优势(S)	劣势(W)
经济的迅速崛起	保守的海洋观影响
海军的快速发展 国家重视程度提高	海军发展基础不强 资金、技术方面不足
机遇(O)	威胁(T)
陆上安全最好时期 海上摆脱了生存安全的威胁 海上合作安全的开展	美国海上新策略 日本军事"外溢" 岛屿与海域主权争端

(4)定标比超

定标比超法又称为对标法、标杆法,最早在 20 世纪 70 年代末由美国施乐公司使用,目前被企业广泛应用。这种方法是将某类企业中最佳的做法作为标杆,将其中最优方法应用到企业自身的经营中,以实现对企业自身的评价与改造,同时也学习借鉴其他组织的优秀做法。定标比超的分类方法很多,按照企业运作的层面可以分为战略层、操作层、管理层。

我国在军事领域、高新技术领域与国外发达国家相比还有着不小差距,可以选择适合的国家作为定标比超的对象,通过设置关键节点考核的方式,逐步缩小在单项技术领域的差距,最终实现技术超越。

(5)关键成功因素

关键成功因素法的概念最早由罗卡特(Rockart)引入信息系统研究领域,用于需求分析和信息系统规划[②]。关键成功因素分析法的重点是分析在企业发展过程中处于支柱位置的资源和能力。这些资源和能力是企业正确认识自身的基础,也是企业提高竞争力必须认真对待的事项。

关键成功因素法可以与定标比超法结合起来,用于我国与国外行业关键技术的跟踪、对比与分析。例如大飞机行业,可将我国上海商飞的关注对象设置为波音、空客、巴西航空、庞巴迪,对四家公司的组织结构、管理制度、人才队伍、关键技术、财务状况等方面进行全方位的剖析。

---

① 杨晓静.基于生态安全的微山湖湿地旅游资源保护与开发问题研究[D].锦州:渤海大学,2013:102.

② 沈固朝.竞争情报的理论与实践[M].北京:科学出版社,2008:289.

（6）反求工程

反求工程是对载有商业秘密的产品进行解剖、分析或化验，从而得知该产品的原材料、设计、生产制造工艺等方面商业秘密的方法①。

在军事安全领域，利用反求工程法可以对别国先进军事装备进行拆解、分析，以探知其军事技术秘密。在科技安全领域，对从外国引进的高科技装备，例如重工业设备，也可以进行反求工程。

4.1.2.6 基于认知的情报方法

基于认知的情报方法主要是指基于人对客观世界的观察和认识的情报方法，该类方法是透过现象看本质，通过对信息的加工处理来反映事物特征和内在联系的一种分析方法。此类方法可以为情报研究提供理论基础，在分析中提供新的思路，并通过对过去与现在的诠释，有效地预测未来。基于数据、知识和基于文献的情报方法主要是利用公式或工具对数据知识进行分析，但都会利用基于认知的情报方法。

基于认知的情报方法主要包括：哲学方法、一般科学方法和思维方法。从安全的角度来看，本书主要讨论哲学方法和思维方法，这些方法可以具体分为：决策树法、关联树法、归纳综合法、对比分析法、假设法、排除法、条件推演法等。

基于认知的情报方法主要是关于哲学和思维的方法。哲学的方法，就是运用哲学的原理，把握事物之间的相互联系，以此确定研究对象的本质。思维方法则是建立在感性和理性的基础上，运用判断、推理、想象等方式，抽象或具体地反映出事物的特征和本质。

（1）决策树法

决策树算法是利用树形结构来表示决策集合，树的每个内部节点表示在一个属性上的测试，每个分枝表示一个测试输出，而每个树叶节点代表类或类分布②。它利用方框、圆圈、三角以及线段，按照一定的规则组合在一起，用于表示一个决策问题的图形，是风险性决策的有效方法。

在安全方面，决策树方法应用广泛。本书的文献调研发现，决策树广泛应用在信息安全、网络安全、金融安全、卫生安全、电网安全、交通安全等领域。

---

① 厉宏. 探析竞争情报的主要分析方法[J]. 农业网络信息, 2010(11): 76 – 78, 84.
② GROTH R. Data mining: building competitive advantage [M]. Upper Saddle River: Prentice Hall, 1999: 174.

信息安全领域是决策树应用最广泛的领域。张利等[1]对信息安全风险评估因素进行层次分析,利用机器学习中的决策树分类算法对数据进行分类,来解决信息安全风险评估方法主观性大、建模时间长、分类正确性低的问题,经实验证明该方法分类正确率提高了 2 倍,且分类速度快,并且更适合于实际的信息系统风险评估。

决策树在网络安全方面的应用也比较广泛。李泽平[2]在研究网络安全时,分析了访问控制策略的集中冗余和冲突产生的原因,基于决策树对冗余和冲突进行分析和检测并将其消除,提高网络的可靠性和安全性。杨艳等[3]基于层面的信息资产划分方法,通过数据挖掘技术中的决策树算法,研究了信息资产识别问题,为以后进行资产识别提供了依据。徐旭等[4]在进行身份认证相关研究时,结合决策树和 Web 日志挖掘,提出了一种新的身份认证方式,用户可对其进行二次验证。陈承斌等[5]针对网络安全问题和防火墙技术的局限性,提出一种基于决策树分类算法的入侵检测系统,通过实验证明,该系统具有较高的检测效率。

此外,决策树在其他领域也有一些应用。在卫生安全方面,范东辉[6]应用决策树方法进行村级饮水安全工程建设方案分析,构建了基于决策树的福建省村级饮水安全建设方案分析模型。在交通安全方面,蔡国强等[7]针对风险源的海量数据集和庞大的属性集,采用面向应用的属性构造、规范化与面向属性的归约进行数据集的预处理,提出了一种定量的基于决策树的轨道交通安全评估方法。在电网安全方面,李智勇等[8]针对某地区的实际电网模型,在不同的运行方式和负荷水平下,计算扰动后的系统响应,

---

① 张利,姚轶崭,彭建芬,等.基于决策树的智能信息安全风险评估方法[J].清华大学学报(自然科学版),2011(10):1236 – 1239.

② 李泽平.基于决策树的防火墙访问控制策略检测与优化[J].黔南民族师范学院学报,2012(3):125 – 128.

③ 杨艳,刘建华,田东平.基于决策树算法的信息资产识别[J].现代电子技术,2010(23):77 – 79,84.

④ 徐旭,候传宇.基于决策树的个性化身份验证研究[J].微计算机信息,2011(8):155 – 157.

⑤ 陈承斌.基于决策树算法分析恶意网络攻击和入侵[J].信息与电脑(理论版),2010(7):15.

⑥ 范东辉.基于决策树方法的村级饮水安全工程建设方案分析模型[J].水利科技,2012(1):31 – 33.

⑦ 蔡国强,贾利民,吕晓艳,等.基于决策树的轨道交通安全评估方法及其应用[J].自然科学进展,2007(11):1538 – 1543.

⑧ 李智勇,曹静,吴为麟.决策树算法在某地区电网安全评估中的应用研究[J].能源工程,2009(5):1 – 5.

生成安全评估用数据库,然后针对此数据库应用决策树算法提取安全评估规则。

(2)关联树法

关联分析用于发现关联规则,关联树是从一个总的目标中分出各类、各项子目标,并厘清它们的对等关系、从属关系、交叉关系等,按照一定的标准判断各类、各项子目标的重要程度,并绘出相应的关联树图。

该方法可以用于评估食品安全、能源安全等。例如:应用关联树法评估食品安全,将食品安全分为各个环节,如原材采集、加工生产、运输等环节;确定各个环节之间的关系,再理出各个环节可能影响食品安全的因素,如加工生产环节的生产环境因素、添加剂因素、包装因素等,绘出相应的关联树图;然后利用权值分配,计算和分析关联树图中各个等级中目标的重要程度,最终得到全面系统的分析对策。

(3)竞争性假设分析法

竞争性假设分析法最早是由美国海军研究院国家安全事务教授 Heuer 提出的。它是从认知心理学、决策等角度进行分析的方法,通过确定假设、列出证据、制作矩阵图、改进矩阵、质疑假设、质疑证据、报告结论、找出逆向指标八个步骤来分析事件。

竞争性假设分析法的合理运用和推广有助于边防情报的分析,能有效地解决情报分析人员认知偏见和思维定式的问题。边防情报分析是指边防情报人员对边界国防信息进行分析和研究,对一个国家的国防安全有着至关重要的作用。辛永涛[①]利用竞争性假设分析法来分析和预测"东伊运"组织的分布和恐怖活动的开展情况。此研究运用竞争性假设分析法中的八步骤分析法,从做出假设,到列出证据、制作和完善矩阵图,再到做出临时结论,最终得出结论,阐述所有假设的可能性。

张长军[②]分析了 1993 年美军轰炸了伊拉克情报中心之后需要回答的一个情报命题:伊拉克是否会采取报复行动? 美军情报工作人员做出不同的假设,找出相应的证据,建立矩阵,运用竞争性假设分析法为美国情报机构的分析和判断提供依据。

(4)"移情换境"分析法

"移情换境"分析法,就是一种换位思考的方法,是人与人的一种心理

---

① 辛永涛.浅析竞争性假设分析法在边防情报分析中的应用[J].云南警官学院学报,2008
 (2):91 – 94.

② 张长军.情报分析技巧在战略预警中的运用——以美国情报界为个案[J].情报科学,
 2006(11):1743 – 1745,1757.

体验过程,这种方法要求情报分析人员将自己的内心世界,如思维方式、情感经历等与分析对象联系起来。这种方法通常被化解群体性事件的工作人员所应用,这些工作人员通过站在群体性事件的策划者和事件参与者的角度去分析闹事者行动的原因以及计划,以此评估该群体性事件的危险性。这些群体性事件包括非法游行、占领政府大楼、大规模毁坏公共设施、制造爆炸和纵火事件等。化解群体性事件的工作人员可以通过"移情换境"分析方法,提前预知群体性事件的发生以及破坏性,尽早做出预防和应对策略。

(5)典型分析法

典型分析法就是根据分析目的,从若干同类分析事件中选取一个或者几个具有代表性的案例,进行全面、系统、周密的研究,找出普遍规律和有价值经验的分析方法。典型分析法具有鲜明、形象、具体和说服力强等特点。用这种方法进行情报分析研究、论证观点和提出建议,常常给人很深刻的印象,容易引起注意①。

典型分析法的应用范围很广,在安全领域,它可以被应用于公安破案,如公安在侦破案件时,分析典型犯罪案例,对比找线索,也可以被用于司法判决,参考典型案例分析,决定判决结果。周安平②从典型涉舆诉讼案例出发,讨论司法与舆论的现实关系,分析了引起该社会关系的原因。除此之外,典型分析法还可以应用于能源安全分析,如苏俊文③利用典型分析法对万全县(今万全区)霍家房村节水灌溉工程项目进行分析,论述当前农村水利实施节水灌溉的效益。

除了以上提到的决策树法、关联树法、竞争性假设分析法、"移情换境"分析法、典型分析法外,还有一些思维方法广泛应用于安全领域:如将研究对象的零散要素组织起来,分析它们之间关系的综合归纳法;确定事物之间异同关系的比较法;基于两个包含一个共同项的直言命题,推出新的结论的三段论法;从一类事物所具有的某种属性或特征,推出与其相似的事物的属性或特征的类比法;此外还有假设法、排除法、求同法、条件推演法等。在安全领域,此类方法一般被单独或者组合使用于公安司法等情报分析。熊允发④利用比较法,把杂乱的情报信息进行分类,应用四个犯

---

① 沈固朝. 竞争情报的理论与实践[M]. 北京:科学出版社,2008:260.

② 周安平. 舆论挟持司法的效应与原因——基于典型案例的分析[J]. 学术界,2012(10):93-100,285.

③ 苏俊文. 万全县节水灌溉工程典型分析[J]. 中小企业管理与科技(上旬刊),2012(8):124.

④ 熊允发. 比较方法在公安情报分析中的应用[J]. 中国人民公安大学学报(自然科学版),2010(4):59-62.

罪案例,通过提取案件参数,比较案件的相关性,锁定犯罪嫌疑人,比较作案提取的样本与犯罪嫌疑人样本,侦破案件。类似研究还有刘汉民[1]用综合归纳法,归纳杂乱的情报信息、归纳情报信息反映的案件特征、归纳信息反映的问题原因等,并分别利用几个案例,结合假设法、排除法、条件推演法等做出信息研判。彭语良等[2]利用三段论法,以"许霆案"为例,确定大前提、小前提,并最终通过三段论法的条件,推断出结论。严炬[3]利用类比推理法的基本原理,通过实例,如珍珠港和麦克阿瑟对仁川登陆作战的设想等进行类比法的分析,并提出利用类比法的注意问题。

4.1.3　结构化情报分析方法的构建

国外情报研究非常注重理论与实践相结合的研究方式,在实践研究中提升理论。理查兹(Richards)等[4]从几百种情报分析方法中,挑选出了50多种方法(结构化头脑风暴法、交叉影响矩阵、形态分析法、角色模拟法、红帽分析法、德尔菲法、关键假设检验法等)归纳整理,提出了一种结构化的分析方法(structured analytic techniques),用以描述情报分析人员在进行情报分析工作中抽丝剥茧般的思维方式,将繁复的情报分析过程用结构化的形式呈现出来。

情报分析人员依赖直觉的判断有自身的缺陷,即情报分析人员的偏见,这些偏见常出现在个人的思维模式中或群体思维过程中,如一个情报分析团队过早地在一个假设或一组假设上达成一致,并寻求支持性的数据来确认假设,或者用有利于假设的方法来解释现有的数据,而不是寻求数据反驳假设。

结构化分析方法包含许多具体的方法和技巧,专门用于减少情报分析过程中的分析偏见,同时也旨在提升团队合作以及为基于专家判断的分析提供论证过程。其中使用最为广泛的是竞争性假设分析,这个方法通过引导情报分析人员关注所有的数据和假设,以及用符号计分的方式明确地记录下每个假设与数据相一致的可能性。但是,该方法没有赋予假设的先验

---

① 刘汉民.归纳思维在公安情报信息研判中的功能[J].北京人民警察学院学报,2011(5):58-61.

② 彭语良,马建威.浅析司法过程中的哲学方法——以许霆案为视角[J].长春师范学院学报,2012(8):30-31.

③ 严炬.试论类比推理法在情报分析中的运用[J].情报杂志,2001(2):27-28.

④ RICHARDS J H,PHERSON R H. Structured analytic techniques for intelligence analysis[J]. Langmuir,1998(15):3999-4004.

理性(a priori plausibility)以权重,作为基于概率理论的方法,一般要求对于每个假设先验概率(prior probability)的正确性给予评估,譬如两国之间关系是维持稳定还是得到改善或是发生恶化。其次,数据的有用性(诊断性)取决于数据与不同假设之间的一致程度,例如,某国召回外交官或军队处于戒备状态可能与该国出现敌对意图和保护官员这样两种假设相一致。所以,在没有明确的条件概率评估下,有些模棱两可的假设可能会被忽略,另外,那些不太可能的假设也许会给有价值的假设的计分带来误导。

所以,对于结构化分析方法,要根据它们的合理性、基本原理和功效进行评估,同时还要考虑情报分析人员所面对的具体情况。

4.1.3.1 "群""组"概念的建立

结构化情报分析方法构建,首先采用分类学(taxonomy)角度对众多情报分析方法进行重新分类。广义上,"taxonomy"包括对任何具体或抽象事物的分类组织,其概念应该包括三个基本要素①:①是对事物的一种分类;②揭示事物之间的等级关系;③其目的是帮助认识、查找或定位事物。结构化情报分析方法被看作是众多方法集合而成的"群",再结合情报分析的特性和分析过程中的诸多环节将"群"中包含的所有方法分成若干"组",分别是:分解和直观化、观点生成、情景和指标、假设提出和验证、因果关系评估、质疑分析、冲突管理、决策支持。

4.1.3.2 "组"内方法的选择

为了选择合适和易用的方法放入"组"内,本书从信息分析方法、竞争情报分析方法、军事和警务情报分析方法、决策制定方法等多方面入手,参考美国情报教育国际联合会(International Association for Intelligence Education)的培训内容②(见图4-9)和 CIA 情报研究中心(Center for the Study of Intelligence)对结构化分析方法的研究③,最终选取 50 种左右的具体方法和技巧归于各个分组。

---

① 岳爱华,孙艳妹. Taxonomy、Folksonomy 和 Ontology 的分类理论及相互关系[J]. 图书馆杂志,2008(11):21-24.

② International Association for Intelligence Education. Teaching structured analytic techniques [EB/OL]. [2010-10-26]. https://www.e-education.psu.edu/drupal6/files/sgam/pherson.pdf.

③ Center for the Study of Intelligence. A tradecraft primer-structured analytic techniques for improving intelligence analysis[EB/OL]. [2010-10-26]. https://www.cia.gov/library/center-for-the-study-of-intelligence/csi-publications/books-and-monographs/Tradecraft%20Primer-apr09.pdf.

情报分析是复杂的思维活动,在整个过程中充满了对经验、知识乃至智慧的运用和把握。本书认为,结构化方法将各种类型的情报分析方法归类梳理,成为一套完整的分析思想、方法和技术的总合。结构化方法有两重含义:既可以当作是一种情报分析方法,又可以被理解成一种情报分析方法论。结构化方法作为方法论,有三个层次的作用:①形成了情报分析思路,构成环式的分析流程;②将情报内容结构化,便于情报分析人员各个击破;③将情报工具结构化,使情报分析人员在分析时可快速定位。

图4-9　美国情报教育国际联合会培训内容

4.2　情报呈现

情报呈现是情报分析研究工作的延伸,是将前期研究的成果准确表达出来形成情报产品的过程。这一过程的关键在于将情报分析成果以清晰、易于理解的方式传递给决策者。

情报呈现方式一直是一个备受争议的话题。谢尔曼·肯特十分强调情报分析的客观性,认为情报分析人员必须独立于决策者。而另一位情报专家罗伯特·盖茨更为注重情报分析的实用性,强调情报分析人员应与决策者保持紧密的联系。最终理查德·盖茨综合这两位学者的思想,提出了情报政治化是不可避免的,关键是怎样把握政治化的尺度,做到趋利避害①。合理且有针对性的情报呈现方式需要精准把握情报用户的需求,并结合情报的具体内容,使情报以最易被决策者接纳的形式呈现出来。

情报用户按其分工的不同可以分为许多群体,同一情报用户群体的情报需求也各不相同,而各种情报用户群体往往是交叉的。因此,对不同用户群体需求的把握显得尤为重要。情报人员分析不同类型用户需求特点,情报呈现工作才能更有成效。为使情报呈现更有针对性,情报人员常将安全情报用户分为以下几类②:

(1)国家机关与各类管理人员

与其他用户群体相比,管理人员对情报的完整性有着更高的要求。管理人员较少从事具体的研究,他们需要的主要是分析型的综述情报,其需求特点是:要求范围广泛,几乎涉及国内外所有相关行业的现状和发展趋势;注重利用三次文献,以便用较少的时间了解和掌握较多的内容。

(2)科研工作者

科研工作者所需的情报通常是理论性较强的一次文献,所利用的情报源主要是期刊。他们的需求特点是:需求资料专而深,对各种研究动向反应敏感,要求资料系统、全面。科研人员的情报需求是阶段性的:在计划阶段,科研工作者需要的是所有与课题相关的一次文献以及综述,以便确定课题方案;在实施阶段,他们既需要技术性的具体情报,同时也需要国内外有关研究的新成果或新进展,通常要求以快报的形式提供情报;在最后阶段,科研人员则需要具体的技术数据、性能指标等方面的情报。

(3)工程技术人员

工程技术人员需要的是成熟和经过检验的知识,是关于新产品、新科技的情报。他们对专刊、标准等类型的情报兴趣更为浓厚,例如一些数据、方法和设计方面的事实资料。工程技术人员的情报需求具有紧迫性的特点,他们往往需要情报部门提供定题服务,并要求在大量资料的基础上进行综合分析加工,提供可靠的数据、曲线、图表等。

(4)公安警务人员

公安警务人员包括边防人员和警务人员,他们需要及时准确的情报,

---

① 吴素彬,陈云,王科选,等.美国"以目标为中心"的情报分析流程[J].情报杂志,2013(4):6-9,21.

② 匡兴华.情报用户及其情报需求的研究[J].情报学刊,1982(1):12-18.

能有效打击犯罪，进行治安管理。他们需要情报工作人员及时核实零碎的、不确定的信息，甄别信息的真实性，通过信息关联整合，形成具有超前性、预警性、内幕性的情报。

当然，安全情报用户的这种分类不是绝对的，一些用户通常可以同时被列入多个类。例如管理人员中有许多人同时也是科学家或警务人员，他们同时从事多方面工作。这种情况下，情报呈现方式需综合考虑不同类型用户的需求。

4.2.1 情报呈现形式

4.2.1.1 情报文本呈现形式

（1）跟踪型情报呈现

跟踪型情报通常以出版物形式向情报用户提供服务，这些情报成果内容简洁、新颖、报道及时。跟踪型情报出版物名目繁多，例如新闻、快报、译丛、汇编、报告、数据库等。这些跟踪型情报呈现方式按其内容和形式通常分为以下三种类型：

1）跟踪快报

跟踪快报是最常用的跟踪情报呈现形式，是根据需求即时跟踪监测和传递有关研究对象的情报。不同的情报用户群体对跟踪快报的需求也不一样，例如：党和国家领导人需要了解国内外有关政治、经济、科技、军事等方面的大事，提供给他们的快报应该是事关全局的情报；各部门的领导主要关心的是与本部门工作有关的动态情报；科技工作者则关心本学科、本专业领域科技发展的动态情报。

跟踪快报内容针对性强。即使同样的选题，供不同的群体使用，内容侧重点和写法也会不同。例如：供领导或决策者使用的动态情报，重点在于把主要情况和相关利害交代清楚，用通俗易懂的文字表达深奥的技术概念即可；呈现给专家使用的动态情报要有一定的技术深度，要具体阐明涉及的科学原理、内部结构、关键技术等，有的快报还需要附上相关的图表。

2）跟踪分析报告

跟踪分析报告是指情报工作人员通过情报用户及时的反馈，了解其现实需求，将跟踪信息围绕某个主题或研究对象系统地组织起来所形成的专题分析报告。跟踪分析报告不仅需要及时、准确，而且要求报告的形式鲜明、内容新颖，以便能够迅速地引起决策者的关注。中国科学技术信息研究所根据主要国家特定科技领域动态形成的《国外科技动态综述报告》便属此类跟踪报告。

3）跟踪数据库

跟踪数据库是在跟踪情报分析的基础上,将跟踪获取的情报、数据和信息组织加工所形成的数据库。跟踪数据库是许多情报机构建设情报资源的重要组成部分,例如:中国科学技术信息研究所在科技战略情报跟踪的基础上形成的国际科技战略决策信息数据库;法国科研中心科技信息研究所根据情报用户的需求对网络资源进行实时监测,提取其中数据形成网络监测数据库。

（2）评价型情报呈现

评价型情报分析是核心情报工作。评价是决策的前提,制定、执行决策的过程,以及决策完成后,均需要评价型情报分析给予支撑。评价型情报分析也是开展预测情报分析的前提和基础。评价型情报分析通常要求结构严谨、分析深刻和结论明确,具有科学性、准确性和客观性等特点。

1）研究报告类

①综述

综述是情报研究报告最基本的类型,它是对一定时期内某一学科或某一技术领域的某项专题的一次文献和科研生产中所产生的现实情报进行研究和逻辑性综合。综述是揭示科学技术发展水平和动向的情报研究成果,它使用户能够比较系统完整地了解课题的内容、意义、历史、现状及其发展动向等。

综述需要以简洁的总结形式对既定问题做出充分的、有代表性的阐述,其主要用户大多是科技人员、基层的科技管理人员。综述所论及的问题应相对集中,题目过大很难综述全面和透彻。

②述评报告

述评报告的内容是关于某方面科学与技术现状、动向和发展预测的系统阐述和科学综合。述评是一种重要的专题情报,可作为制订规划、科技政策等决策的参考依据。同时,它还有助于科学研究人员及设计生产科技人员确定研究课题、研究方法和产品方向,以及寻找解决既定任务的合理方案。

述评报告的用户是管理工作各个环节的领导人员,他们必须对实验设计和科学研究工作的发展做出决定。因此,述评报告要全面系统地阐述该课题的状况、观点并提供全面的数据,给予精辟的分析评价或提出明确的建议、方案等①。

③专题报告

专题报告是针对某项课题进行的专门信息研究报告。虽然专题报告的研究范围比较窄，但涵盖这个专业内最新的、最详细的、最全面的信息材料。专题报告既要对所研究问题提出一般的看法或某种原则性的意见，又要提出解决这个问题的办法和措施，有时还必须附有必要的图表、统计数据、计算方法和公式以及其他有关的说明材料。

④学科总结

学科总结是基础理论方面的情报研究成果，是以某一学科或某一专题为对象，从基本原理到发展应用，从取得的成就、存在的问题到今后发展的方向进行的全面系统总结。学科总结要反映出进展以及主要的假设、观点与论点，重要的理论数据及方法等。

学科总结也可划分为阶段性的，如某年度总结或几年来的总结，主要对这一论述阶段内该学科取得的成就、重大进展、存在的问题等做全面总结。一般来说，学科总结比综述或述评的范畴要窄，内容也比较专深。这种情报研究成果主要服务对象是本专业的科技人员。

2）非研究报告类

①年鉴

从情报的特点和作用来看，年鉴和情报有着密切的联系。在国防建设中，各国军事力量的部署、军事装备的现代化程度，各种武器的性能是重要的军事情报，年鉴中有专门系列收集这些情报。

②手册

手册具有灵活性、实用性等特点。按照编纂的内容和范围，手册一般分为综合性和专门性两种。综合性手册主要收集多个领域的基本知识和参考资料，概括的知识比较宽泛，编写浅显简要。专门性手册侧重汇集某学科或某专业的实用知识和参考资料，内容比较专深具体，主要面向的是专业工作人员。

（3）预测型情报呈现

预测研究类成果，通常以报告形式呈现。预测研究可以根据不同的标准进行划分。例如：按预测的视角划分，可以分为社会领域、科学领域、技术领域、经济领域、军事领域等；按预测的时间区间划分，可以分为短期预

---

① 卢盛华，李新芳，许雁伟，等.信息资源组织存储检索与利用［M］.沈阳：辽宁大学出版社，2011：43－44.

测、中期预测和长期预测;按预测方法区分,有定性预测、定量预测和综合预测等。

1)定性预测

定性预测也称经验判断,主要是利用搜集的各种信息,根据情报工作人员的知识、经验和主观判断,对未来的发展趋势做出估计和判断。它简单明了,依据是来源不同的各种主观意见。

2)定量预测

定量预测又称统计预测,主要利用统计资料和数学模型来进行预测。这类报告一般需要搜集大量数据,进行现状调查和文献分析,运用逻辑推理方法和科学想象力,建立数学模型并利用电子计算机运算,在分析、研究、判断的基础上,对课题的发展前景及其对国民经济、科学技术、社会的影响,提出未来一定时期的预测。

3)综合预测

综合预测是从宏观的角度,对关系全局的指标进行综合分析和科学预测的方法。实践表明,建立一套预测模型系统,综合使用定性预测与定量预测,根据问题的要求找出最佳的预测模式,可以有比较好的成效。综合预测报告需要平衡定量预测所需要的统计数据和定性预测所产生的经验判断之间的比重。

预测研究成果具有战略意义。情报预测可以分析、判断决策对象的种种可能,为决策者勾画出各种轮廓,帮助决策者拓展思路,科学地决定决策目标。情报预测还可以提供多种备选方案,供决策者择优选择。

4.2.1.2　情报报告模板

情报研究报告按不同标准可被分成各种类型。按传统分类方法有综述、述评、专报、评估报告(净评估)、预测报告等。按出版周期分,有日报、周报、半月报、月报、季报、半年报、年报、双年报等。当然还可以按报告长短来分。

(1)长篇(正文万字以上)情报研究报告

万字以上的长篇情报研究报告,一般分为前置部分、主体部分和后置部分,前置部分包括封面、封二、题名页、辑要页、目录,主体部分包括序言、摘要、引言、正文、启示建议、参考文献,后置部分包括附录、索引、封底和其他。后置部分都是可选项(见表4-2)。

表 4 - 2　长篇情报研究报告模板

组成部分		要求
前置部分	封面	报告编目、题目、主要完成者、完成者单位、完成日期等
	封二	可选,不限定内容
	题名页	包括封面部分信息,还可以提供副标题等信息
	辑要页	文献数据库在收录此报告时所需要的全部拟录项信息
	目录	一般列到二级标题
主体部分	序言	报告编写说明
	摘要	3000—5000 字
	引言	说明正文的内容结构
	正文	报告的正文内容,占主体部分的 80% 以上
	启示建议	可选
	参考文献	可以是尾注,也可以是脚注
后置部分	附录	可选
	索引	可选
	封底	可选
	其他	可选

（2）中篇（1000—10000 万字以下）情报研究报告

情报研究报告的常见篇幅是数千字,这种报告多出现在周刊、半月刊、月刊之上,比较讲究时效。中篇报告主要包括题目、文头、概括或背景陈述、现状描述、影响分析、未来趋势、启示建议等,其中不可或缺的部分是题目、文头、现状描述（见表 4 - 3）。

表 4 - 3　中篇情报研究报告模板

组成部分	作用
题目	直接揭示主要内容
文头（数百字）	点出关键素材出现的时间,重点突出核心内容
概述或背景陈述	可选。一般出现在第一个小标题下
现状描述	现阶段的研究方向、进展程度、发展动态等
影响分析	可选。分析对我方、敌方、全球的潜在影响
未来趋势	可选。分析未来可能的走向或趋势
启示建议	可选。有的情报研究刊物不需要启示建议这部分

（3）短篇（600—1000 千字）情报研究报告

单页情报研究报告特别讲究时效，多出现在半月刊、周报、简短日报中，备受读者欢迎。单页情报研究报告包括题目、文头、现状描述、影响或趋势、附注等。其中影响或趋势和附注都是可选项（见表 4 - 4）。

表 4 - 4　短篇情报研究报告模板

组成部分	作用
题目	直接揭示主要内容
文头（数十字）	点出关键素材出现的时间，重点突出核心内容
现状描述	主要阐述当前研究内容的 6W。要列两个小标题。每个标题及其下文字要突出一个情报点
影响或趋势	可选。分析对未来的潜在影响或可能趋势
附注	可选

（4）微型（500 字以内）情报研究报告

微型情报研究报告篇幅极为简短，几十个字就提供一个情报点。微型情报研究报告的组成部分主要有：题目、现状概述、影响或趋势。其中，题目和现状概述这两项不可或缺（见表 4 - 5）。

表 4 - 5　微型情报研究报告模板

组成部分	作用
题目	直接揭示主要内容，不与正文内容重复
现状概述	点出关键素材出现的时间，重点突出核心内容
影响或趋势	可选。分析对未来的潜在影响或可能趋势

4.2.2　情报呈现的辅助工具

情报呈现的关键在于如何将情报以清晰、易于理解的方式呈现给决策者。在信息技术飞速发展的今天，涌现出大量情报工具软件。借助现代化的信息技术，情报分析人员将情报研究成果进行加工处理，使其在合适的时间传递给情报用户，这是情报工具应当具备的报告和传递功能[①]。

4.2.2.1　综合性情报软件

关于情报研究成果的呈现，美国竞争情报系统设计与评估有 3 条重要

---

① 吴伟. 国外竞争情报软件研究[J]. 情报理论与实践,2004(1):103 - 106.

标准:第一,标准化和定制化的报告模板;第二,导出微软 Office、Corel-Draw、PDF 等多媒体格式文件并链接其他数据库与报告系统;第三,对报告进行纸质、内部网、电子邮件和无线网络方式传输,方便使用①。除此之外,本书认为情报研究成果的呈现还应该有安全控制标准。

目前国际上有许多综合战略类的情报系统,例如国外的 Intelligence2day、STRATEGY、Knowledge360 ®、Traction。我国情报软件的发展是从 2002 年百度推出首例 eCIS 开始的,目前国内情报软件企业大致有 20 家,如 TRS、赛迪数据、赛立信等②。以下介绍国外几种情报呈现软件:

(1) STRATEGY

STRATEGY 覆盖了竞争情报循环的所有阶段流程。STRATEGY 的报告生成迅速。根据官网的介绍,STRATEGY 可以在短短几秒内生成竞争产品和服务的报告,同时迅速地分享给其他人,这说明这款软件在整合情报方面功能强大。STRATEGY 提供了约 150 种报告模板,不同的模板向情报分析人员展示不同的竞争情报环境实例。STRATEGY 提供的样例报告模板对人物、市场、产品、服务等多个对象进行了文字、图表的预先设置。除了标准化的报告模板外,STRATEGY 很好地兼容了其他报告模板制定的软件,用户可以使用 Crystal Reports、Microsoft Access 或其他报告工具来自定义报告模板。STRATEGY 的文件格式、传播途径多样,情报分析人员可以直接在 STRATEGY 以邮件方式发送给决策者,也可以导出到 Word 文档、HTML 网页以及其他程序内,可以直接打印,还可以直接发布到企业内部网或者互联网上提供给用户直接访问。STRATEGY 还对用户访问设置了组别权限,管理员可以控制哪些用户看到哪种信息以及对报告做出何种修改,同时对整个数据库进行加密处理,保证研究成果的安全。

(2) Knowledge360 ®

作为一款功能强大的竞争情报软件,Knowledge360 ® 得到了美国竞争情报专业人员协会(Society of Competitive Intelligence Professionals,SCIP)的官方认证。Knowledge360 ® 提供可定制化仪表板的功能,情报分析人员可以根据需要选择监控、收集的信息,定制分析功能,Knowledge360 ® 就会及时将最新信息整合到仪表板上。该软件内置多款高级报告模板和时事通

---

① 官思发,李宗洁. 美国竞争情报系统研究及对我国的启示[J]. 图书情报工作,2015(4):83－92.

② 金学慧,刘细文. 国内外典型竞争情报系统软件功能的差异性分析[J]. 情报杂志,2009(9):102－106.

讯生成器,情报分析人员利用这些报告模板和生成器可以生成多种报告格式,从而简化情报报告的生产流程。Knowledge360 ®允许用户创建报告模板,提供众多创建模板的小插件,方便情报分析人员在创建模板过程中进行个性化定制。Knowledge360 ®的研究成果呈现是为了工作协同。Knowledge360 ®为研究成果设置共享功能和相应权限功能,搭建了一个在安全控制下的共享平台,团队内部成员、跨部门成员都可以在平台上分享成果。

（3）Wincite

Wincite 的主要优势在情报分析和传递方面,提供分析框架与报告模板,帮助生成报告并迅速传递给不同部门。它提供了标准化和定制化的报告模板,可以基于数据库中的信息生成报告,而且支持浏览器查看;同时也提供了多种报告提交方式,包括邮件或通过网络发布等。

4.2.2.2 专业可视化软件

目前有很多开源的第三方可视化工具,如 Pentaho、Modest Maps、Raw、Open Flash Chart、Leaflet、Bonsai、ZK 等。这里介绍几种功能全面,操作简单的可视化软件。

（1）Gephi

Gephi 是一款开源免费跨平台的基于 JVM 的复杂网络分析软件。Gephi 处理的图规模上限约 50 000 节点和 10 000 000 条边,该平台允许用于可视化和探索数据,包括复杂的线性分析、社会网络分析等模型。以图表为基础的视觉化以及资料搜寻,不仅能够应付大量的资料集,还能创出图表,同样也能筛选、清除不必要的资料。

（2）ECharts

ECharts 是百度开发的一款开源、功能强大的数据可视化产品。商业级数据图表,可以流畅地运行在 PC 和移动设备上,兼容绝大部分浏览器,提供直观生动、可交互、可高度个性化定制的数据可视化图表。

（3）Google Chart

Google Chart 是为浏览器与移动设备定制的交互式图表开发包。Google Chart 功能强大,容易使用,而且是免费的,用于在 Web 上数据可视化。Google Chart 提供了从简单的折线图到复杂的树结构、地图等图表类型。

使用 Google Chart 最通用的方法是在 Web 页面上嵌入 JavaScript,加载 Google 图标库,列出需要被展示的数据,选择并定制图表。Google Chart 也支持多个图表的绘制,例如同一个数据源绘制两种不同类型的图表。不仅如此,Google Chart 还提供了与图表交互的功能。

（4）iCharts

iCharts 是一个在线的数据可视化工具,可以方便地制作高分辨率的信息图,被广泛应用于商业、经济、体育等领域的报告中。iCharts 提供免费账户给使用者,用户能够使用基本的互动式图表,而付费账户能使用更多的功能;图表本身是具有互动性的,因此可以从 Google Docs、Excel spreadsheet 和其他来源获取。

4.3　情报共享

美国早在 20 世纪 90 年代后期就已认识到信息与情报共享将在网络安全防御中起到重要作用,在国家政策、国家战略等各个方面强调信息与情报共享的重要性。我国的情报共享研究尚处于初步阶段,目前关于情报共享还没有一个统一的定义,但不可否认的是情报共享是情报研究的重要部分。周九常在 2006 年强调了网络组织竞争情报的重要性[①],认为虽然在单一组织中情报不具有共享性,但在网络组织中,情报就具有了一定程度上的共享性。由此可见,与非网络组织相比,网络组织中发生情报共享的概率更大。

目前情报共享研究主要是对各国情报共享体系的分析,以及经典理论与新兴技术结合的探索,包括博弈论、交易成本论等理论和区块链[②]、工业互联网等技术。值得一提的是,区块链作为一种去中心化基础架构,凭借其开放共识、去中心化、匿名化、不可篡改、可追溯等诸多特征,在数据共享领域得到广泛的重视和应用。区块链的特殊结构可以实现情报在资源聚积和交易共享过程中的不可篡改和可追溯,使得链中的节点将情报资源和情报需求安全地提交上链。区块链通过设置激励机制也能够平等、公开、公正地保障参与节点(包括情报供应方和情报需求方)的权益最大化。

---

① 周九常.网络组织竞争情报共享与泄露研究[J].图书情报工作,2006(10):32 - 35.

② 江宁.基于联盟区块链的公安情报共享模型研究[D].北京:中国人民公安大学,2020:5;程叶霞,付俊,陈东,等.基于区块链的威胁情报共享及评级技术研究[J].信息通信技术与政策,2020(2):19 - 24;郭雪梅.基于区块链智能合约的网络威胁情报共享机制及实现[D].北京:北京邮电大学,2019:12 - 13;石进,邵波,苗杰.基于区块链的中小企业竞争情报共享平台研究[J].图书情报工作,2019(20):112 - 120.

4.3.1 美国情报共享体系

伴随着全球化的发展,国际安全形势瞬息万变。美国作为一个联邦国家,其情报机构与执法信息中心较为分散复杂,缺乏中央集中管理,因此美国尤为重视跨地区、跨部门、跨行业的情报共享①,也建成了全国范围内的安全情报共享体系。

4.3.1.1 传统威胁下的美国情报共享体系建设

20世纪50年代至"9·11"事件前,美国情报共享体系的主要目的是为了应对传统的安全问题,主要针对社会安全问题开展初步的情报共享工作。20世纪70年代初,美国建立禁毒署(Drug Enforcement Administration, DEA),成立联合情报处以共享禁毒情报信息②。1974年,美国成立了埃尔帕索情报中心(The El Paso Intelligence Center,EPIC),该情报中心作为美国最早的融合情报中心之一,为全国各州与地方执法机构提供战术情报③。美国还通过一系列的立法规定了各地方情报部门与情报体系共享机制,要求各州加强与邻州的犯罪信息共享。

随着信息技术的不断发展,情报以更为多样的形式传递,情报共享的手段也更为多样化。1999年,为了应对新兴的恐怖袭击威胁,大规模杀伤性武器与恐怖主义应对能力顾问组吉尔摩委员会(Gilmore Commission)在"向总统和咨询小组大会提交的第一份年度报告"中提到"必须在各级政府之间进行横向纵向信息共享",以确保信息与情报的及时提供④。美国在20世纪90年代大力推进"信息高速公路",建设了许多信息系统平台来进行情报共享,为之后的情报共享体系发展奠定了扎实的基础。

4.3.1.2 "9·11"事件之后的美国情报共享体系建设

"9·11"事件是美国情报工作的一个重大转折点,这一恶性恐怖袭击事件对美国的情报工作造成了巨大的影响,"9·11"委员会报告认为情报

---

① 谢晓专.美国执法情报共享融合:发展轨迹、特点与关键成功因素[J].情报杂志,2019(2):12-20,115.

② PUYVELDE D V. Fusing drug enforcement:a study of the El Paso intelligence center[J]. Intelligence and national security,2015(6):888-902.

③ El Paso Intelligence Center. About EPI[EB/OL].[2018-04-10]. https://www.epic.gov/about.html.

④ Gilmore Commission. First annual report to the president and the congress of the advisory panel to assess domestic response capabilities for terrorism involving weapons of mass destruction[R]. 1999:57-58.

共享的薄弱是导致未能及时阻止"9·11"恐怖袭击发生的关键原因①。

2001 年,美国通过了《爱国者法案》(*USA PATRIOT Act*),这一法案赋予了美国执法部门更强的情报获取权,包括减少对美国境内外情报收集的限制、提高执法机构搜索电话、电子邮件通信、医疗记录以及财务记录的能力②。美国国会于 2004 年通过了《情报改革与预防恐怖主义法》(*The Intelligence Reform and Terrorism Prevention Act*)促进了美国国内情报界的改革,建立了国家情报主任办公室(the Office of the Director of National Intelligence,ODNI)来统筹协调国家情报力量,建立集中的情报协调统筹机制③。

2008 年,美国国家情报主任办公室颁布了《情报界信息共享战略》,以此作为 2007 年发布的《信息共享国家战略——提高与恐怖主义有关的信息共享的成功与挑战》的补充,是美国情报界关于信息共享出台的第一份战略报告,对国土安全信息共享做了全面规划和部署④。

4.3.1.3　美国情报共享机制

美国情报信息共享组织分为两个部分,分别是美国国土安全部(United States Department of Homeland Security,DHS)及其下属的分支机构与美国国家情报主任办公室(见图 4 – 10)。

美国国土安全部内设国家保护和计划司(National Protection and Programs Directorate,NPPD),负责统领整个国家的情报信息共享工作。国家保护和计划司下辖国家网络安全和通信整合中心(National Cybersecurity and Communication Integration Center,NCCIC),负责具体的安全情报信息共享事务。国家网络安全和通信整合中心实际上是一个网络态势感知、事件响应与管理中心,是联邦政府、情报机构与执法部门的情报共享枢纽。该中心还协调几个机构进行情报信息共享与应急响应,包括国家通信协调中心(National Coordinating Center for Communications,NCC)、美国计算机应急响应小组(Computer Security Incident Response Team,CERT)与工业控制系统网络空间应急响应小组(Industrial Control Systems Cyber Emergency Re-

---

① National commission on terrorist attacks upon the united states. The 9/11 Commission Report [R]. 2004:353 – 356,416 – 418.

② USA PATRIOT Act – RationalWiki[EB/OL]. [2019 – 07 – 22]. https://rationalwiki. org/wiki/USA_PATRIOT_Act.

③ The intelligence reform and terrorism prevention act of 2004[EB/OL]. [2019 – 07 – 22]. https://it. ojp. gov/PrivacyLiberty/authorities/statutes/1282.

④ 曲珂. 解读美国《情报界信息共享战略》报告[J]. 国际资料信息,2008(7):11 – 13.

sponse Team,ICS-CERT)。

美国国家情报主任办公室及其下属的机构主要负责情报分析工作,其下辖的网络威胁和情报整合中心(Cyber Threat Intelligence Integration Center,CTIIC)负责协调整合国防部、联邦调查局、中央情报局与国家安全局等多个情报机构的情报力量。

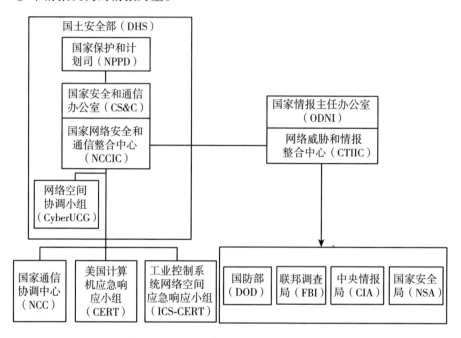

图4-10　美国情报信息共享组织结构图

资料来源:Department of justice,federal trade commission. Antitrust policy statement on sharing of cybersecurity information[EB/OL]. [2017 - 07 - 22]. https://www. ftc. gov/system/files/documents/public_statements/297681/140410ftcdojcyberthreatstmt. pdf.

4.3.2　日本情报共享体系

2000 年,为了应对针对政府的信息网络攻击事件,日本政府提出了"信息系统应急情报支援"目标,要求面对紧急的安全事件要进行信息安全领域内的情报共享①。2015 年9 月4 日,日本网络安全战略本部发布了《网络安全战略》,指出要构建"一个能够集发现、分析、判断、处理为一体

---

① 情報セキュリティ対策推進会議幹事会.攻撃の予兆や被害に関する情報収集・分析に係る基本方針について[EB/OL]. [2004 -07 -26]. https://www. nisc. go. jp/conference/kanjikai/dai1/1siryou1. html.

的高效、迅速的情报分析、汇集、共享机制"①。之后日本构建了以计算机安全事件响应小组(Cyber Security Incident Response Team,CSIRT)为基础的风险管理情报信息共享机制,陆续又发布了多份政策性文件。日本国内以内阁信息安全中心为枢纽的情报信息共享机制逐渐发展为内阁网络安全中心主导的情报信息共享机制。

日本的情报共享机制采用非线性的共享模式,和中国类似。日本的情报机制是一个复杂庞大的体系,包括内阁官房、自卫队、警察、省厅、关键基础设施行业及其他行业、私营企业等,彼此之间情报交流并无固定的顺序和空间,分布在社会和网络空间的各个角落②。日本在机构交流、信息共享程序、信息共享融合方面都呈现非线性。

(1)机构交流非线性:日本通过计算机网络技术的支持,建立了不同级别、不同领域机构之间的直接互联互通。

(2)信息共享程序非线性:日本情报信息共享的程序是非线性的,企业在识别情报信息之后会进行整理,指定情报共享范围,制定情报信息共享规则,进行多路径、跨越式、并行式情报信息共享。

(3)信息共享融合非线性:日本的内阁网络中心负责整合情报资源,根据各个部门的情报需求整合情报资源,形成情报态势图等情报产品分发至需要的部门。

4.3.3　韩国情报共享体系

韩国的核心情报机构是国家情报院,国家情报院的前身是1961年在美国的支持下建立的中央情报部(KCIA),被认为是韩国的CIA③。

韩国的国家情报院主要负责对全国情报工作的总体规划和领导,韩国的政、军、警三界所有的情报机构都受到国家情报院的直接管辖。所有国际安全情报都会汇集到国家情报院这一中心机构,国家情报院会将情报进行整理并上报给总统,辅助总统决策,并将汇总后的情报根据各个国家机关的需求进行情报分发。这种集中式的情报共享方式帮助韩国情报机构全面认识情报,避免了情报融合不足造成的情报共享失误。

韩国这种集中式的情报共享机制是其所处的情报环境造成的。朝韩

①　サイバーセキュリティ戦略本部.サイバーセキュリティ戦略[EB/OL].[2017 - 07 - 22].http://www.nisc.go.jp/active/kihon/pdf/cs-senryaku-kakugikettei.pdf.

②　陈明,凌云翔.反恐中心主导下的情报共享机制研究[J].江南社会学院学报,2016(3):17 - 24.

③　张静,刘国政,林媛,等.韩国情报体制及工作特点[J].情报杂志,2018(1):28 - 33.

关系与大国的博弈令韩国的安全形势更为复杂,这种情况要求其安全情报工作应具有整体的国家情报观念,能够对国家的整体安全形势做出准确判断。

韩国的国家安全情报共享机制还具有一个特色,就是充分利用了韩国一些企业的商业优势,政企间情报融合特征明显。韩国的几大商业集团在海外都有广泛的业务,韩国的国家情报院内部设立专门的商业机密保护中心,以保护韩国商业集团的技术安全,并搜集他国的商业情报。韩国政府还在外交通商部下设置韩国贸易投资促进会,该促进会主要负责系统地搜集和分析关于外国贸易和投资方面的环境要素信息。韩国许多工商企业都具有自己的情报部门,也会为国家情报工作提供支持。韩国国家情报机构会在企业中安插情报工作人员,也会为企业中的情报部门提供更多的资金和技术支持。

5 What：情报的态势感知

情报在安全问题中发挥作用的方式就是直接感知、分析推理和博弈对抗三种，与6W（Where，When，Who，Why，What，How）理论中的 What、Why和 How 对应。本章主要讨论第一种 What，即通过情报的态势感知来帮助处理安全问题。

"态势感知"的概念由美国系统工程科学家恩兹莉（Endsley）于1988年提出。其将态势感知定义为"在一定的时空条件下，对环境因素的获取、理解以及对未来状态的预测"[①]。本章引入态势感知的思想，讨论 Endsley定义的前两个层次，即通过环境因素的获取，加以较为简单浅层的理解来感知态势。将情报的态势感知定义为情报工作人员在接到任务后，通过其信息感官或者技术手段直接从各种可能的情报源中查找信息，捕捞出有参考价值的信息[②]，从而获得对所处形势的认知。

面对一些不太复杂的安全问题，情报工作人员可以通过最直接的情报感知来获取可以解决问题的信息，了解环境形势。"感"是手段，"知"是目的[③]，二者构成了情报工作的基础。与情报的详尽处理和深入的分析推理相比，情报的态势感知注重显性信息的发现，主要依靠情报搜集和直观的理解形成对态势的初步判断，帮助情报工作人员发现安全问题的关键节点并提供解决问题的思路，减轻后续情报工作的负担。

面对各个领域的安全问题，情报工作的第一步就是普查各种相关情报源头，以直接的信息获取实现情报发现，这是情报态势感知的重点。情报

① ENDSLEY M R. Design and evaluation for situation awareness enhancement[J]. Proceedings of the human factors & ergonomics society annual meeting,1988(2):97 – 101.

② 杜元清. 情报分析的5个级别及其应用意义[J]. 情报理论与实践,2014(12):20 – 22.

③ 南建设,梁德文. 信息感知——夺取战场信息优势的前提与先导[J]. 中国电子科学研究院学报,2013(3):221 – 226.

发现帮助情报工作人员获取涉及安全问题的事件、实体和关系,事件往往就是情报活动或是相关的活动,实体是活动涉及的主体和客体,关系能体现活动的特征。情报工作人员基于识别出的活动及其特征,对安全领域工作人员、犯罪嫌疑人等的活动意图形成较为客观的理解,定位到安全问题的关键部分,进而对安全问题的严重性、产生原因、肇事人员等做出初步判断,寻找解决安全问题的直接或间接的方法。因此,全面、准确地搜集需要的情报并做出恰当的理解和判断,就是情报工作人员在情报态势感知阶段要达到的目标。

情报的"耳""目"无处不在,耳朵听到的、眼睛看到的以及想到的都是情报的重要来源。对于如传感器、数据库、案例库、网络舆情等各类信息源,情报人员通过人工智能、数据库技术、模式识别、物联网等技术[①]将尽可能多的有价值的信息搜集起来、转化为情报,并且为信息构建、情报分析做前期准备,对他们进行决策判断提供直接的帮助。此外,由于人的思想和现实生活中感知能力和科学技术发展的有限性,无处不在的情报无法完全被感知。许多情报隐藏在现象、数据、文字和谈话中,大多由于缺乏支持性数据、有说服力的逻辑和足够的信号容量而被忽视,因此情报的态势感知除了探知显性情报,还需感知、转化部分潜在的隐性情报。

各领域存在诸多安全威胁,其中,威胁判断是风险抵制的基础,风险抵制则是解决安全问题的目标。情报工作人员对威胁和风险有一定了解后可以对未来安全领域的发展提出预测。在威胁主体易识别、抵制目标明确或是前景较明朗的情况下,情报态势感知能帮助解决这类安全问题。本章以国家安全领域问题为例,介绍情报态势感知在威胁、判断、风险抵制、新成果预测方面的开展情况,并针对不同类型安全问题梳理情报感知内容体系,以期为情报工作提供思路。涉及的主要安全领域如图5-1所示。

---

① 杨峰,姚乐野,范炜.情景嵌入的突发事件情报感知:资源基础与实现路径[J].情报资料工作,2016(2):39-44.

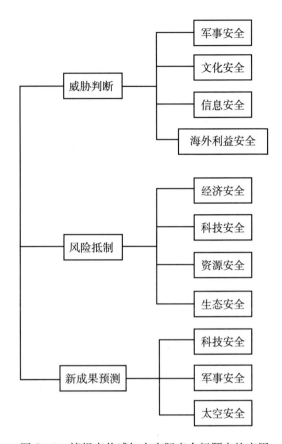

图 5 - 1   情报态势感知在实际安全问题中的应用

5.1   针对威胁判断的情报态势感知

一部分国家安全问题涉及具体的、实际存在的威胁主体,可通过发现威胁主体并采取对策,甚至可以控制威胁主体,从源头上解决问题。这些安全问题往往以大型安全破坏活动为表现形式,因其特征明显、活动规模大,威胁比较容易判断。其中,有的安全问题存在着明确可感知的威胁主体,有的问题需要对安全威胁进行辨别,再挖掘出威胁的实际主导和实施者。总体而言,解决这类安全问题需要沿着"是否存在威胁、威胁是什么、威胁是怎么产生的"思路,找出具体威胁及其运作方式,并针对威胁对象的特点、程度采取相应的行动。

对于这类安全问题,往往可以采用情报的态势感知手段判断出威胁。

以下将以军事安全、文化安全、信息安全、海外利益安全几个领域的具体问题为例,分析在这些安全领域中判断非战争军事威胁、边境文物走私威胁、信息恐怖主义威胁和海外恐怖袭击威胁时的情报获取工作,以及情报态势感知对威胁判断的作用。

5.1.1 非战争军事威胁判断

军事安全属于典型的传统安全范畴,与国家安全形势息息相关。"兵者,国之大事,死生之地,存亡之道,不可不察也。"自古以来,军事安全都是国家安全的首要保证。冷战时期,两大阵营激烈的军备竞赛将军事安全的重要性提到空前的高度。随着苏联解体,冷战结束,国家安全的内涵发生了变化,军事安全也在"和平与发展"的大趋势之下发生改变。相比冷战时期动辄拉响核战争警报,后冷战时代世界各国安全形势趋缓,军事行动武器装备常规化、影响地区局部化、作战时间短期化,军事手段的运用日趋灵活,逐渐衍生出一个新的军事概念:非战争军事行动(Military Operations other than War, MOOTW)。

MOOTW 不局限于军事安全领域应对战争危机(火力战争未发生),各国面对灾难、暴乱等紧急突发事件也可能会展开维和平暴、非战斗人员护送、人道主义援助等行动。要想对 MOOTW 面临的威胁做出判断,需要掌握危机和突发事件的相关时间节点、地点、人物和规模等信息,从而尽可能避免因情报失察而受到危害。这些场景下,高科技情报搜集手段往往难以得到充分利用,指挥官们需要的是有关目标国家和地区的文化背景细节以及民众交流当中的细微情报,并从中发现影响安全局势、构成威胁的主体和事件。

美国作为世界头号军事强国,美军在现代军事理论方面走在各国军队之前。为了应对后"9·11"时代的国家安全问题,美军对于 MOOTW 的研究颇费心机。事实上早在 1993 年,美军条令 FM100-5 就对 MOOTW 做出了明确的阐述。在实际军力运用上,MOOTW 是战与和的居中选择,对于青睐战争边缘策略的美国决策层而言,MOOTW 是实现美国国家利益最大化的有力工具。而情报作为传统军事力量的重要组成部分,在 MOOTW 当中同样起着举足轻重的作用。在美军条令当中,情报对于 MOOTW 的支持多有涉及,美军健全的情报预警机制为 MOOTW 的成功奠定了坚实的基础。以下主要以美军 MOOTW 的威胁判断为例,探讨情报感知在保障国家安全中的重要作用。

5.1.1.1 非战争军事行动的情报需求

MOOTW 的安全问题需要考虑环境、民众、军队等众多因素,因此判断非战争军事威胁就需要尽可能地搜集这些因素的相关情报,从而形成对安全态势的感知。了解情报需求有助于掌握情报感知的目标和范围。不同任务的 MOOTW 的情报需求是具有共性的,体现在文化背景、安全威胁、行动环境的性质、内部暴力因素、当地民众对 MOOTW 使命的认知等方面。

(1)文化背景

尽管 MOOTW 各不相同,但对于指挥官来说有一个相对固定的主线必须牢牢把握住,那就是他必须要对所负责地区的文化有深入的理解。美军在波斯尼亚行动中的成功要归功于对该地区复杂文化和历史的了解。自此以后,关于行动区域的详尽信息成为必需的情报内容。文化情报因素如图 5-2 所示,包括当地的历史、人口、风俗、政治、军事态势,更重要的是这些因素相互作用所产生的效果。

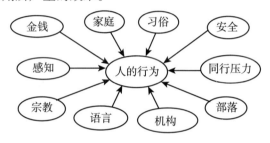

图 5-2 能运用于情报分析的文化情报因素

在美国各军种当中,对于文化情报需求体会颇深的当属美国海军陆战队。为了提高驻外美军的文化意识,防止文化上的误解,美国海军陆战队于 2003 年专门设立了国际事务项目办公室。美国陆军 2006 年的"基础军官领导课程"为地面基层指挥官提供一个了解文化情报的机会。自越南战争以来,朝鲜核问题以及占领伊拉克所遭遇的一系列麻烦,促使美军内部反思文化情报缺失带来的后果。越来越多的有关人士强调文化情报是美军作战计划中的关键元素,特别是在长期的、低强度的冲突当中尤其如此。一个新的情报术语——文化情报(Cultural Intelligence,CULTINT)逐渐出现在美军的学术讨论文献当中。

(2)安全威胁

第二个比较重要的情报需求是识别所面临的威胁,这也是每一个指挥官关注的首要问题。美军将自身的安全要求凌驾于总体任务之上,这主要是因为在很多 MOOTW 中,美军处于守势作战。安全威胁来自很多方面,如派别、部族、部落、氏族、政治组织、军事和准军事组织、犯罪组织等,甚至包括来自当地政府的威胁。美军少将威廉·纳什(William Nash)就将其在波黑行动中的成功归功于他对部队防护的强调。

传统军事战争情报需求强调运用高科技传感器,旨在尽早发现集结的敌军。在冷战中,典型的情报工作场景是透过散布在全球范围内的高科技传感器、谍报来源和公开情报源,尽可能了解敌军的组织、装备、战术。而在非战争军事中,敌人的定义是模糊的,随时可能发生变化,消灭敌人不再是重点,需要首先确认安全威胁,也就是是否存在敌人及敌人的身份。敌人的概念是动态而非静态的,这些变化来自战术、战役乃至战略各个层次。识别安全威胁的关键是要持续跟踪各方的态度,了解他们是如何看待MOOTW 任务本身的,其中最为重要的是要弄清各方对于休战、停火、人道主义援助的政治承诺。

(3)行动环境性质

在 MOOTW 中行动环境的物理性质和传统作战行动环境的物理性质是很相像的,机场、现有的道路网络以及建材的适用性在 MOOTW 中都非常重要。1993 年,美国在索马里的恢复希望行动(Restore Hope Action)中,特遣部队的情报主要有:机场、港口、通信线路的具体信息及其可用性。在人道主义援助中,建立一个鲁棒性强的配电系统尤为重要,为此,学校、市集、医院、寺庙、警察局等的位置信息就是必需的,在援助行动中,民众的卫生医疗状况通常也是重要的情报关注点。

(4)内部暴力因素

内部暴力因素是 MOOTW,特别是强制和平行动中情报需求的又一个重点。暴力升级的过程中,预警可能煽动暴力的事件是关键。前政权的镇压暴行和针对前政权的暴力报复是两大暴力因素。例如,在美军的海地行动中,最频繁的冲突是由革命阵线党和拉瓦拉斯党引起的,早在美国特遣部队部署之前,双方暴力冲突就已导致多人死亡。作为更大暴力冲突的前奏,这些暴力行为极大地影响了美军的情报需求。巴拿马冲突缘起于新成立政府的支持者要报复前政府的支持者,冲突中最大的威胁是在波斯尼亚,美军经过四年的介入,时刻警惕对立派别的位置,才化解各方潜在的暴力威胁。

(5)当地民众对 MOOTW 使命的认知

当地民众对 MOOTW 部队的看法是非常重要的,因此宣传 MOOTW 使命,收集当地舆情都是重要的情报工作。在复杂多变的政治军事形势下,敌友双方对于行动部队的态度也是不断变动的,必须对此加大情报搜集的力度,以能够及时发现可能的态度转变。

5.1.1.2 非战争军事行动的情报态势感知

随着美军 MOOTW 增多,军事行动呈现出"全谱化"特征,指挥官在思考如何保证行动成功、保护友方安全、保障己方绝对优势方面,都面临着全新挑战。敌暗我明,即便是情报能力世界领先的美军,也要思考如何才能整合现有情报资源、扩大情报需求,为情报的态势感知提供思路,以克服复杂局势带来的深刻不确定性,进而提高胜算。

明确了情报需求后,情报的态势感知就能较为顺利地展开。要在具体的行动中搜集 MOOTW 需要的情报是比较困难的。要做到比较充分地搜集情报,需要有关于目标国家或地区的详细知识,大部分的战略和战役层面的情报都是从公开情报源搜集来的,例如政府报告、学术研究报告。但是关于目标国家或地区的战术层面的情报搜集往往不是依靠文献、网络或机构等情报源,而主要通过人际往来中的言语、行为和实地勘察以及通信技术探测等途径,从而使情报分析人员了解安全形势,发现存在的安全隐患并及时采取应对措施。

一般认为,MOOTW 中人际情报是最为重要的情报态势感知来源,在复杂紧张的环境下,利用人际网络能够更准确有效地获取所需情报。人力情报源包括:非政府组织、人道主义组织、宗教组织、军事观察团、特种部队、在当地工作的军医、指挥官、民政官以及外交官。在索马里行动中,有30 多个国际人道主义组织,沟通协调组织机构是一个重大挑战,但是会产出富有成效的情报产品。另外,情报搜集不应该单靠情报工作人员,而要培训士兵的情报意识和能力,拓展人力情报源。

充分运用无线电技术侦察、卫星侦察、红外线遥感侦察、多光谱遥感侦察、电子对抗情报侦察等技术侦察手段[①],构建以侦察预警卫星、空中预警机、侦察飞机和雷达等为组成部分的海、陆、空一体侦察系统,可以全面搜集信号情报、地理空间情报、图像情报以及测量与特征信号情报,提供监测应急事件动态和提前预报所需的大量信息,如危险常发地带、威胁能力、敌方常驻区域、军力构成及部署、战略意图等,帮助指挥官全面掌握态势。"5·12"汶川特大地震救援从军队动员规模、机动距离、联合指挥等方面来看就是一场大规模的 MOOTW,美军在此次援助行动中动用了军用侦察卫星以获取图像情报,为准确识别重灾地带和伤员、确认灾情以及判断可

---

① 周尤亮,许晓明. 亚丁湾护航行动中军事情报支援研究[J]. 海军工程大学学报(综合版),2011(4):62-65.

能发生的余震提供了支持①。

5.1.2　边境文物走私威胁判断

根据我国刑法,走私文物罪是指违反海关法规和文物保护法规,携带、运输、邮寄国家禁止出口的文物出入境的行为。从近年来我国海关连续查获的多件文物非法出境案来看,文物走私流向主要是韩、日、美、英等国家,走私种类和数量逐渐增多,且走私者成分也日趋复杂②。

对具体的走私犯罪案件的侦查,应当严格依照法律规定的条件和程序进行③。不同的案件背景需要采用适合的侦查手段和措施,尽可能全面地搜集证据材料,并遵守相关法律准则或规定进行客观公正的审查,充分发挥特定主题下情报的"耳目、尖兵、参谋"的作用。

5.1.2.1　文物缉私情报搜集

缉私情报搜集,是指海关缉私情报部门采取公开或秘密的方法寻找、发现与走私活动相关信息的过程。它是缉私情报工作的起点和基础,搜集的广度与深度,以及被搜集内容的相关性、重要性将影响情报的评估、分析方向。情报部门需要对情报活动各个阶段有通盘的考虑,首先需要明确调查目标和调查对象,还要明确情报搜集的范围、重点和收集渠道。此外,缉私情报的搜集以及后续的情报工作都需要部门间的紧密协作,有效利用公安、工商、金融、外汇、交通运输、外贸等单位的人力和技术资源,依靠协作机制提高海关部门的缉私工作能力。

文物缉私情报搜集的内容为与文物、文物走私主体、事件等相关的信息,主要包括文物的种类、数量,走私的方式、渠道、动向,走私组织的人员、关系网络、走私线路、常驻点,以及相关案件和类似案件的线索等④。文物缉私情报可分为两类。一类是用于证实具体走私活动发生过的信息,针对这类内容的情报态势感知是根据不同需求,从具有明显走私特征的活动信息中获取关于走私地点、时间、人物、物品分量的关键内容,或是整合多项关键信息对走私活动进行定性的直接判断;另一类是用于感知走私形势,预测走私活动未来动向的信息,针对这类内容的情报态势感知则是识别出不法交易和可疑的跨境运输,对文物的走向做出预测。

---

① 张昕,李孟研,周东阳,等.透视"5·12"美军非战争军事行动及对我军的启示[J].国防交通工程与技术,2009(5):4-6.

② 罗欧.反走私案件实录[M].北京:中国海关出版社,2008:97.

③ 吕滨.海关缉私业务[M].北京:中国海关出版社,2008:47-80.

④ 蔡卫平.海关缉私总论[M].北京:中国海关出版社,2010:133.

5.1.2.2　文物缉私的情报态势感知

文物缉私的情报态势感知主要从内部自主和外部协助两个方面进行。

(1)内部自主情报态势感知

内部自主情报态势感知是指情报工作人员自主展开调查、搜集工作，利用人力和技术获取情报，对文物走私相关的人与活动进行调查，找到反映异常现象的直接证据。主要有以下四种方法：

1)直接观察法。缉私情报人员通过直接的观察来判断是否存在文物走私活动，这也是最典型、最直接的情报态势感知。

2)外围调查法(专项调查法)。缉私情报人员以公开或隐秘的方式，从文物走私活动有关的主体、事件和文物角度出发，走访、询问、调查某些范围内的人员、团体和环境，搜集到证实文物走私活动发生过的信息。

3)案件拓展法。缉私情报人员在审问犯罪嫌疑人的过程中，获取有关走私集团或走私活动的其他线索，进而扩大或缩小缉私情报的搜集范围，提高情报搜集效率。

4)内部数据监控分析法。情报工作人员通过实时监控海关业务数据并进行综合分析，识别出异常数据后，根据其描述的地点、数量、种类、单位等信息发现走私线索。

直接观察法、外围调查法和案件拓展法都是主要依靠人际情报和实物情报的感知，跟踪走私文物有关的人、事、物或直接审问嫌疑人员，根据走私嫌疑人和其他相关人员的言语和行为发现直接、有力的证据。内部数据监控分析一般更依赖情报的分析推理工作。

(2)外部协助情报态势感知

外部协助情报态势感知是指依靠科技仪器、纸质和网络出版物、其他部门、人民群众等外部力量的协助完成情报的搜集和理解，拓宽情报态势感知的途径。外部协助情报态势感知主要有以下六种。

1)交流共享。文物缉私情报人员与国际刑警组织、海关合作理事会，沿海国家的情报组织，以及国内公安、国安、纪检、工商行政管理等部门保持密切的情报联系和交流[①]。

2)联合协作(MOU)。文物缉私情报人员通过与公安、金融、交通运输、工商等单位和管理部门合作，多方加强联系和消息流通，从而获取有用线索，掌握相关主体的动态趋势。

3)秘密力量。秘密力量是指海关缉私部门遵守法律法规，在缉私特

---

① 黄利红.走私犯罪的特点、成因和对策[J].公安大学学报,2000(2):47–50,59.

情、工作关系等层面建立的隐秘力量,暗中辅助缉私情报工作的完成,甚至在必要时刻发挥关键作用。

4)技术手段。采用某些特定的技术、系统和仪器等对于人力不便于检查、发现的文物和偷盗、走私活动进行情报搜集(部分见表5-1)。

表5-1 部分反走私科技手段

名称	作用
毫米波射线	针对嫌疑人自身携带小体积文物的走私行为,根据人体辐射的毫米波形成的图像做出观察和判断
集装箱检测仪	电子加速器生成高能电子后打到集装箱中文物的重金属靶上,发出高能X射线。检测仪根据X射线形成关于文物的图像,从而达到检查、监控的目的
地波探测盗掘古墓葬报警系统	悬浮磁钢式探测器被埋在地下,对地波变化情况进行实时监控,若出现盗墓行为,将采集到的信号转换传输到地上后报警
红外自动追踪系统	当雷达探测到目标,系统就自动利用热成像锁定文物并进行追踪

资料来源:阿碧.利剑出鞘——用高科技对付文物走私[J].科学之友,2006(2):30-31;冯子锡.裕德科技引进领先的自动跟踪技术进入中国市场[J].数字通信世界,2012(2):39.

5)群众举报。通过群众电话、短信、信件、邮件、网上留言等途径的举报,发现较为隐蔽、具体的走私线索。

6)其他途径。阅读互联网新闻、社交平台动态以及出版刊物等公开信息获取走私活动的蛛丝马迹。

外部的情报态势感知一般需要其他情报部门和情报工作人员的协助、高科技仪器技术的支持,或是文物走私活动被泄露或是被目击的证据。其他情报部门和情报工作人员的协助会拓宽情报态势感知的来源并因人员的增援而提高感知能力,高科技仪器或技术帮助可以使情报工作人员更快速、更准确地发现证据,而群众的举报以及其他渠道泄露的走私活动信息则提供了第一手情报,这些在情报感知中发挥了专业人员和技术都无法达到的重要作用。

5.1.3 信息恐怖主义威胁判断

随着全球信息化的不断推进,信息成为国家战略层面和决策层面的重要资源,信息安全与国家安全息息相关。危害信息安全的形式多种多样,其中信息恐怖主义发展势头最为强劲。信息恐怖主义是恐怖活动与信息活动融合的产物,来自世界各个角落的恐怖分子利用互联网高速、便捷、隐蔽性强的特点实施犯罪,是传统恐怖主义在信息化背景下的延伸。

信息安全专家多萝西·丹宁(Dorothy Denning)认为,信息恐怖主义是信息空间和恐怖主义的交融,信息恐怖袭击不仅威胁到信息安全,还会对人体生理、心理造成暴力性伤害,极可能破坏个人、地方乃至国家财产,带来重大经济损失①。城市中普遍使用的免费热点、广播广告系统等若被非法使用,也会产生严重后果②。

面临越来越严峻的信息安全局势,各国各方已经就打击信息恐怖主义达成共识,反信息恐怖主义已经成为反恐怖斗争的热点问题。2013 年,联合国安理会通过了 2129 号决议,强调要关注恐怖分子及其支持者利用新的信息和通信技术,特别是网络来进行招募和煽动恐怖的行为③,2014、2015 年,世界互联网大会也讨论了利用网络组织策划、煽动实施恐怖活动的严峻问题。从信息恐怖主义行为的定义和特点来看,具有一定实力的主体才能策划规模较大的破坏行动,被利用的信息传播平台和被攻击可能性高的信息基础设施大多覆盖范围较广。判断信息恐怖主义的威胁可以依靠情报的态势感知直接获取与信息恐怖活动有关的信息,对可能实施恐怖攻击的主体或造成巨大损失的恐怖活动进行识别。

5.1.3.1 情报介入反信息恐怖主义的意义

情报的介入对于反信息恐怖主义工作效率的提高有着不可忽视的推进作用,主要有以下几点。

第一,恐怖分子展开信息恐怖袭击时会采用情报手段获取环境情况并制订计划等,而反信息恐怖主义活动运用情报学的方法和思维去捕获、分析、预测恐怖分子的情报活动,有助于准确判断存在的信息恐怖威胁。

第二,信息空间中的恐怖活动依赖于信息技术的支撑,新兴信息技术被恐怖分子利用,给反恐工作增加了难度。情报的介入为跟踪和预测信息技术发展提供了条件,有助于反恐机构对信息恐怖袭击目标、方式、范围

①　WEIMANN G. Cyberterrorism:how real is the threat? [EB/OL]. [2014 – 06 – 01]. https://www. usip. org/publications/2004/05/cyberterrorism-how-real-threat.

②　姜楠,段晨杰."长三角"地区恐怖主义威胁以及公安反恐情报的难点与策略[J]. 情报杂志,2017(8):6 – 11,17.

③　联合国安理会. 第 2129(2013)号决议:恐怖主义行为对国际和平与安全的威胁[EB/OL]. [2019 – 07 – 13]. https://undocs. org/zh/S/RES/2129(2013).

做出预判,最大限度地减轻负面影响。

第三,全球信息化背景下,信息流动加剧了信息恐怖活动的恶劣影响。大型恐怖组织往往在多个国家和地区发动恐怖事件,这就需要反恐机构之间协作展开情报活动。情报的流动性有助于反恐信息的关联和融合,发现显性和隐性的信息恐怖威胁。

5.1.3.2　反信息恐怖主义的情报态势感知

反信息恐怖主义的情报需求较为明确,因此针对信息恐怖主义威胁判断的情报态势感知相对来说比较清晰。首先对系统环境进行监控,以便在信息恐怖袭击发生前做出危险预警。恐怖袭击发生之后,从各种途径搜集情报,理解恐怖分子的活动目标和方式,发现透露恐怖活动主体行踪和后续袭击计划的线索。情报态势感知的信息来源主要有恐怖组织门户网站以及信息基础设施的监控数据。

(1)恐怖组织门户网站

随着线下恐怖分子据点的暴露和执法机构的围剿,恐怖组织逐渐将信息的发布与交流转移到线上,将恐怖活动的实施技巧、方法、消息等公开在恐怖组织门户网站上,这些信息成为重大的社会安全和信息安全隐患。

恐怖分子网站上发表的不正当的政治言论,绑架伤害人质的视频、爆炸物的使用方法等信息对社会的安全稳定构成极大威胁。这些都是反恐情报态势感知的重要信息来源,反恐情报人员对这些信息进行全面的获取和理解,研究恐怖分子的思维和意识,发现恐怖分子发布的透露袭击计划和行踪的线索,判断出可能发生的恐怖威胁,将有助于后续的反恐工作。

(2)信息基础设施监控数据

信息恐怖主义活动的主要表现形式就是对重要信息基础设施如电力设施、通信设施等实施攻击。基础设施与人们的日常生活、工作息息相关,一旦电力网络、通信网络遭到破坏,交通运输、金融经济、文化科技等方面都将受到不同程度的打击,社会的正常运转将被打乱。因此,信息基础设施安全成为关乎民生和国家安全的重要部分,对这些设施的监控将为信息恐怖袭击的防御提供便利。

监视控制和数据采集(Supervisory Control and Data Acquisition,SCADA)系统是以计算机为基础的自动化系统,能对诸多领域的基础设施进行数据采集与监控以及过程控制与调节。鉴于SCADA系统安装的位置偏远并且承担着重要的监控和调节任务,恐怖分子经常对其展开攻击,但SCADA系统自身修复和抵御恐怖袭击的能力较强。SCADA系统能有效监测电力系统、水库系统、交通系统、通信系统等关键基础设施的运行状态，当数据异常暗示危险事件发生时，系统能准确判断出问题发生的根源，便于反恐情报人员第一时间了解局势。基于信息基础设施监控数据的情报态势感知就是利用监控数据对信息基础设施的运行进行实时监控，情报工作人员根据采集到的数据对安全状态做出直接的判断，当数据异常时情报工作人员也能对袭击目标和发生时间、地点有大致了解，便于围剿工作和安全维护工作的展开。

5.1.4　海外恐怖袭击威胁判断

近年来，中国经济、文化、科技等方面均取得了巨大的进步，海外市场的开拓和利益的延伸象征着中国国家实力的增强和国际地位的提高。海外投资方面，2020 年中国对外直接投资 1537.1 亿美元，同比增长 12.3%，流量规模首次位居全球第一①。海外旅居方面，中国公民去海外旅行、学习、工作的情况越来越多。教育部网站显示 2017 年我国出国留学人数首次突破 60 万，达 60.84 万人，同比增长 11.74%，持续保持世界最大留学生生源国地位②。2017 年，中国公民出境旅游 1.305 1 亿人次，比上年同期增长 7.0%，出境旅游花费共计 1152.9 亿美元，比 2016 年增长 5.0%，中国仍保持世界第一大出境旅游客源国地位③。随着"一带一路"的稳步推进和经济的转型升级，中国企业的海外竞争力会进一步增强，中国公民的海外活动会越发普遍和频繁，中国经济也将焕发出更多活力。

保护我国企业和公民在海外的安全，对安全情报工作提出了更高要求，任务范围从国内到海外、从陆地到海空、从维稳向反击拓展。资产、资源、企业、战略通道、人员与环境、海外活动等相关要素的安全问题都需要引起重视。利用情报判断威胁是保护防御的第一步。

---

① 中华人民共和国商务部. 商务部、国家统计局和国家外汇管理局联合发布《2020 年度中国对外直接投资统计公报》[EB/OL]. [2020 - 09 - 09]. http://www.mofcom. gov. cn/article/ae/ai/202109/20210903203247. shtml.

② 中华人民共和国教育部. 2017 年出国留学、回国服务规模双增长[EB/OL]. [2018 - 11 - 17]. http://www. moe. gov. cn/jyb_xwfb/gzdt_gzdt/s5987/201803/t20180329_331771. html.

③ 中国旅游研究院. 中国旅游研究院、携程发布《2017 出境旅游大数据报告》[EB/OL]. [2018 - 11 - 17]. http://www. ctaweb. org/html/2018-2/2018-2-26-11-57-78366. html.

以下以"一带一路"背景下中巴经济走廊项目遭遇的恐怖袭击的威胁判断为例,分析项目的安全局势,介绍恐怖袭击情报的获取工作,通过情报的态势感知直接判断出已经或可能受到的恐怖袭击并识别出攻击主体,为尽早防范和反击做准备。

5.1.4.1　中巴经济走廊项目介绍

李克强总理于 2013 年 5 月访问巴基斯坦时提出中巴经济走廊项目,该项目于 2015 年 4 月 20 日启动,是"一带一路"的重要组成部分。中巴经济走廊的建设旨在促进中巴之间的交通、能源、海洋合作与联系,为巴基斯坦的发展提供了重要机遇,也推进了中国的西部开发和经济转型升级①。中巴经济走廊目标是建成一条全长 3000 公里,北起中国的新疆喀什,南到巴基斯坦的西南港口瓜达尔港的能源、贸易、产业、交通网络,这条由公路、铁路、油气管道及光缆组成的通道②将中国与巴基斯坦互联互通。

5.1.4.2　安全局势分析

中巴经济走廊项目除了给中巴两国带来机遇外,也存在许多不可忽视的威胁和隐患,安全局势并不乐观,主要体现在巴基斯坦本土和中国新疆地区形势均不稳定以及项目易受到域外国家的干扰。

巴基斯坦国内政治动荡,项目会因政治斗争而受到负面影响,受利益的驱动,各大政治势力也会对中巴经济走廊的经停路线展开争夺。外部环境方面,印巴冲突持续,若克什米尔争议得不到解决,经过克什米尔北部的经济走廊的建设也会受到影响。恐怖势力在巴基斯坦猖獗,信德联合阵线等武装分子极有可能选择经济走廊的一系列项目作为攻击目标。事实上已经发生过多起恐怖袭击事件。2016 年 5 月 30 日,卡拉奇市发生一起针对中国公民的遥控爆炸事件,至少一人在爆炸中受轻伤;2017 年 4 月 12 日,瓜达尔港市的空港道路遭遇炸弹袭击,至少造成 3 名平民受伤以及 7 家商店炸毁。中国新疆地区形势也并不稳定,中巴经济走廊的起点喀什位于文化、经济都较为落后的南疆地区,民族分裂和暴力恐怖势力在南疆地区渗透,多年来制造了多起暴力恐怖事件③。

此外,中巴经济走廊的路线设定和建成效果也会受到其他国家不同程度的干扰。美国的"新丝绸之路计划"与中巴经济走廊存在竞争关系,

---

① 张超哲.中巴经济走廊建设:机遇与挑战[J].南亚研究季刊,2014(2):79-84,103.

② 姚芸.中巴经济走廊面临的风险分析[J].南亚研究,2015(2):35-45,155.

③ 朱雪林.中巴经济走廊恐怖主义问题研究[D].济南:山东大学,2020:25-33.

美国可能不断插手巴基斯坦俾路支省事务。印度和伊朗也有担忧,可能出于利益争夺和维护军事安全的目的,会对中巴经济走廊项目进行干涉和阻拦。

5.1.4.3 恐怖袭击的情报态势感知

针对海外恐怖袭击威胁判断的情报态势感知主要是获取与各种恐怖袭击相关的情报,根据情报内容直接识别可能要发生或已经发生的攻击活动从而判断出威胁类型。确定了威胁和威胁主体后可以分析推理威胁的产生过程和表现形式,为预防恐怖袭击事件或及时消除已发生恐怖袭击的恶劣影响提供思路。

根据上文的安全局势分析可以看出,中巴经济走廊项目可能受到的恐怖袭击主要来自境内外的极端组织。判断极端宗教主义、民族主义组织恐怖袭击威胁的情报工作首先可以建立反恐情报网,联合中国和巴基斯坦双方的公安、外交、国防等部门实现情报共享,各部门收集与恐怖分子相关的信息并存储在情报信息数据库。反恐情报网是情报态势感知的重要来源,感知的对象不仅是秘密情报,还包括许多公开源情报。

当前海外恐怖袭击的形式主要有武装分子的爆炸、绑架行动以及对信息网络和信息数据库的漏洞攻击等。不同形式的恐怖袭击会有不同的攻击主体和目标,相关情报的获取和利用分析方式也不同。情报工作人员需要对恐怖组织的动态进行全方位的监测,发现苗头后再做针对性的情报态势感知。

中巴经济走廊恐怖袭击的威胁判断中,情报工作人员可通过人际情报、图像情报监测恐怖组织的活动,这两种情报的搜集具有一定的危险性,深入恐怖组织内部或拍摄图像视频的人员容易暴露,但往往能够直接获取与袭击计划有关的信息,情报的质量较高。当恐怖组织隐蔽行踪时,可通过搜集电子情报、信号情报来获取恐怖分子之间的联系对话内容,判断正在进行或可能要采取的袭击行动,甚至还能掌握其行动时间、行动的负责者和执行者等关键信息。

信息时代,恐怖袭击除了威胁人身安全、资产安全的传统暴力行动外,还可能利用信息技术对中巴经济走廊的光缆通道进行攻击。针对这种形式的恐怖袭击威胁判断的情报态势感知可以参考本书 5.1.3 内容,使用监测恐怖组织门户网站或者信息基础设施的运行数据等方法获取情报。通过网络情报和信号情报的直接感知发现恐怖组织意图以及可疑行为,判断出恐怖分子可能要采取的恐怖袭击活动。

5.1.5 针对威胁判断的情报态势感知内容体系

图 5-3 所示的情报态势感知内容体系,概括总结了针对威胁判断的感知和判断方法。

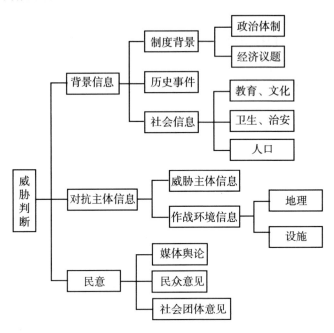

图 5-3 针对威胁判断的情报态势感知内容体系

制度背景、历史事件和社会信息等背景信息可作为制定行动策略的重要参考,是情报态势感知的基础;威胁主体信息、作战环境信息等对抗主体信息是采取行动的重要依据,是情报态势感知的核心;媒体舆论、民众意见及社会团体意见组成的民意是行动的评估标准,是情报态势感知的补充。

5.2 针对风险抵制的情报态势感知

随着非传统安全问题的日益显著,国家经济安全受到重视。经济资源的有效配置是经济体系良好运作的标志,经济资源配置的失效将导致经济安全问题。经济的发展促进了科学技术的飞速发展,新的学科与新技术大量涌现,各国之间的竞争异常激烈,给我国未来的科技安全工作带来严峻挑战,维护国家先进科技信息和科技成果不被窃取是科技安全工作的核心。科技进步使得人类社会的资源利用率逐步提高,但同时也不得不面对资源迅速减少、生态环境破坏的现实,各类资源危机和生态危机迫在眉睫。

鉴于经济安全、科技安全、资源安全已上升至国家安全的高度,安全问题研究领域与视角也得以拓展。面对存在的诸多安全风险,单一领域安全研究已不能满足复杂现实实践的需要。本部分试图将情报理论与方法引入风险抵制工作,从以上三个安全领域存在的风险问题入手,介绍在打击经济犯罪、科技成果保密和解决资源危机时情报的角色及作用。

5.2.1　打击经济犯罪

经济活动中包含大量的数据和信息,为情报的介入提供了天然的基础。西方经济学中利用支出法计算 GDP 的原理为:GDP = C + I + G + (X − M),即 GDP 等于消费、投资、政府购买与净出口之和。洗钱导致的贫富差距最终会影响国民消费率,资金外逃影响了投资,而偷税降低了政府转移支付的能力。以下选择反洗钱、遏制资本外逃、反偷税三个主题分析情报态势感知。反洗钱、遏制资本外逃以及反偷税活动中存在较多明显的信号,这些活动中的情报态势感知可提供背景资料、信号征兆等有用信息,为打击经济犯罪提供参考。

5.2.1.1　反洗钱

洗钱,是一项危害国家安全、社会稳定和经济系统健康运作的金融犯罪活动,本质上它是一种隐匿或掩盖非法来源收益的过程或行为。洗钱的目的主要不是为了获利,在其背后,是与上游犯罪(predicate offence)活动的关联,诸如诈骗、走私、贩毒、盗窃、绑架、幕后操作、贪污腐败等。国内外的理论研究一般将洗钱的过程划分为三个阶段[①]:①放置阶段(placement,亦译处置阶段)。在这个阶段犯罪分子将上游犯罪所得投入经济体系中,也是洗钱活动风险最大的阶段。②离析阶段(layering,亦译培植阶段)。在这个阶段犯罪分子企图掩饰或抹去与上游犯罪活动的关联,将非法所得和收益与其来源分开。资金在不同的交易渠道中流转,涉及多种账户、金融机构、公司等,还常借助律师、经纪人、顾问等专业人士作为中间人。③聚集阶段(integration,亦译归并阶段)。该阶段目的在于使离析阶段被分散的资金或财产相对集中起来,在合法的外衣下得以持续使用。在现实世界中,某些洗钱活动的三个阶段很明显,某些洗钱活动则不那么明显,或者这三个阶段可能发生重叠,难以截然分开。

洗钱活动由来已久,但全世界具有针对性的立法和打击自 20 世纪 80

---

① 刘连舸,欧阳卫民. 金融运行中的反洗钱[M]. 北京:中国金融出版社,2007:2.

年代才算正式开始。2006年10月31日通过的《中华人民共和国反洗钱法》是我国第一部关于反洗钱工作的专门法律;中国人民银行发布的《2007年中国反洗钱报告》提出了具有中国特色的"以防为主,从严执法"反洗钱模式;《中国2008—2012年反洗钱战略》提出"以防为主、打防结合、密切协作、高效务实"的反洗钱机制。就反洗钱工作而言,"防"更多的是主动防御,即预防,情报活动的介入将会提升其工作效率。

反洗钱工作的总体情报需求是明确的,即通过对异常交易信息和相关人员、组织背景信息的搜集与分析来支持执法部门对可疑交易的判断。情报态势感知即运用情报方法捕获与洗钱相关的信号,对洗钱活动中的资金信息、处理机构等有初步的了解。当前洗钱活动有代理人模式、贸易掩护模式、银行业务模式、银行—贸易混合模式等几种常见模式,不同的洗钱模式下的反洗钱工作和情报态势感知活动也不同。

(1)代理人模式

洗钱代理人是由犯罪分子指派并代表他们完成一系列洗钱活动的人,通常是犯罪分子的至亲、密友,或者同伙。其活动包括在公开场合的露面、进行交易、签署文件等,犯罪分子的许多财产和账户都登记在代理人名下,代理人多在洗钱的离析阶段使用,主要目的是隐藏犯罪分子的真实面目。虽然代理人表面上是在进行各种商业活动,但实际上他们最为重要的价值是确保资金和财产的真正所有者不被发现,然而代理人的相关信息能让执法人员将他们与特定的人联系起来,代理人既是一张掩人耳目的纸面具,也是情报活动的切入点,一旦戳穿则真相大白。

代理人模式反洗钱情报活动中的情报态势感知便是获取代理人所涉及的商业活动、资金、财产等信息,如银行业务操作、税务、商业活动、日常生活支出等记录。由银行业务操作记录可得知代理人拥有资产的支付者、借入者,由税务记录可得知这些资产的缴税者,一般来说这些记录中的常见来往对象即是犯罪分子。

(2)贸易掩护模式

贸易掩护模式一般通过建立"前台"企业开展。贸易带来收入,犯罪收益得以融入常规的银行账户。犯罪分子可以以唯一股东或主要股东的身份对这个企业进行控制。所有资金和财产都在企业名下,犯罪分子不易暴露。

"前台"企业多运用于离析和聚集阶段,"现金交易为主、运营人员少"是"前台"企业惯用的形态,如酒吧、夜总会、餐馆、快餐店、便利店、当铺、停车场、洗车房、洗衣和干洗店、快捷酒店、器材和设备租赁等。然而,现实中这些形态的企业往往需要特定的许可。因此,进出口贸易类的企业在贸易洗钱中也被经常使用。

贸易掩护模式反洗钱的情报活动中需要考虑的重点信息源有企业贸易活动记录、企业成立的申请文件、工商许可或注册文件、税务记录、银行现金账户业务操作记录、贷款申请记录等。由初步的情报态势感知来判断该企业是持续经营的正常企业还是掩护洗钱犯罪的幌子。

(3)银行业务模式

银行业务模式是许多复杂洗钱模式的基本组成部分,在放置阶段银行是改变"脏钱"性质的最好选择。在银行开立账户非常便捷,存入现金换取其他形式的资金信息是洗钱过程的第一步。为了规避金融监管或避免被怀疑,犯罪分子常常将大笔现金分成许多笔小额资金存入不同银行、不同账户(如代理人、企业的账户等)。

鉴于犯罪分子开立账户和存入现金方式的多样性,资金在多个账户间流动过程变得复杂;另外,为了搅乱各种交易与现金账户之间的联系,犯罪分子通常会采取现金支票方式使用账户中的资金,从而加大了侦查人员对洗钱行为判定的难度。

银行业务模式反洗钱的情报态势感知便是通过对现金在银行账户中的进出情况,判断真正掌控这些账户的人是谁。银行柜台工作人员作为人力情报源可提供现金操作频繁交易人的基本情况,可疑交易报告能提供可疑交易操作的账户情况。洗钱主要嫌疑人往往会在开户资料留下联系电话或地址信息,多个账户的相同联系电话或地址便是可疑之处。

(4)银行—贸易混合模式

该模式是指犯罪分子利用银行和贸易二者的特点进行洗钱,它常贯穿于整个洗钱过程。将大量现金存入银行会引起怀疑,所以洗钱犯罪分子将贸易活动与银行业务结合起来掩饰资金的非法来源,而且借助离岸银行和离岸贸易实体会让这一模式变得更为复杂。

银行—贸易混合模式需要遵循金融体系规则,与贸易有关的银行交易会被记录,资产会被审计。为了不使自己的罪行败露,一方面犯罪分子会选择金融和贸易法规更利于他们的地点;另一方面他们也会利用各种看似正常的记录证明自身资产的合法性。

混合模式顾名思义不是单一模式的运用,而是两种以上洗钱模式的结合,特别是在狡猾的犯罪分子运作下会变得更为复杂,既涉及贸易活动也涉及银行业务,可能有大量的通讯记录。因此除了银行业务模式、贸易模式中介绍的情报态势感知,这种模式下侦查人员也可通过获取犯罪分子与外界的通讯记录获取情报,了解犯罪分子密切联系对象等信息,为之后的情报分析做准备。

5.2.1.2 遏制资本外逃

资本外逃就是利用非法手段将资本转移到境外。情报的介入可有效帮助遏制资本外逃,情报机构面向资本外逃中的信息流进行信息获取,在情报态势感知阶段发现资本外逃准备、资本外逃过程、资本外逃到境外等阶段中的一些迹象。明显的迹象以及经演化形成的强信号可以帮助情报工作人员识别非法活动,对资本外逃进行直接干预,为决策判断提供直接的帮助。在资本外逃的几种途径中,经常项目下的资本外逃因其操作过程的特殊性,易产生较明显的信息,情报工作人员通过直接的情报感知可为遏制资本外逃工作提供参考。

经常项目下的资本外逃不可避免要经过交易流程,并且留下大量涉及交易主体、交易方式、第三方中介、交易地点等内容的数据,这些基础数据可以通过有条理的组织,被挖掘出有用的信息。情报工作人员通过抽取信息对象的重要属性可以了解信息特征,之后对抽取的属性加以组织并建立指向关系,可以识别资源的价值。元数据组织法就是描述信息单元使信息资源整合成一个较为标准、规范、清晰的体系。资本外逃相关的元数据包括信息对象的名称、正文条项、产生时间、来源单位、交易双方账户名称、交易方式、开户银行等属性。

在由元数据组织法组织起来的交易流程中,信息是重要的情报来源。经抽取再组织的信息往往能反映一些特别的时刻与事件,比如较为集中的各项单据时间很可能是发生资金外逃的时间,频繁出现的交易双方账户很可能代表资金外逃方与其代理如国外贸易公司、金融机构或地下钱庄等。

采用元数据组织的方法不仅可以发现明显的强信号,还可能通过对较隐秘信息的整合使得弱信号转变为不可忽略的重要信号。情报工作人员除了获取经过组织的明显信息实现情报发现外,还可对信息进行初步的处理以感知较为隐秘的情报。资金出逃的代理人频繁出入境时,每次出境资料显示其携带的资金数额貌似符合法律规定,但按时间或交易主体账户名称整理后,可通过简单的金额相加识别出经多次合法携带积聚成的违反规定的大量资金。

5.2.1.3 反偷税

税收是支撑政府功能最为重要的手段,政府可以将税收所得用于各项事业,如维持政府运作、保证法律实施、维持社会秩序、保护财产、基础设施建设、维持经济体系、提供公共服务、完善社会福利体系、偿还国债和利息。在现代社会中,依法纳税是企业和个人的基本义务。图 5 – 4 所示的几个概念都表征了某种纳税人的失范行为。事实上纳税义务与若干概念相关联:经济行为、企业的报税行为、税务机关的征税行为。如果将这些环节铺陈出来,可以更加清晰地看出几种失范行为的区别。如图 5 – 4 所示,"逃税"与"避税"主要是在纳税义务发生之前;"偷税"与"漏税"是在纳税义务产生之后,企业由于主客观原因不进行报税;"骗税"是企业本身并不产生纳税义务,为了利用国家退税政策进行非法获利;至于"抗税"和"欠税"都是企业在纳税义务明晰的情况下不足额缴税的行为。

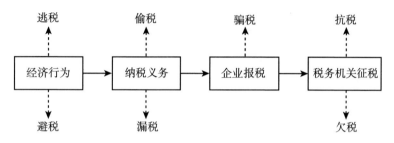

图 5 – 4　与"偷税"相关的几个概念

　　从情报工作的角度而言,行为信号是情报搜集—情报分析链条的起点,一般需要大量的分析工作才能把偷税企业的偷税行为坐实。对于反偷税而言,票据是极为重要的情报源,各式发票、收据详尽地记录了企业的经济活动。在信息化时代,企业管理信息系统的广泛使用使得其存储数据比原始纸质票据更加有关联性和结构性,为税务人员反偷税提供了一个极好的情报源。表 5 – 2 列出反偷税情报工作中的一些情报源及其作用,情报工作人员通过这些情报源能够发现偷税企业的行为信号,感知利于反偷税工作的情报并及时做出对策。

表 5 – 2　反偷税情报工作中的情报源及其作用

情报源	作用
票据	获取最真实的第一手资料
企业管理信息系统的结构化数据	便于查询与分析
群众举报	为税务机关缴税提供线索和证据
12365 投诉平台、打假协会等民间组织、报刊电视网络等媒体;质监部门信息、与其他部门信息的交换	决策参谋;体现稽查执法综合水平
会议记录、决议、本单位财务人员所提供的证明材料、法律文书、企业文化、员工反应	反映纳税人真实经营活动或财务活动

由于企业产生的纳税义务基本上是跟各种类型的利润因素挂钩的，"利润＝收入－支出"，因而总的来说，偷税行为主要在收入和支出的虚报上做文章，几种常见的偷税手段包括：扩大费用、隐匿收入、集团转移以及隐匿证账。企业采用扩大费用和隐匿收入这两种手段达到偷税目的时会存在一些较为明显的信号征兆。

偷税企业采用扩大费用的手段时会出现增值税规模小但发票开具数量过高、销售火爆但纳税数额寥寥无几、行业总体状况微利或持平但该公司却大幅亏损、材料市场价格等因素不变但材料消耗明显高于历史水平等信号。偷税企业采用隐匿收入的手段时往往会出现使用发票与记账收入不符、坐支现金、出纳处有大量现金、个人开户私存公款、银行账户多头开户、"专用基金"金额过大、货币收入转变为权益收入等信号。情报工作人员通过查看票据资料、企业管理信息系统的结构化数据、账簿资料、银行开户交易记录等容易发现这些明显的信号，应当引起警惕并以此为出发点，协助相关机构利用切实可靠的财务证据链将偷税企业绳之以法。

5.2.2　科技成果保密

当拥有先进技术或者自主研发的科技产品处于世界领先地位的时候，如何保证不被他方窃取技术，就需要从反情报的视角进行防范，针对自身的信息流以及敌方的情报活动进行情报态势感知，从而进行全方位剖析以保证对窃取行为的有效拦截。

5.2.2.1　保密工作的主要内容

窃密的途径通常有四种：接收中、发送中、保管中以及相关人员。任何一个环节出现问题，就会导致科技信息或科技成果的泄露。科技保密工作主要从涉密信息的接收、发送、保管以及保密人员管理这四方面入手。如今随着科学技术水平的提高，面对层出不穷的新兴窃密手段，传统的保密技术和方法已无法应对，科技信息保密工作的难度进一步加大，主要体现在以下几个方面。

（1）传统的保密工作倾向于对国家机密采取被动的保护态度，轻视保密技能培养，保密检查工作中的有限范围无法排查其他潜在隐患。

（2）计算机和互联网技术的发展使得科技成果窃密这一行为的追踪成为难题，限制了保密工作的展开。

（3）目前我国的保密管理侧重事前防范和对自身安全隐患的排查，但这项工作的成效并不尽如人意。忽略事中监控和事后反思便很难掌握窃密者的心理和情报能力，难以积累我方的反窃密经验。

(4)随着窃密手段及技术的多样化,保密工作如果缺乏针对性,便会造成较大的人力、物力和财力的浪费,也不能及时针对可能的窃密活动展开对抗,造成失密的发生。

5.2.2.2 保密工作中的反情报思维

运用反情报(counterintelligence)方法去捕获与窃密相关的线索并对其进行解读,了解敌方情报工作人员从科技成果中窃取信息的目标、手段和方法,获得情报并指导保密检查的开展,这种方式能有效杜绝科技成果窃取问题的发生。以往保密侧重单纯的防御,这种防御往往难以从根本上遏制情报搜集行为①。反情报作为情报活动的逆向过程,不仅要研究敌人或竞争对手的情报活动,还要研究己方的信息流,从而阻断对手获得己方信息的途径,保护己方机密,甚至主动采取还击的措施,给对方造成一定的负面影响。

5.2.2.3 反情报活动的情报态势感知

情报部门运用反情报思维,对敌方的情报活动进行情报态势感知,有针对性地制定反情报措施来防御科技成果窃密,保护本国的科技安全,工作流程如图5-5所示。

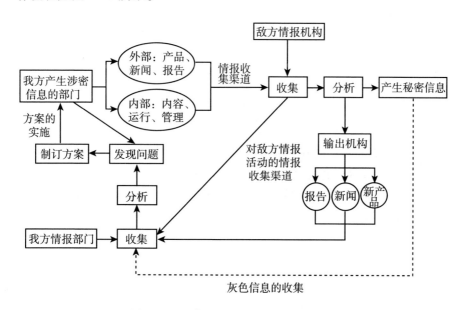

图5-5 反窃密活动中情报部门的介入

反情报工作的重点在于对我方产生涉密信息部门的活动和敌方的情

---

① 陈亚峰.国家保密事业中反情报思维的应用[J].江苏科技信息,2014(9):11-13.

报活动进行情报态势感知。感知我方产生涉密信息部门的活动情报时,通过监测和分析自身运营活动的过程了解科技成果的研发现状,针对我方发布的产品、新闻、报告以及内部的运行管理活动获取明显、直接的信号,从而预先采取措施阻止或防范对手的情报搜集活动。

情报搜集是敌方情报活动中的第一步,有可能通过合法手段、灰色情报手段以及非法手段收集科技成果的相关情报。针对合法和灰色手段的情报搜集活动,我方可以对敌方的窃取行为进行监测与追查,便于产生涉密信息的部门及时做出对策。

合法手段主要包括搜集公开资料、合法访问数据库、人际交流、合法实地调研等。合法手段是常用手段,从技术的角度也是比较容易被监测或追踪的。敌方的这部分情报搜集活动可以较容易被感知,如通过用户调查报告、我方数据库被访问记录、交谈记录等。

灰色情报手段主要是通过不违法途径搜集尚未被秘密保管的非公开资料,在机密信息获取中运用较为普遍。不同于专门的商业间谍行动,灰色手段的情报搜集受经济、人力的成本限制,在具体实施中会注意行动方式和范围。以掩护电话调查这一较为常见的情报搜集行动为例,电话访问者的电话号码会成为有用的情报,可能会反映自己企业、与自身及雇员有关联的人或利用此号码进行的其他活动等信息。再比如,利用人际网络进行有技巧的交谈从而获取机密这种活动也比较容易进行,如视频监控记录、在场他人证明等。

反情报工作中,对敌方全部手段的情报活动都进行感知的可行性很低,情报态势感知过程中必然存在一定的失真,因此计划性地感知敌方情报活动就很有必要。感知的重点首先是敌方采用非法手段如秘密潜入、窃听、电脑黑客等针对我方核心的非法情报活动,这类情报活动往往会对我方造成重大打击。其次是那些较为常见、线索较明确的情报活动,一般可以通过仔细隐蔽的观察、跟踪或是简单的理解便确定实施情报搜集的主体。

5.2.3　解决资源危机

在资源迅速减少的背景下,各国为生存和发展所需的资源展开了一场场角逐,预示着作为生存和经济发展基础的资源已成为关乎国家安全的重要非传统安全领域。现有关于资源安全的定义主要有两点:一是国家社会经济发展所需的自然资源能够得到稳定、及时和经济的供给;二是自然资源的使用不对生态环境造成不可恢复的破坏。生态安全与自然资源密切相关,其定义为生态系统的健康和完整,也可归纳为自然灾害和人类活动不对城乡人居环境和自然生态环境造成不可恢复的损害。

资源危机的解决离不开信息、情报的支持。没有完善的情报支持,仅凭借表面现象得出的对策很可能是片面的,甚至是完全错误的。资源危机存在于多个安全领域,以下选取能源、水资源和食品安全作为切入点,探讨情报态势感知在解决资源危机中的作用。本书将各种资源危机按安全的层级分为国家、区域和个人层面,具体体现在能源短缺、水资源利用和食品流通问题。能源安全情报的研究侧重供给安全,水资源安全情报的研究侧重水污染防治,食品安全情报的研究侧重食品安全评估。

5.2.3.1 能源供给

从国家安全的角度来看,保证国家的能源安全意味着在保障能源供给稳定的情况下满足国家安全与发展的正常需求。解决资源的稀缺性问题意味着不能出现持续的严重供应短缺。当前各国关于能源安全的论述均将能源安全提高到国家安全战略的高度,甚至是关系国家和民族存亡的层次。

解决稀缺性问题的能源安全战略方针需要根据具体国情制定,很多国家能源部门和国际能源组织都为此设立了专门的情报机构。能源供给情报活动中的情报态势感知在于搜集与能源供给相关的危机信息,对监测得到的信息进行鉴别,识别出反映可能产生的能源供给危机的信号,以便及时做出对策。

能源安全具有战略性,因此用于态势感知的情报也必然带有战略性特点,情报的准确性、权威性较高。情报工作人员一般采用政府、国际组织、大型跨国企业的数据信息,情报多来自机构情报源与文献情报源。机构情报源主要有各国政府能源部门、专门利益集团、私有部门、能源公司、研究机构等,文献情报源主要有科技报告、统计报告、政府出版物等。

(1)机构情报源

机构情报源主要有各国政府能源部门、国家统计部门、能源行业协会、国家间能源组织、能源信息咨询机构等。这些机构公布的数据通常都是经过集成的,具有针对性,不仅仅停留在行业层面。各国的相关机构、能源组织会定期发布本国或国际能源产业信息,如美国能源信息署(Energy Information Administration,EIA)公布天然气进口统计数据以引导能源生产与消费,美国石油协会(American Petroleum Institute,API)和国际液化天然气进口国联盟组织(International Group of Liquefied Natural Gas Importers,GI-IGNL)都是可靠的行业数据来源。国家间的能源组织也会提供国际石油市场及其他能源领域的统计情报,如最著名的政府间能源组织国际能源署。能源信息咨询机构如普氏能源资讯(Platts)、亦思国际能源咨询公司(Energy Security Analysis Inc.)、法国国际天然气信息中心(Cedigaz)还会掌握能源市场基准估价、市场价格、能源产品的国别贸易数据、重要工程项目等信息。

(2)文献情报源

文献情报源主要包括能源行业组织的报告如能源生产统计报告,国家间能源组织出版物如能源市场报告,为石油生产国利益发声的能源输出国组织公报,能源咨询机构发布的新技术评估报告、贸易流向报告、税补贴报告、燃料质量标准报告等,还包括大型能源企业发布的能源统计年鉴等。这类出版物大多专注于特定的能源行业,情报工作人员全面搜集利用这些文献情报可以获取重要的数据,并且能挖掘出体现某些地区乃至全球能源发展现状和趋势的关键信息。

情报工作人员通过能源行业组织出版物如美国石油协会发行的《天然气周刊》《石油数据月报》《石油与天然气杂志》《世界石油杂志》可获得石油行业的能源和产品库存,工厂运行数据和其他数据。通过国家间能源组织的出版物如世界能源理事会(World Energy Council)发布的《能源资源调查》和国际能源署出版的《石油市场报告》《煤炭信息》《电力信息》《油气信息》《世界能源展望》等能获得国际范围内能源市场的统计数据。通过石油输出国组织出版的《石油输出国组织公报》《石油输出国组织评论》《年度报告》《统计年报》能获取石油生产的技术与情报。

情报工作人员根据这些报告、周刊、月报、年鉴等提供的数据、统计情报可以看出直观的生产、进口与消费、出口数量关系,了解各国及国际的管网建设情况以及相关能源政策。情报工作人员可以获取各国以及国际的能源储量、产量、消费量等情报,及时了解能源利用、供求情况,以预防能源供给的异动。

5.2.3.2 水污染防治

目前,我国部分地区存在"有河皆干,有水皆污"的局面,近年来我国水污染事故频发,水环境污染未得到根本性遏制,企业偷排污水难以被发现,部门间运转效率低下,跨省界流域污染纠纷不断。在水污染防治的情报支持工作中还存在许多重大问题,如信息匮乏、信息质量良莠不齐、情报搜集被动、反应迟缓、情报分散孤立、重复搜集等。

以情报主导的水污染防治工作需要重视水污染征兆的多渠道收集,揭示征兆间的相互联系,从而对污染危机及早预警。在水污染防治中的情报工作主要有水污染情报监测、水污染情报共享、情报分析与利用三部分(见图5-6)。以情报主导的水污染防治重视多渠道的广泛收集,利用收集到的水污染信息来进行污染危机预测。评估情报的价值,注重分析信息与信息之间的关联,寻求水污染的"前因""后果"。强调不同层级、不同部门间的信息共享,在面临重大水污染安全事件时,确保部门间的信息高效传递、及时响应。

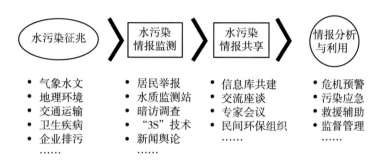

图5-6 水污染防治过程的情报活动

水污染防治能通过情报感知以达到支持水污染监测、预警以及遏制目的,主要在水污染征兆发现和水污染情报监测环节。发现征兆能在水污染发生之前就对人为的污染行为进行制止,或是预测自然现象可能导致的后果,水污染情报监测是在水污染发生时发现制造污染的主体和原因再采取相应的治理措施。

(1)水污染征兆发现

水污染征兆发现环节需要对气象水文、地理环境、交通运输、卫生疾病、企业排污等方面进行征兆的多渠道搜集。当今社会由卫生疾病引起水体污染的可能性降低,自然灾害、化工企业排污以及敏感物质泄漏等因素需要多加关注。针对水污染征兆发现的情报态势感知就是通过调查可能引起水污染的自然灾害、化工企业运营状况以及核基地等敏感设施建设,发现可能会造成水污染事故发生的征兆。

地震、洪水、暴雨等自然灾害的预报信息大多是经网络情报源和文献情报源被情报工作人员获取。情报工作人员需要感知自然灾害相关的征兆,发现可能会造成水污染的自然灾害并立刻上报给相关部门。化工企业运营状况和核基地等敏感设施的建设情况可通过人力情报源和机构情报源进行情报态势感知,情报工作人员采用暗访、询问等手段对化工企业和核基地的生产、运行情况进行调查。

（2）水污染情报监测

水污染情报监测环节需要利用人力情报源、实物情报源等探查自然环境中气象、水质、水文等基本信息。情报工作人员通过对排污设施与排污系统、企业污染源自动监控系统、污水处理设施设计与技术等评估资料以及污染防治工程记录的全面感知，可以了解生活污水和工业废水的排放量、污染物种类及含量等情况，有利于预警的全局把控，及早感知污染事件的发生。从造成水污染的因素出发，自然环境、居民生活、社会生产都会影响水污染的发生，因此可利用技术手段结合人际情报方法感知来自自然降水、居民生活排水、工厂企业排水等活动的情报。

政府部门通过建立由监测站、试验站、技术人员、设备等构成的综合监测网络，对湖泊（水库）、污染源、地下水、近岸海域等的污水排放情况进行监控。此外，在确定污染的程度方面，遥感技术的航空探测和遥测技术可用于水污染移动监测和突发性污染事故监测。例如，江苏省的环保部门运用物联网传感技术，结合视频监控、环境数据监测与通信网络，形成水污染移动监测"千里眼"。一方面，它实现了污染源的全景监测，另一方面，弥补了监测工作人力的严重不足。水质、水文、气象、生物和土壤等自然环境的各种信息也可以通过这种方法进行获取。数据直观反映出的水污染程度、污染物种类等帮助政府部门形成对一个城市、省、地区乃至全球的污染状况及发展趋势的感知①。

人力情报源也是不可忽视的重要情报源，水污染征兆发现环节可确定一些重点污染源，再根据重点污染源附近群众的言语、行为等搜集水污染源头、水污染程度等重要信息。暗访是探查污染源的有效手段，观察周边环境，并与群众开展技巧性交流，利用言语情报源和实物情报源就可以搜集到有关工厂企业的排污行为的情报。我国生态环境部曾通过组织暗查组对重点污染源进行调查，关停了上千家污染企业②。

5.2.3.3　食品安全评估

2008 年包括三鹿奶粉在内的 22 家企业生产含三聚氰胺的奶粉，造成6 个婴孩死亡，逾 30 万儿童患病③；2011 年 3 月 15 日，央视《每周质量报告》报道河南省孟州市等地养猪场采用违禁动物药品"瘦肉精"饲养生猪，

---

①　金灿，吴宇浩.水污染防治工作中的情报监测探究［J］.现代情报，2015（6）:172－177.

②　唐宝贤.遥望清流——淮河污染暗查记［J］.报告文学，2004（9）:70－75

③　三鹿集团公司主要负责人涉嫌犯罪［N］.人民日报，2008－09－23（4）.

致使有毒猪肉流入济源双汇食品有限公司①;2013年5月,湖南攸县生产多批大米镉超标,并被销往广东省②;2016年"3·15"晚会曝光了外卖餐饮行业中"饿了么"平台存在多家商家无照经营、虚假宣传、卫生条件差的问题③……近年来发生的多起重大食品安全事件,引起了社会的广泛关注。

食品的生产销售涉及诸多环节,从原材料养殖到食品加工烹饪再到销售,其间存在很多安全隐患,因此,细致全面的食品安全评估尤为重要。很多食品安全信息的搜集并不容易,这无疑会延长食品安全评估工作的时间。情报工作人员可根据全源情报搜集的思想(详见3.1.3.6),从文献情报源、网络情报源、实物情报源、人力情报源、机构情报源等来源开展情报搜集活动,感知食品供应链中反映食品安全的信号,及时发现食品危险因素的线索,为食品评估提供依据。

我国目前所进行的食品安全评估一般包括现场基本情况调查、评估方案和送检项目的确定、采样、检验方法的选择以及食品安全评估结果和处理这五个步骤④。食品安全评估过程涉及情报的感知一般发生在现场基本情况调查和采样两个步骤。食品不安全因素贯穿食品的整个供应链,"从农田到餐桌",各个环节都涉及不同来源的大量信息⑤,现场基本情况调查和采样也需要在食品供应链的多个环节进行。以下由食品供应链入手,探讨如何在原材料、食品生产加工、食品存储运输、食品销售、食品消费、食用以及食用后等环节进行情报感知,从而为食品安全评估和食品安全问题的发现提供帮助。

(1)原材料环节

种植农作物的土壤、喷洒的农药、喂食牲畜的稻草饲料、农场和牧场的种植物和牲畜、添加剂等实物情报可反映原材料是否被污染或添加有害物,便于相关人员及时发现食品安全威胁,为进一步进行评估风险因素和风险环节提供依据。一些实物情报源本身并不能直接带来效益,因此情报工作人员只用眼睛看是不够的,但是通过推理可以找到符合情报需求的内容。情报工作人员通过看到、拍到的信息发现食品安全问题的线索,察觉不安全因素的存在。如观察到某一食品原料种植农场外的垃圾堆中经常会出现国家禁用和

①　俞丽虹,王蔚."合格"猪肉为何"放倒"300多人?[N].人民日报,2006-09-18(2).

②　潘少军.既然没污染为何镉超标[N].人民日报,2016-06-01(9).

③　毕诗成."饿了么"警示监管升级[N].人民日报,2016-03-17(5).

④　焦红.建立食品安全评估和预警体系之我见[J].检验检疫科学,2005(S1):64-67.

⑤　杨天和,褚保金."从农田到餐桌"食品安全全程控制技术体系研究[J].食品科学,2005(3):264-268.

限制使用的农药瓶子，情报工作人员就需警惕该农场作物是否安全。

食品供应链各环节与食品相关部门密不可分，每个相关部门都会产生大量关于食品安全的信息，这些信息是重要的机构情报源。这些相关部门同时也是情报机构，为情报工作人员提供信息。比如在原材料环节，农业部门搜集到的初级农产品生产种植环节的举报和投诉信息以及种子、农药等农业投入品的质量检测报告就是有用的情报，情报工作人员由质量检测报告可直接了解到食品的原材料是否存在质量问题。服务机构提供的信息作为线索或者依据被情报工作人员感知后，还便于进行其他信息源信息的搜集，评估食品各环节安全。

（2）食品生产加工环节

实物情报源可以客观直接地反映食品安全状况，例如食品的外观、味道等信息，对于评估食品安全具有重要意义。加工生产环节的实物情报有生产加工原料、产物、包装实物、生产加工环境等。利用食品加工原料购买清单等证据类实物情报源，情报工作人员可以发现其中的违规原料，判断出是否存在食品安全问题。

很多问题食品的生产加工场所不易被发现，如硫黄熏腊肉黑作坊、死猪加工肉松黑作坊、小食品黑作坊等。这些黑作坊卫生条件、制作流程等都不符合国家标准，会对人体健康造成极大的威胁。为了躲避处罚，经营者通常是晚上开工或者在隐蔽的场所进行加工。对于这一类生产加工环境下的实物情报，暗访、监视是常被情报工作人员用到的实地调查法。情报工作人员结合人际情报方法如群众举报获取线索后，伪装成应聘工人或者买卖商人等进入加工生产场所进行观察。用照相机、红外摄像机、针孔摄像机等设备记录食品生产加工过程，获取生产加工环节的非法行为情报。如"毒豆芽"、河北南和县地沟油事件的曝光就是情报工作人员根据举报人提供的线索进行暗访获取"毒豆芽"、地沟油制作流程的视频、照片，继而引起相关部门的注意。

在食品生产加工环节质监局是重要的机构情报源，质监局搜集到的投诉和举报信息、食品质量检测报告等可帮助情报工作人员了解生产加工出的食品成分含量。

（3）食品存储运输环节

存储运输过程中会出现食品运输污染事件，情报工作人员可以从食品装运货车检测报告、车辆清洗记录、运货记录、运货清单等实物情报源中感知食品存储运输工具是否对食品质量存在威胁、是否按期运出和到达、运输途中是否遭遇影响食品质量的变故等情报。如2007年9月24日，"皖王牌"挂面在卸车交付时被发现集装箱中挂面出现水湿、霉变①。如果监测食品运输记录,便可发现"皖王牌"挂面霉变是由于货物没有及时运出,逾期到达。

(4)食品销售环节

食品包装说明书以及食品标签信息反映食品的产地、生产日期、原料、配料、添加剂等信息,不仅是食品企业对食品质量的宣传和承诺,也是情报工作人员和消费者获取食品信息、感知有关食品安全的重要情报来源②。情报工作人员在商店、超市等食品销售点搜集食品销售环节的文献情报源和实物情报源,可以发现哪些食品属于过期食品,哪些食品具有非法添加剂等。如红牛被爆含有非法添加剂就是执法人员通过对配料表及食品添加剂标注的阅读,发现与有关文件的批文不相符,且配料中含有不合规的人工合成色素胭脂红等诸多问题。

(5)食品消费、食用以及食用后的环节

在食品消费、食用以及食用后的环节中,情报工作人员可以搜集有关食品引发疾病的就医病历、医生诊断报告等实物情报源,获取食品安全信息。就诊病历和医生检查报告可以反映引发病状原因。执法人员及时发现问题食品的线索可以搜集更多信息,便于后续情报分析,做出评估。震惊一时的三鹿奶粉事件最初的线索便是三鹿奶粉引发肾结石婴儿的病例信息③。

关于食品安全的网络情报源包括食品行业网站、国家食品监管网站、食品类论坛、博客等。情报工作人员可以由打假维护类网站如"全国315产品防伪查询中心"等直接获取已发生安全问题的食品信息,以此作为参照,重点监测相关未曝光食品的安全状况。情报工作人员还可以通过对食品行业网站及食品监管网站的查询,从消费者反馈意见和投诉信息中了解已发生的食品安全问题和威胁。与食品安全有关的论坛、博客、微博等也是包括食品生产工人、食品运输司机、消费者等各职业人员自由交流的平台,这些用户无意或有意间会透露各种关于食品的信息。情报工作人员可对完整、具有调查价值的网络内容进行初步判断后发现影响食品安全的线

---

① 李亚军,刘锐,霍洪丽,等.三起铁路食品运输污染案件的调查处理[J].中国公共卫生管理,2008(4):446-447.

② 范春光.国外食品安全监管制度及其借鉴——建立"从农田到餐桌"的全过程质量信息披露制度[J].国家行政学院学报,2008(3):96-98.

③ 魏华飞,方文敏."三鹿奶粉事件"拷问我国企业伦理[J].中国工商管理研究,2008(12):69-71.

索。如微博用户"海自秋天"就曾在微博直播刀鱼被注射水银以增加重量和防腐保鲜,这条微博很快引起有关部门注意并介入调查①。

此外,人际网络情报源也是重要的情报态势感知来源。人际网络是人类之间进行信息交流和资源共享,以达到某种特定目的的网络②。以他们为一个点,会有大量与之相关的人物,大量的相关人物又会拥有许多联系人。利用情报网络可以获知食品安全行业很多不为人知的秘密情报。如某火腿制作过程中加敌敌畏防蛆蝇,生产工人等作业者深知其害,会将加工秘密告诉家人,家人又会告诉自己关心的人。因此,情报工作人员要善于对食品加工、运输等相关人员的交际圈进行监视,以便获取与食品安全相关的信息。

5.2.4 针对风险抵制的情报态势感知内容体系

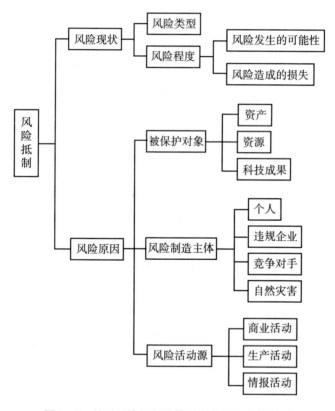

图5-7 针对风险抵制的情报态势感知内容体系

在讨论了打击经济犯罪、科技成果保密、解决资源危机方面情报态势

---

① 黄兰.天价刀鱼被曝光注射水银[J].科普天地,2011(7):7.

② 包昌火,李艳,王秀玲,等.人际情报网络[J].情报理论与实践,2006(2):129-141.

感知具体工作的基础上,本部分总结出针对风险抵制的情报态势感知内容体系(见图5-7)。为了达到抵制风险的目的,情报工作主要通过情报感知来了解风险的现状以及产生风险的原因。风险现状的判断是风险抵制工作的第一步,风险原因是抵制风险的重要依据。

了解风险现状时,情报工作人员通过各种情报源对风险的类型和风险程度进行直接感知与判断,其中风险程度包括风险发生的可能性和已发生风险造成的损失。从产生风险的原因入手,可对有价值的资产、资源、科技成果进行保护,对个人、违规企业、竞争对手、自然灾害等风险制造主体进行监控、惩治,对已产生或可能产生风险的活动如商业活动、生产活动、情报活动等进行监测、取缔。情报的态势感知可在被保护对象的确定、风险制造主体和风险活动源的确定与监测上发挥作用。

5.3 针对新成果预测的情报态势感知

情报最重要的功能之一是对未来的发展做出预测,以支持决策工作。情报预测是对客观事物未来发展的探索研究工作,包括对外界环境的预测与自身发展的预测[①]。科技、经济、军事、太空、医学、生物学等各领域的新成果预测是在足量的情报资料搜集和一定的实物观察和实地调研基础上,运用科学的定量定性方法,经过计算、比较、分析、推理、判断、归纳演绎等过程做出预见性判断[②]。

新兴科学技术、军事装备的预测需要研究现有技术的发展趋势和新方向,发掘可能产生新成果的领域并制订发展计划。无论是传统的军事安全、国土安全还是新兴的科技安全、核安全、太空安全、深海安全、极地安全、生物安全等领域都有必要加强前瞻性重大技术的研究,为增强我国科学技术和国防实力提供支撑。新成果的预测活动中,情报工作人员从直接情报可感知到本国和他国最新成果发展现状,针对新成果预测的情报态势感知可及时定位本国的科技现状和国际先进技术水平的发展。情报工作人员通过感知发现最新科技、军事成果,自主创新或者引进新成果,保证国家安全的相对稳定。

---

① 中国人民解放军总装备部军事训练教材编辑工作委员会.情报研究概论[M].北京:国防工业出版社,2006:36-37.

② 邹志仁.情报研究与预测[M].南京:南京大学出版社,1990:69.

5.3.1　高新技术预测

5.3.1.1　新兴技术预测

新兴技术预测需要研究国外最新技术动态,准确定位并发现国外的最新技术,及时跟踪和监控出现的新技术、新材料、新设备,否则可能忽略一些关键性技术,使本国在国际竞争格局中陷于被动。预测性情报服务流程由组织计划、调查实施、分析评估、咨询反馈四个环节构成(见图5-8)。

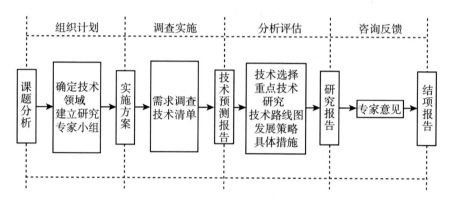

图5-8　预测性情报服务流程

技术预测情报流程中,组织计划和调查实施阶段涉及直接情报的获取。组织计划阶段需要进行技术领域分析,包括内容分析、地域分析、时域分析①。此阶段通过搜集文献资料情报,了解新技术的内容和概况、涉及的学科知识领域、拥有较强的科技研发和自主创新能力的国家地区以及新技术产品的萌芽期、发展期、成熟期等不同阶段。调查实施阶段需要列出技术清单并进行需求调查以感知与新技术发展相关的情报。情报工作人员可通过访问、座谈等方式利用人力情报源,也可通过现场勘查、实物调查等方式利用实物情报源,形成初始的技术预测报告。

5.3.1.2　关键技术发展趋势预测

高新技术的预测除了新兴技术的产生,还包括市场关键技术的发展趋势,跟踪正在出现的技术变化,对现有技术研发主体和潜在的行业进入者进行分析和监控。科学技术的发展是动态的,因而对已评估的技术领域需要不间断地进行数据获取和情报更新。通过科技论文、专利报告、关键技术报告等材料实现直接的情报发现,以了解当前科研动态。如20世纪90

---

① 邹志仁.情报研究与预测[M].南京:南京大学出版社,1990:85.

年代末,日本、德国、英国、美国等国家就开展了技术预测活动"国家关键技术选择研究",发现和确定本国的核心和关键技术,不断修正对外来发展趋势认识的动态调整,把握中长期技术发展的方向①。

除了国家战略层面的技术预测活动,产业界为了应对国际化竞争,整合产业者之间的力量也会进行短期的技术预见活动,如日本文部省科技政策研究所2001年成立了"科学技术预见中心",其主要工作就是形成专家网络,定期搜集、整理关键技术进展情况并出版《科学技术动向》作为决策参考②。定期搜集、整理的关键技术进展情况一般包括:各国的科技发展战略与计划、特定技术领域监测、科技文献专利监测、研发人员等③。

关键技术发展趋势预测可通过直接的情报获取实现对各国科技发展战略和研发人员的监测,主要是从文献情报源和人力情报源获取信息。情报工作人员通过扫描、阅读科技报告、规划、关键技术选择报告等情报源了解国际科技发展战略与计划。此外,情报工作人员也会利用科研人员这一重要的人力情报源,通过交谈等人力情报方法对关键技术研发人员的研究领域、研究项目、所在机构实现情报发现。

5.3.2 武器装备预测

自二十世纪八九十年代起,美国带领多个国家全面展开军事变革。在新军事变革的推动下,军队的各构成要素都在转型,但转型速度各不相同,其中,军事技术和武器装备转型最快。此外,随着各国对太空的开发、利用程度日益深入以及各国之间的竞争日趋激烈,"太空军事化""太空武器化"等概念被不断提及,太空武器装备的研发成为维护国际太空战略稳定的关键点。为了研制出高性能、强打击能力的新型武器装备,丰富我国军事和太空装备力量,情报工作人员就需要围绕着情报的获取、使用与控制,对新型武器装备以及发展趋势进行预测。

5.3.2.1 预测新武器装备的意义

我国国家安全领域新成果预测的一个重要部分就是我国军事安全、太

---

① 胡雅萍,李骁.反情报思维在维护国家科技安全中的应用研究[J].情报理论与实践,2014 (7):1-4,10.

② 穆荣平,王瑞祥.技术预见的发展及其在中国的应用[J].中国科学院院刊,2004(4): 259-263.

③ 朱东华,袁军鹏,雷静,等.论技术监测的对象[J].科研管理,2006(1):23-28.

空安全的核心科技成果,如新型武器装备。对武器装备力量进行全面综合分析和预测,为研制武器装备和引进科技成果提供了思路,为决策提供翔实的依据。

此外,预测新型军事武器装备对军事安全和太空安全核心科技成果的技术创新有巨大的推进作用,使得军事科技成果研究向新颖性和实用性两方面发展。军事和太空科技成果的创新源于技术创新的非连续事件,高效地感知、获取和利用情报以支持决策判断,从而攻克技术难关,占领先机进而弯道超车,对于保护国家军事安全和太空安全意义重大。

5.3.2.2 预测新武器装备的情报态势感知

传统战争中的情报需求强调高科技传感器的运用,在冷战中,典型的情报工作场景是透过散布在全球范围内的高科技传感器、谍报来源和公开情报源,实现对敌军组织、战术、军事武器装备的了解及预测。后冷战时代世界各国安全形势趋缓,军事安全领域军事行动武器装备趋向于常规化,而太空武器化这一问题却逐渐显现。2019 年 3 月,印度进行反太空武器试验;2019 年 7 月,法国宣布组建太空军;2019 年 8 月,美国宣布成立太空司令部;2020 年 7 月,俄罗斯试验反卫星武器[①]。随着武器装备性能的扩展,各国对新武器装备的预测提出了更高的要求,也更加重视各类情报方法的作用。情报态势感知是情报支持武器装备预测的第一步,通过各类情报源感知新武器装备研发的信号,了解武器装备的发展现状以及未来发展趋势。

武器装备的研发技术难度高、开发周期长、投入资金大[②],要提高技术研发实力,必须借鉴其他武器装备的最新成果,对各种新型武器装备及其发展趋势做出预测,为武器装备的研发提供新思路。对新武器装备的预测还不能忽视宏观环境的变化,情报态势感知工作是围绕世界范围内的发展动态展开的,使用情报方法对与本国从事类似研究的组织的情报活动以及技术研发动向进行监测,对国内外经济实力、技术研发水平和研发团队过往成就等方面进行比较,作为本国发展研究的参考。

针对新武器装备预测的传统情报态势感知方法主要依赖人工方式即通过派人进行侦察和间谍活动,然后识别和分析收集的信息以获取有关新武器装备预测的信号。但是人力的侦查暗访手段使得情报态势感知难度

---

① 何奇松. 太空武器化及中国太空安全构建[J]. 国际安全研究,2020(1):39-67,158.

② 王亚飞,杨继何,安永旺. 军事竞争情报体系构建研究[J]. 情报探索,2009(12):59-61.

较大,隐蔽性也较差。随着军事安全和太空安全领域保密工作的日渐完善,以及技术在情报领域的普遍应用,对新武器装备预测的情报态势感知开始依靠各种侦测设备以及人机联合智能军事信息系统进行,如各种卫星预警系统、精确制导武器控制系统等[①]。

文献情报源也是预测新武器装备的重要情报来源。情报工作人员通过搜集、阅读各国国防军事科研机构、战略研究中心发布的报告可对当前各国武器装备的发展现状有清晰、直观的了解,还可以获取有关武器装备研发新方向、新性能的信号。美国对多个国家的太空部署和技术装备研究现状进行调查,2020 年 3 月,美国战略与国际研究中心发布了《太空安全威胁评估》[②]。1984 年,中国国防科技信息中心的《2000 年军事技术预测》就是情报工作人员对国外军事技术开展了长期跟踪研究,在搜集阅读了大量国外科技报告,从多种学科、多种思维角度进行分析的基础上撰写而成的[③]。这类报告对我国武器装备的发展具有较强的指导作用,充分体现了情报报告的决策支持意义。

5.3.3 针对新成果预测的情报态势感知内容体系

本部分总结出针对新成果预测的情报态势感知内容体系(见图 5 - 9)。情报工作人员可通过感知与新成果相关的内容、新成果产生的地域以及新成果发展阶段的情报,对新成果发展的必要性、可能性、方向等做出预测与判断。

科学技术、武器装备等的发展会经历萌芽期、发展期和成熟期三个阶段,对技术所处发展阶段进行情报的态势感知便于判断研发新成果的必要性和程度,是新成果预测的前提,了解拥有先进技术的国家和地区的研发人员和机构,有助于指导科学技术的研究,从而可为新成果预测提供参考。通过文献情报源等可以掌握宏观环境和新成果所处学科领域的发展现状、计划和趋势,由此使得新成果预测更科学、合理。

---

① 李明瑞.信息战视域下军事情报研究方法探析[J].决策与信息(中旬刊),2014(5):120 - 120,122.

② HARRISON T,JOHWSON K,ROBERTS T G,et al. Space threat assessment 2020[EB/OL].
[2020 - 09 - 29]. https://csis-website-prod. s3. amazonaws. com/s3fs-public/publication/200330_SpaceThreatAssessment20_WEB_FINAL1. pdf.

③ 中国人民解放军总装备部军事训练教材编辑工作委员会. 情报研究概论[M].北京:国防工业出版社,2006:127 - 129.

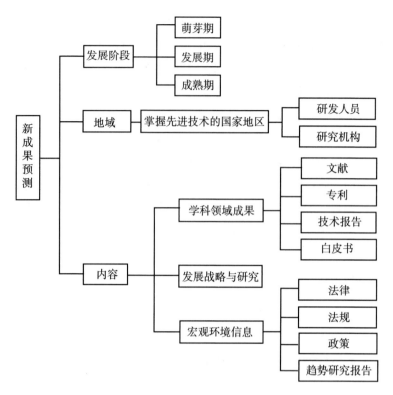

图 5-9 针对新成果预测的情报态势感知内容体系

6 Why：情报的分析推理

在总体国家安全观的理论视角下，情报分析应用的外延延伸到了除军事、政治以外的其他非传统安全领域。情报分析被广泛地应用在科技、社会、经济三大领域，其中在科技领域的应用最早。科技领域情报分析侧重国外科技成果对本国的威胁、国内科技水平、科学技术的前沿动态等方面，社会信息的情报分析侧重辅助公众进行决策，经济信息的情报分析侧重分析市场经济现状和预测未来情况。无论情报分析被应用在哪种领域，都是为了辅助决策，保护国家利益。

情报分析的意义是发现现有信息背后隐藏的情报。领域不同，情报分析的目的也会不同。例如在水污染治理情报问题中，情报分析人员分析的思路是从过去发生的水污染事件中追溯原因，通过分析原因，总结危险发生的影响因素。而科技安全情报问题侧重于分析当前科技水平，在国家当前水平与国际水平比较中发现科技安全隐患。情报分析更重要的目的是对未来危险事件的预警。例如国土安全和政治安全的危险特征较明显，情报分析的目的就是建立预警系统，利用监测到的情况对危险事件快速预警。基于此，本书将总体国家安全观下的情报分析分为三大类：以追溯起因为目的的情报分析、以现状分析为目的的情报分析和以监测预警为目的的情报分析。

6.1 以追溯起因为目的的情报分析

情报分析的目的之一是追溯突发事件或社会性事件的发生原因。分析结果可以协助情报分析人员构建情报预警系统。因为事件的起因往往涉及多个方面，所以分析这类情报问题最大的难点是如何较全面地搜集情报以及分析起因。

根据事件发生流程进行的情报分析适用于一些无法直接感知事件发生预兆，并且影响事件发生的因素繁杂的情报问题。例如经济犯罪中的洗钱问题,洗钱的各个环节紧密相连,环节与环节间的逻辑关系紧密,根据流程进行的情报分析可以使复杂的情报分析内容条理化、清晰化。

以下将会以水污染过程、食品安全、偷税和资本外逃四个情报安全问题为例,分析在跟踪安全问题发生流程基础上的情报分析过程。水污染情报分析中首先要明确水污染发生和水污染治理的流程,发现各个水污染事件发生的共性,再结合搜集到的情报信息,利用假设推理法确定发生污染的原因。食品安全情报分析侧重于在食品评估流程中梳理信息源,之后利用鱼骨图法分析食品安全的危险因素。偷税和资本外逃均属于经济安全问题,且都具有十分强的逻辑性。情报分析中侧重于根据流程预测该经济犯罪行为发生征兆,最后运用情报分析方法判断是否发生危害。

6.1.1 水污染治理情报分析

在讨论水污染预警的情报分析时,我们不妨引入这样一个例子:在靠近河边的某条道路上,装满石油的货车发生了交通事故,石油泄漏流到河里,造成了水体的污染。以上例子简要说明了交通运输事故引发的一次水体污染。对于水污染预警而言,货车发生交通运输事故的信息可能并未引起注意,但当情报分析人员发现这个交通事故是发生在河边时,经过分析,水污染发生的可能性增加,如果再发现这个交通事故发生了石油泄漏,可能就有必要去现场查看情况了,如果泄漏的石油流入到了河里,则表明此次交通事故造成了水污染,否则,此次交通事故并未造成水污染。

根据上述例子,可构建此例水污染事故中人员活动模式(见图6-1)。

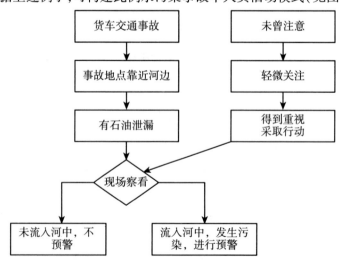

图6-1 交通事故引发水污染的人员活动模式

对上述案例稍加抽象，发生事故的征兆后，情报分析人员需要信息的积累，在此阶段需要情报搜集。随着信息的增多，情报分析人员对信息进行分析和假设，假设是否发生水污染；针对假设，情报分析人员需要进行新的情报收集，从而对假设结果进行验证。如果发现造成水污染，则发布预警；若未造成水污染，则表明假设不成立，不发布预警信息（见图6-2）。

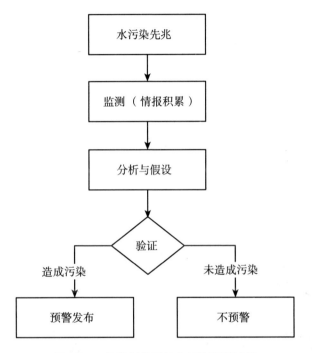

图6-2　情报视角下的水污染预警过程

监测是情报收集过程，为了寻找水污染的原因，情报分析人员常常需要采用多种情报收集手段收集水污染的征兆信息[①]。分析与假设是揭示各类水污染征兆间的联系，从某些角度对征兆进行分析，从纷繁复杂的信息中寻找信息间的联系，并进行质疑、假设和推断。验证是新的情报信息的收集与反馈，目的是对假设的证实或证伪。证实的预警需要及时发布给相关部门和人民群众。

6.1.1.1　监测

进行水污染的预警监测时，要明确监测者（监测主体）、监测对象（监

---

① 沈固朝.信号分析：竞争情报研究的又一重要课题[J].图书情报工作，2009(20)：11-14，59.

测客体)以及采取的监测手段(见图6-3)。

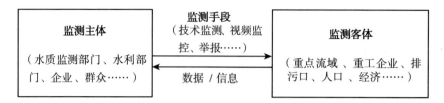

图6-3 情报视角下的水污染监测关系

(1)实施监测的主体

从监测主体来看,监测主体内容多样,主要包括公民、国家政府部门、企业、社会NGO组织等。环保部门是实施水环境监测的主要部门。除环保部门,还有许多部门在监测水利环境,如水利部门、交通航运部门、渔业部门等,这些部门已在流域中布置了广泛的网络监测,但是还需要其他部门的协作(见图6-4)。

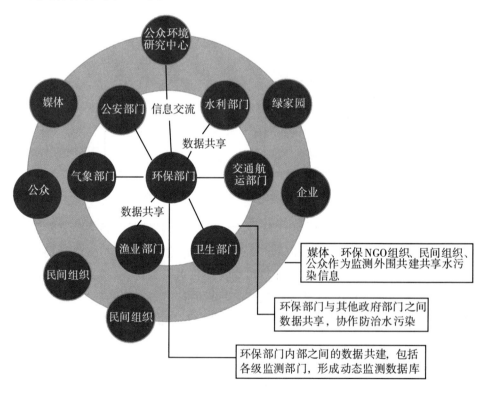

图6-4 监测主体结构图

（2）监测内容

水污染防治工作目的有两点[1]：①为早期水污染事故预警提供可靠依据；②监测突发的水污染事件。为了出现异常时可以及时追根溯源，需要进行全程监测，实时收集各阶段的数据，包括对污染源、污水处理以及排污过程的监测。除了直观的水质情况数据外，还需要考虑水污染的社会属性，如人口增长过快会导致生活污水排放量增加[2]；还有一部分非环境因素，如处理污水技术、人口分布、水价等，都会从侧面影响水污染的防治工作。

常见的水污染防治监测指标体系[3][4][5]分为四类。第一类是水文、气象、水质、生物、土壤等自然环境因素；第二类是人口分布、生活用水、卫生/疾病、社会舆论等社会因素；第三类是重要的经济因素：危险品运输、化工企业、农业生产、基础设施；第四类是管理因素：水污染事故历史记录、组织机构、管理水平、制度/标准。

6.1.1.2　基于假设推理的情报分析

分析与假设是寻找合理的视角来发现信息间的联系，一般手段是通过污染信息随时间推移产生的变化，解释水污染现象与监测污染信息的关系[6]。在水污染预警中，合理的分析视角表现为预警模型的构建和预警方法的选取。环境领域的专家学者从水质、水文方面对水污染进行预警预测。赵龙舫[7]系统介绍了圣维南方程的预测模型、基于 Mike 的预测模型、基于组合预测方法的预测模型、基于 ARMA 水质模型、基于神经网络的多监测点水质模型、基于灰色模型的多监测点水质模型等各类模型的构建及实例仿真。郭羽等人[8]运用水动力学模型 EFDC 与水质模型 WASP5 对白

① 黄德春,华坚,周燕萍.长三角跨界水污染治理机制研究[M].南京:南京大学出版社,2010:175-176.

② 杨永芳,郭廷忠,周志民.开封市水环境问题研究[J].河南大学学报(自然科学版),2005(4):68-72.

③ 张凯.水污染公共安全事件预警信息管理系统构建研究[D].武汉:华中科技大学,2011:49-51.

④ 金俣昕.突发事件预警的情报监测与分析[D].南京:南京大学,2011:24.

⑤ 方一.网络舆情监测指标体系的设计与实证研究[D].武汉:华中师范大学,2012:20-36.

⑥ 沈固朝.信号分析:竞争情报研究的又一重要课题[J].图书情报工作,2009(20):11-14,59.

⑦ 赵龙舫.河流突发性水污染事件实时预警方法研究及系统实现[D].杭州:浙江大学,2013.

⑧ 郭羽,贾海峰.水污染预警 DSS 系统框架下的白河水质预警模型研究[J].环境科学,2010(31):2866-2872.

河水体污染事故进行预警研究。造成水污染的因素是广泛存在的,水质监测是一种事后预警方式,留给决策人员的反应时间较短。水污染在事发前往往有多个征兆,如工厂偷排污水、鱼类死亡、饮用水中毒、疫情暴发等,是可预见危机。对先兆信息进行搜集、分析处理,是水污染预警中的主要情报活动。

(1)寻找水污染发生的模式

指标构建可以发现合理的分析维度。指标的构建不仅能指导水污染监测的进行,也可寻找水污染发生的模式。基于征兆的指标可从自然灾害和生活生产两方面进行构建。指标体系构建完成后,水污染预警分析的视角是多种多样的,可从引起水污染的原因入手,如交通运输事故的水污染、自然灾害的水污染、企业偷排的水污染等(见图 6 - 5)。交通运输事故构建的水污染分析见图 6 - 6。

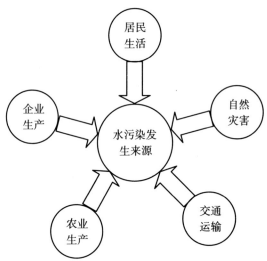

图 6 - 5　水污染预警分析的视角

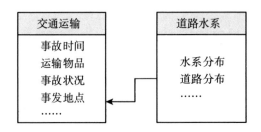

图 6 - 6　交通运输事故的水污染分析

当运输车辆发生交通事故时,并不能判断水污染是否发生,需要查看如下信息:

- 事故状况:查看是否发生危险品、石油泄漏状况;
- 水系分布、道路分布和事故地点:查看事故地点周围是否有河道。

如果运输事故中危险品发生泄漏,同时事故地点存在于河流时才可假设此次交通运输事故存在水污染的可能。

再如,气候变化对水体有潜在的影响。进入雨季时,虽然水量的增加使水体可容纳的污染物总量有所上升,但是突发的暴雨易将非点源污染、河道蓄积的废污水以及面源污染物冲入水体,对水质安全造成威胁(见图6-7)。

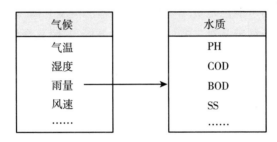

图6-7　气候与水质的相关性分析

将某一地区历年雨量信息以及该地区的水质变化数据进行相关性分析,可以发现该地区水污染受雨量影响的程度,若相关性强,说明该地区面源污染严重,再将雨量与具体水质参数进行相关性分析,也许能找出对水质产生影响的具体污染物。

(2)科学的假设分析

因为水污染征兆的多样性,要监测的信息则具有多样性。采用科学的、结构化的分析方法,可有效减少分析的主观性。下面以在靠近河道的路边发生的一起交通事故为例,其竞争性假设分析的过程如下:

1)确定假设,列出证据来支持和反对假设

假设一:交通事故导致水污染发生;

假设二:交通事故未导致水污染发生;

证据一:交通事故发生运输品泄漏;

证据二:交通事故发生地点靠近河道;

证据三:天气预报报告当天不会下雨;

证据四:水质监测发生了变化。

2)制作矩阵图,考察证据的诊断价值,识别哪些证据最有用

	假设一	假设二
证据一	+	−
证据二	+	−
证据三	−	+
证据四	+	−

随着情报的增加,假设越趋向确定。由上述矩阵图可看出,此次交通事故造成污染的可能性是货车事故造成运输品泄漏并流入河中。

针对水污染预警是对先兆信息的假设分析,一般只会假设发生水污染或不发生水污染两种状况。每个假设分析的证据在预警中所占的比重并不相同,在实际的水污染预警分析中,情报分析人员通过专家调查法、层次分析法、模糊综合评价法进行定性定量假设分析。

6.1.1.3 验证

一般来说,推论只能说明未来可能发生什么,对于未来一定会发生的事件则不可预知①。错误虚假的预警信息不仅会浪费大量的人财物,还会造成社会的混乱。落实验证水污染预警是否成功,可用信号检测的方法进行(见表6−1)。

表6−1 信号检测矩阵运用于水污染预警

预警的假设现象	检测到信号	没有检测到信号
出现	击中	未击中
不出现	错误警报	正确拒绝

资料来源:张岚岚,许鑫.企业竞争情报中弱信号获取及其影响因素[J].图书情报工作,2010(14):79−82,135.

验证可分为四个状态:①预警并检测到水污染现象,正确辨识了目标;②预警但并未检测到水污染现象,发出错误警报,往往需要对预警模型或预警方法重新构建;③未预警,但检测到水污染出现,需要对搜索的水污染

---

① 沈固朝.信号分析:竞争情报研究的又一重要课题[J].图书情报工作,2009(20):11−14,59.

情报进行补充,提高监测感知的广度;④未预警同时未检测到的水污染现象。

在水污染预警中,可通过预警程度来保障水污染预警的可靠性。胡承芳等在突发性水污染监测预警中采用对水质数据实时监测的方法,设定水质预警界限,通过"初预警—人工确认—警情处理"的方式对预警信号进行处理①。吴海霞等人在《运用信号分析法建立我国的金融风险预警系统》中将预警体系分为安全、基本安全、风险和严重风险四种状态,通过赋予不同的指标权值,进行风险灯号的显示②。杨帆从涉及人数、经济活动、生态破坏等角度做了详细描述,设立了巨警、重警、中警、轻警、无警五个警度③。一般而言,警戒线需要根据实际情况不断进行调整和完善,修正警戒线的主观性的缺点④。警戒线的确定主要参考历史数据、国际通用标准和德尔菲法、层次分析法等。

6.1.1.4　预警信息发布

吉林环保局在松花江水污染事件中,第一时间发布的污染报告与事实不符,并在事发五天后才告知黑龙江,没有将准确信息公布给公众,使得公众生活受到影响⑤,对政府公信力也造成了重大的影响,所以说预警信息发布的准确性和时效性都十分重要。

(1)构建广泛的预警信息发布渠道

预警信息的及时发布,依赖于环保机构内部预警信息的有效传递,需要各管理部门各司其职,充分利用互联网、广播、电视、报纸、显示屏、灾害预警处置终端等多种形式发布预警信息⑥,确保公众在第一时间得知预警信息,使他们能够及时采取有效预防措施,从而最大限度减少危害。

---

① 胡承芳,肖潇.突发性水污染监测预警系统设计研究[J].人民长江,2012(8):71－75.

② 吴海霞,邢春华,孙婵娟.运用信号分析法建立我国的金融风险预警系统[J].金融论坛,2004(6):51－56,63.

③ 杨帆.突发性水污染事故预警指标筛选及体系构建研究[D].北京:北京林业大学,2009:43.

④ 钱进,王友春.公共安全危机策论[M].南京:江苏人民出版社,2010:111.

⑤ 刘岩.应对突发性水污染事件对策研究[D].长春:吉林大学,2008:16.

⑥ 裴顺强,孙健,缪旭明,等.国家突发事件预警信息发布系统设计[J].中国应急管理,2012(8):32－35.

（2）预警信息快速分级分区域发送

对不同警度、不同类型的预警信息，信息发布方式有所不同。在发布预警信息时，要根据水污染的影响范围、涉及的人群、造成的危害有针对性地采用发布策略和手段。不同级别不同区域的发布单位仅能发布本区域范围的预警信息，不能越级、跨区，造成责任不明。

（3）保持预警信息的连续性

水污染事件的发展具有动态性，且污染扩散速度很快，需要环保部门及时更新信息，发布预警信息的有关部门也要及时将新信息发布，使公众能保持对事态发展过程的跟踪。保持预警信息的连续性能使公众主动配合甚至参与水污染治理工作。在危机过后，相关部门要第一时间解除警报，向社会公布信息，使公众的生活回归正常轨道，恢复社会秩序。

6.1.2 食品安全情报分析

食品安全是一个综合概念，包括食品质量、食品卫生以及食品营养等各方面内容[①]。食品安全评估是采用定量或定性的方法，对食品中添加剂、病原菌等对人体的潜在副作用进行评估的科学程序，在这个过程中，情报分析人员可以利用情报搜集方法采集有关食品安全的信息，利用情报分析方法分析和评价信息，从情报角度评估食品安全，以情报为先导，发现食品潜在威胁和防止已发生的危害事件再次发生。食品安全评估的依据是现行食品卫生标准法规[②]。我国已经制定了《中华人民共和国食品安全法》等一系列食品安管理法案[③]。

情报在食品安全评估中的作用是不容小觑的。情报方法和情报活动因为具有隐蔽性、及时性、实用性等特点，其在食品安全评估过程中的应用将大大提高评估的工作效率，具体优势有以下几点。

首先，借助情报活动有利于提高食品安全评估的工作效率。隐蔽性是情报方法在信息搜集活动中最重要的特征，一些通过公开途径无法获得的地下信息可以通过情报搜集方法被侦察到，同时做到不触碰法律底线，在

---

① 食品安全的基本含义[EB/OL].[2013 – 12 – 03]. http://zjrb. zjol. com. cn/html/2006-07/19/content_139338. htm.

② 焦红. 建立食品安全评估和预警体系之我见[J]. 检验检疫科学,2005(S1):64 – 67.

③ 王路露,林绍忠,管峰. 风险分析技术在食品企业安全评估中的应用[J]. 经营与管理,2012(4):113 – 115;钱娟,赵林度. 风险分析在食品安全管理中的应用研究[J]. 物流技术,2009(3):20 – 22.

食品安全监管中占据主动位置。

其次,充分发挥情报"耳目、尖兵、参谋"的作用,实时跟踪食品安全各个环节,监测可能引起不安全的因素,及时跟进,利用情报方法对采集的信息进行分析,快速检验食品安全问题因素,预见可能发生安全问题的食品,有目的性地进行评估。

食品供应链上有关食品安全问题的不同载体的原始信息大多比较零散,彼此之间没有内在的联系,在形式上也多种多样[①]。情报分析需要凭借某一依据对这些信息进行整理,进而分析信息反映的本质问题。就食品安全的情报分析,以下利用鱼骨图法,以食品供应链的各环节为主干,分析食品供应链各个环节可能出现危及食品安全的因素,并将食品安全的危险因素与信息源联系起来,便于食品安全评估对整个供应链的追踪溯源。

以食品供应链作为鱼脊,在鱼脊上绘制"食品原材料供应(生产、养殖)""食品生产加工""食品存储运输""食品销售""消费食用"五根大骨,再依据各个环节可能出现的危险因素探讨出16根中骨和若干小骨,每一根中骨都代表可能影响食品安全的关键因素,每一根小骨反映食品安全问题的部分信息源(见图6-8)。

根据图6-8,将不同来源的信息按照产生食品安全危险的因素进行分类,不同的食品安全危险因素可以通过不同的信息源反映。情报分析人员通过鱼骨图法对可能引起食品安全危险的因素以及反映食品安全危险因素的信息源进行分析,建立食品安全评估指标,跟踪食品供应链各个环节,一旦某一信息源反映食品安全危险,便可跟踪到具体环节,及时做出评估判断。

情报手段有利于对食品供应链"从农田到餐桌"进行全源监控,并获取其他途径不易得到的信息,准确评估食品质量。除此之外,为了更好地对食品进行监管,国家应该对食品进行溯源管理,从原料阶段进行标识,对原料的流向进行记录,让每一个环节都可以相互追查,出现异常现象,质监部门就可以立即追查问题环节,及时治理危害性因素[②]。

---

① 朱庆华.信息分析基础、方法及应用[M].北京:科技出版社,2004:39.
② 范春光.国外食品安全监管制度及其借鉴——建立"从农田到餐桌"的全过程质量信息披露制度[J].国家行政学院学报,2008(3):96-98.

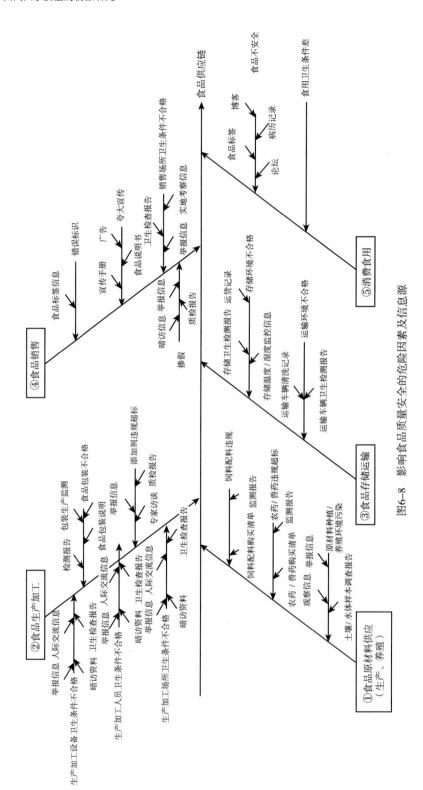

图6-8 影响食品质量安全的危险因素及信息源

6.1.3 反偷税中的情报分析

反偷税活动的情报分析包括两方面:一方面是收集企业可疑的经济行为,依靠完整的知识背景以及专业敏感度感知行为的发生;另一方面是情报搜集结束后利用稽查选案法对搜集的结构化数据进行精细分析。

6.1.3.1 偷税行为信号感知

表6-2所列举的各种行为都应该引起税务人员的警惕,以此为出发点,透过现象看本质,协助相关机构利用切实可靠的财务证据链将偷税企业绳之以法。

表6-2 各类偷税行为可能的信号征兆

本质	偷税手段	偷税行为的信号描述
转移利润	集团作用	非法转让倒卖,并以亲属名义成立公司①
缩小利润	扩大费用	对购进的原材料提高报价②
		增值税小规模纳税人开具发票数量过高③
		长期大额投资④
		厂家和商家销售日渐火爆,纳税的数额却寥寥无几⑤
		行业总体状况微利或持平,该公司却大幅亏损⑥
		每月的购货、销售业务及资金收入付出几乎发生在同一天⑦
		虚进发票,无谓支出庞大⑧
		税负连续多年低于行业同水平企业⑨
		外方超额投资⑩

① 徐慎刚,姚昌文.对于2008年某特大偷税案的案例探析[J].财政监督,2011(16):38-41.

② 钟志文.堵住外资逃税暗流[J].决策与信息,2003(8):35-36.

③ 徐瑛,王学义,王军,等."电算化逃税"遭遇"数字化稽查"[J].中国税务,2011(6):46-47.

④ 周银花.警惕利用"长期投资"偷税[J].中国审计信息与方法,1998(6):41.

⑤ 顾非."冰棍打法"——一种偷税行为的列举[J].辽宁财税,2000(1):38.

⑥ 王文海."做出来"的销售亏损——某台资汽车销售公司偷税查处纪实[J].税收征纳,2007(5):22-23.

⑦ 潘世刚,王师顺,谢丽军.一起由主管部门导演的"虚开"骗税案[J].税收征纳,2004(10):17-18.

⑧ 李伟.高官之女程悠兰偷税被判刑三年[J].税收征纳,2004(5):13-15,42.

⑨ 马桂莲."管理规范"背后的猫腻[J].税收征纳,2010(1):22-23.

⑩ 庞立群,周小鹏.外商投资企业以"外方超额投资"方式偷税现象值得注意[J].山东税务纵横,1997(7):41-42.

续表

本质	偷税手段	偷税行为的信号描述
缩小利润	扩大费用	虚开废旧物资发票①
		以房换地或以房抵债②
		在材料市场价格、工艺配方等因素不变的前提下,材料消耗明显高于历史水平③
		返利、回扣,不同税率企业发票相互抵押④
	隐匿收入	巨额联建费,与实际严重不符⑤
		使用发票与记账收入不符⑥
		利用出口外销在外地设置库房隐匿收入⑦
		产品销售不开或虚开销货凭证金额
		记账联不入账,大头小尾发票⑧
		收入低于本行业的普遍收入
		外籍企业大中华区业务发展经理每月申报纳税收入偏低⑨
		低开发票⑩
		银行账户多头开户,以个人名义开户进行公款私存或者开立个人信用卡以方便账外交易⑪
		凭证存在严重的跳号现象⑫
		"专用基金"金额过大⑬

---

① 牟忠祥,王兴端,张白云.警惕虚开废旧物资发票的偷税行为[J].中国税务,2002(7):46.

② 程保东,于寿志.不放蛛丝马迹　穷追不舍连环案[J].辽宁财税,2001(4):60.

③ 王树锋,徐瑛,赵艳.增值税审计的方法探析[J].黑龙江八一农垦大学学报,2001(2):105-109.

④ 吉化若,张焱.隐蔽偷税手法:加大进项税额[J].中州审计,2000(12):12.

⑤ 李宏.捅开"联建"商品房逃税黑洞[J].税收征纳,2007(3):22-23.

⑥ 志林,明忠,志广."小作坊"税收漏洞大——三家水泥制品厂偷税问题引起的思考[J].税收征纳,2004(9):28-30.

⑦ 杨红梅.外企假亏损　稽查揭真相——查处外企天马医疗设备公司偷税记事[J].税收征纳,2004(8):12-13.

⑧ 王哲.偷税潜逃终入狱——长江物资经理部偷税查处记[J].税收征纳,2004(3):13-14.

⑨ 梁海鹰.外籍人员个人所得税检查如何发现问题[J].中国税务,2011(6):44-45.

⑩ 田大勇."暗渡陈仓"为偷税——一桩由低开发票引发的偷税案[J].税收征纳,2011(2):9-10.

⑪ 张万江.账外经营偷税分析及税务稽查策略[J].天津经济,2010(2):69-71.

⑫ 新税稽.一起股东大会决定的缜密偷税案[J].税收征纳,2008(7):18,33.

⑬ 试论法人偷税犯罪的手段及其防范对策[J].检察理论研究,1995(2):25-28.

续表

本质	偷税手段	偷税行为的信号描述
缩小利润	隐匿收入	大量现金交易①
		增值税凭证未编凭证号,且记账联未登入销售收入账②
		纳税人有意识地采取错误陈述、谎报或隐瞒有关财产或收支情况等手段③
		报关价格低于市场价格④
		模糊个人收入和企业收入的界限⑤
		以联营的名义掩盖门面出租,以减少营业税及其他税款⑥
		在账务上不体现商品出库⑦
		坐支现金,出纳处有大量现金⑧
		本应一次性发放的奖金逐月造册年终发放
		股息红利计入补助公司、加班工资和福利费⑨
		工资中职工医药费、福利费、午餐补助费等允许税前扣除的项目金额过大⑩
		货币收入转变为权益收入⑪
		联营企业一方不参与生产经营与管理,但在一定时期内从联营企业固定取得收入⑫
		固定向另一工业企业支付临时工工资,或一企业为另一家企业报销
		生产企业和商业企业之间平销⑬

① 新税稽.一起股东大会决定的缜密偷税案[J].税收征纳,2008(7):18,33.
② 试论法人偷税犯罪的手段及其防范对策[J].检察理论研究,1995(2):25-28.
③ 韩翔宇.对目前企业偷税现象的透视及对策[J].税务,1998(2):19.
④ 陈光岳.八百万偷税案水落石出[J].税收征纳,1999(8):10-11,9.
⑤ 王保民,谢勇.电子商务环境下的国际逃税与避税[J].涉外税务,2007(6):41-44.
⑥ 郭莹玉,徐越.15亿元特大商业瞒骗案侦破纪实[J].决策与信息,2004(12):56-57.
⑦ 王晨波,于晶波.刘晓庆案:家族公司的灰色代价[J].新闻周刊,2003(47):56-57.
⑧ 谢美来.假联营 真偷税[J].中国审计,1996(2):37.
⑨ 曲春梅,福海英,宋坤宇.对利用假账偷税的查处及税收管理对策[J].税收征纳,2003(7):21-22.
⑩ 杨磊,蒋年龙.税收稽查的一个重要切入点:货币资金账户审查[J].江西财税与会计,2001(6):21.
⑪ 霍庆来,孙景涛.应注意个人所得税偷逃新动向[J].河南税务,2001(1):58.
⑫ 胡俊坤.关注房产税偷逃新动向[J].中国税务,2001(6):51.
⑬ 郭建民.平价销售猫腻多[J].税务,2001(6):19.

续表

本质	偷税手段	偷税行为的信号描述
	隐匿证账	滞纳金、罚息收入、违约金等计入营业外收入①
		设两套账:明账,暗账②
		抹账协议③

6.1.3.2 稽查选案的分析方法

有了偷税企业的行为信号,税务人员并不能马上就能得出该企业偷税的结论。从情报工作的角度而言,行为信号只是情报搜集—情报分析链条的起点,还需要大量的分析工作才能把偷税企业的偷税证据坐实。另外,如果说信号方法的成功主要依赖于行为信号有效收集以及足够的专业敏感度,那么在结构化的数据面前,税务人员有可能将精力更多地集中在分析方面。从表6-3可以看出,数据挖掘是一种有效的工具,可以使税务人员在繁杂的经济往来单据中不迷失方向,有更多的精力来做高级的分析工作。当然稽查选案的方法不可能在查全率和查准率方面做到100%,却可以极大地缩小范围,节省人力、物力和财力。

表6-3 若干典型的稽查选案方法

方法	工具	方法描述	涉及的指标
BP神经网分析	BP网模型	采用三层神经元网络结构,并设立不同参数与指标,将数据带入计算式中计算	静态比例指标、动态比例指标、运营能力指标、营利能力指标、偿债能力指标④
C5.0决策树	Clemetine	回归法的分类准确率差不多,但是决策树可以生成容易理解的规则,并且考虑到错判会带来较大的损失	税收负担率、实际税率、存货率、速动比率、资产净利率、销售成本率、销售财务费用率⑤

---

① 刘跃生,王小妮. 房地产企业常见的偷税方式及检查对策[J]. 涉外税务,2002(9):61-62.

② 高德新,佟志军,杜春云. 利用两套帐逃税现象评价[J]. 审计理论与实践,1996(2):43.

③ 宣云华,王蔚蔚,朱永香,等. 假抹账牵出的偷税案[J]. 农村财务会计,2003(2):51-52.

④ 马庆国,王卫红,陈健,等. 神经网络在税务稽查选案中的应用研究[J]. 数量经济技术经济研究,2002(8):98-101.

⑤ 陈仕鸿,刘晓庆. 基于C5.0决策树的税务稽查研究[J]. 连云港职业技术学院学报,2011(3):21-23.

续表

方法	工具	方法描述	涉及的指标
关联规则数据挖掘	FG 挖掘算法	挖掘出隐藏在数据中的相互关系,找出所有能把事件或数据项与另一组事件或数据项联系起来的规则	涉税违法、违纪数据;违法、违纪手段
数据库的知识分析方法	KDD 系统	通过对税务局数据库中的财务报表的分析,从原先并无多少使用价值的数据中,利用分析工具和数学算法从中抽取对稽查选案能起辅助决策作用的知识	原始的指标库:100 个左右①
基于 SVM 与 SOM 的稽查选案模型	Matalab	基于支指向量机(SVM)对纳税人分类,然后采用自组织映射神经网络(SOM)对疑点信息进行聚类,选出需要重点进行稽查的目标对象	资产负债率、存货周转率、资产净利率、速动比率②
Logistic 回归分析	SPSS	将待检测纳税人的实际数据带入 Logistic 回归模型,将该纳税人的 p 值与原来回归方程的 p 值进行比较,从而初步判断该纳税人的"诚信"程度	资本结构、资产收益率、资产周转率等③
Tobit 模型	SPSS	计算应纳税额,比较其申报额,从而判断是否为诚实的纳税户	资本结构、应纳税额等
指标分析法	SPSS	使用 SPSS 软件进行正态回归分析,设定税负上下浮动合理区间。然后将待检测纳税人的实际数据与其进行比较,从而初步判断该纳税人是否异常	增值税税收负担率、成本利润率、增值税专用发票抵扣率④

① 陈健.税务稽查选案中的 KDD 应用[J].系统工程,1999(5):62 - 66,61.
② 夏辉,李仁发.基于 SVM 与 SOM 的税务稽查选案模型研究[J].科学技术与工程,2009(14):4027 - 4031.
③ 何晓群,王作成.统计方法在税务稽查选案中的应用[J].税务研究,2003(12):49 - 50.
④ 唐文娟,王喜成.基于正态分布的增值税纳税评估研究[J].大众科技,2009(11):220 - 222,216.

续表

方法	工具	方法描述	涉及的指标
聚类分析	SPSS	建立信息库	税收信息 + 群众举报
时间序列分析	SPSS	采用时间分析税收时间的变化、观测预测值与实际值之间的差值,采取相关的手段	时间段、税收收入、税率①
关联分析	SPSS	GDP 与税收总额、税收的增长之间的关联	税收增长、税收增长率、GDP、GDP 增长率
判别分析	SPSS	利用前馈方向传播神经网络(BP 网),解决"非诚实纳税企业群"与"诚实纳税企业群"的分类问题	静态比例指标、动态比例指标、盈利能力指标、运营能力指标、偿债能力指标
距离判别分析法	SPSS	设有两个总体诚实纳税户的集合 G1,非诚实纳税户的集合 G2。待评估纳税户 X,定义 X 到总体 G1 和 G2 的统计距离,利用一定的规则进行判断	税务统计距离
判别式函数(DIF)	SPSS	计算机对每张纳税表进行打分。打分最高的最有可能存在问题,因而最值得审计	计算机对每张纳税表的打分分值②
对比分析	案头资料	销售(营业)收入与同期对比,利润率、毛利率与同期或上期或同行业对比,纳税申报与同期、上期对比分析	营业收入、利率、纳税申报③
博弈论	博弈模型	税务机关与纳税人之间的博弈,偷税和纳税检查之间的关系以及各方损益	税款罚款、得益和成本④

---

① 刘普照.我国宏观税负问题分析及对策选择[J].改革,2001(2):11 – 17,63.
② 董根泰.中美税务审计比较及借鉴[J].涉外税务,2003(6):39 – 42.
③ 李增源.论有效的税务稽查[J].福建税务,1995(9):5 – 7.
④ 李晓阳,林国平.对偷税行为的博弈分析研究[J].江苏商论,2007(10):175 – 176.

方法	工具	方法描述	涉及的指标
定式稽查	定式稽查表	定式稽查是相对统一稽查项目,以固定表格为形式,采取直接填列有关数据,再配以其他稽查手段来确定增值税一般纳税人应纳税额和查补税额的一种方法	销售调整部分:发票,计税价格等;进项税额调整项目:返利,进货退出索取等①
外调查法	访谈	根据外地业户与被查对象之间存在的具有偷逃税的业务往来,对外地业户进行调查,进而举证,核实偷逃税行为②	
上访、信函分析	访谈	通过人民上访了解黑幕、通过外地协查信函了解	
发动群众举报法	访谈	采取宣传、畅通举报渠道、及时向举报人反馈、兑现奖励措施	
CLS 决策树、OLAP 技术	决策支持系统(DSS)	在对财务报表的数据挖掘与知识发现过程中,建立决策支持系统,增加税收征管工作的科学性,提高税务稽查的效率和准确度	逃税企业的指标值与非逃税企业的指标值③
设计激励机制	利益博弈模型	设计征税机关与纳税人之间的博弈模型设计激励机制,提高税收征管部门的效率,减少税收流失④	

---

① 吴俊红.增值税定式稽查方法初探[J].税务研究,1999(10):58-63.

② 战卫东,赵红.稽查方法探析[J].税收与企业,2001(12):31.

③ 王卫红,陈健.税务稽查选案决策支持系统的开发[J].计算机工程与应用,2000(5):186-189.

④ 周晓唯,张璐.基于主体利益最大化的税收征管激励机制设计——一个法经济学的分析框架[C]//2008年度(第六届)中国法经济学论坛,2008:9.

续表

方法	工具	方法描述	涉及的指标
专家系统设计思想	面向对象知识处理系统	把知识从处理流程中独立出来,组成一个叫知识库的实体,具有较好的开放性、灵活性、易维护、易扩展等优势	销售税金负担率①
"突然袭击"检查	实地调查	明察暗访、出其不意	
疑点发票检查法	统计	制作疑点发票汇总表	

6.1.4　资本外逃现象的情报分析

6.1.4.1　资本外逃的情报模型

经常项目下的资本外逃、资本项目下的资本外逃和其他渠道的资本外逃是资本外逃的三种基本形式。共同点是都要经历资本外逃的准备、进行、出境三个基本阶段。从情报的视角来看,资本外逃过程可以理解为两个流通路径:表面的资金流和隐藏的信息流。情报视角下的资本外逃过程见图6-9。

6.1.4.2　经常项目下的资本外逃情报分析

(1)经常项目下的资本外逃

经常项目是国内资本外逃的主要途径。信息在商品贸易活动中随着货物、资本、服务而发生流动,在这些信息间利用情报方法进行分析识别,能有效地监督和控制资本外流现象发生。

(2)元数据组织法的应用

国际贸易是大部分经常项目下的资本外逃使用的手段,正常的国际贸易流程会产生大量的报关单信息、核销单信息、发票信息,因此经常项目下的资本外逃在这些流程中会留下大量信息。搜索引擎和元数据组织方法是目前比较常见的信息组织方法。元数据组织法就是对信息单元及其集合进行信息描述从而形成元数据。在资本外逃的活动中,资本外逃相关的元数据应包括信息对象的名称、内容、事件、来源单位等属性。

---

① 赵璇,史忠植.税务稽查选案专家系统的研究[J].计算机系统应用,1999(10):12-15.

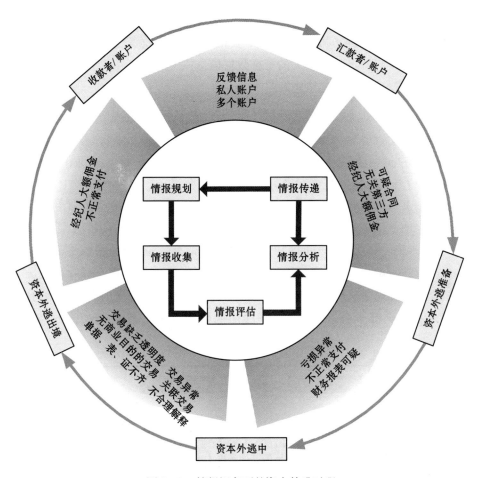

图6-9　情报视角下的资本外逃过程

6.1.4.3　资本项目下的资本外逃情报分析

（1）资本项目下的资本外逃

国际收支中一国资本输出与输入的统计记录就是资本项目，对一国的资本市场和经济发展有重大而直接的影响。国内严格管制资本项目，但仍然有大量资金通过资本项目流出境外。资本项目下的资本外逃的交易过程中，信息只从资金流动中产生，情报活动需要着重关注这些信息。

（2）基于社会网络分析的情报分析方法的应用

社会网络分析适用于分析复杂的资本项目下的交易过程。通过社会网络分析法对这些规律加以挖掘，可以分析网络模型中异常交易的参与者。

借助社会网络分析法对资本外逃情报进行分析的具体流程，可以参考以下步骤：

- 确定涉嫌资本外逃的"行动者";
- 确定行动者之间的债务关系、贷款关系、证券投资之间的关系纽带;
- 收集与特定关系相关的资金数据信息;
- 构建社会关系网络矩阵;
- 利用软件工具对网络进行分析,识别出不符合整体网络特征的异常节点进行深入情报调查。

6.1.4.4　其他渠道资本外逃情报分析

(1)其他渠道的资本外逃

这类渠道也通常被称作"黑市",主要有地下汇市和地下银行等表现形式。地下汇市的组织形式很多:"行商"、"黄牛"、伪装的杂货店、珠宝商的"坐地商"等。其手段隐秘,汇兑过程很少留有信息,给情报收集活动造成很大的困难①。地下银行属于非法金融组织,它能够利用全球化的资金结算网络实现非法跨国资金转移。因为地下银行没有跨境的资金流动,其行为和信息都十分隐秘②。地下钱庄的资本外逃运作机制如图 6 - 10所示。

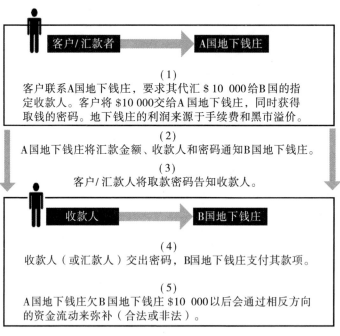

图 6 - 10　地下钱庄的资本外逃运作机制

---

① 宋文兵.中国的资本外逃问题研究:1987—1997[J].经济研究,1999(5):41 - 50.

② 王东纬,马培沛,颖青.中国资本外逃的主要途径与防范建议[J].时代金融,2012(12):247 - 248.

（2）信号监测方法的应用

其他渠道的资本外逃操作中包含大量随机迹象,这些随机迹象对于监控资本外逃非常重要。信号理论被用来分析资本外逃过程,即通过观察公司的投资行为,分析财务信息和发展业务来对资本外逃行为进行早期评估。

在资本外逃分析中引入信号监测的流程可以分为两个步骤:第一步,信号的识别。信号的识别方法主要有关联法、问题指引法等。第二步,设定信号的监测模型。在信号的演化超过临界点时提供预警,为遏制资本外逃行为做好准备。

6.2　以现状分析为目的的情报分析

军事安全和信息安全的情报问题侧重对国家军事和信息安全风险的评估,建立风险标准,对当下风险进行评级,以便在威胁发生时及时采取安全措施。

本节介绍科学技术评估、信息和军事安全风险评估的流程和方法以及核安全问题中的情报分析。

6.2.1　科学技术评估的情报分析

内部自主研发和外部技术导入是科技发展最重要的两种方式,但无论哪个方面都需要对外部先进技术进行有效预测、识别和筛选。技术引进的安全问题会直接影响科技活动的安全,如果情报工作不到位,没有获取到及时有效的情报,可能导致引进决策失误,引起以下问题:

（1）技术重复引进,重复引进主要表现为时间上的重复引进和地域上的重复引进①两个方面。

（2）引进技术滞后,技术引进之前,需要准确把握新技术新产品的研究前沿。

（3）技术重"引进"而轻"吸收",通过引进获取了大量技术,却没有有效吸收转化,造成经济上的损失。

（4）技术引进中的人才问题。人才的转移也会带来大量的技术流失。

所以,在发现和确定先进的科学技术成果后,需要及时与国内现实情况进行比较、分析、预见和后果预期,确定是否需要开展技术引进活动。有

---

① 郝瑞明. 浅析中国技术引进问题[J]. 技术经济与管理研究,2002(2):62.

学者构建的"飞鸟模型"生动地描绘了情报活动在提高技术引进效率中的主导作用,其中情报主要作用于"鸟头",是智能主导,指引鸟往何处飞,如何飞等在技术引进全过程中起先导作用①。

6.2.1.1 科技评估流程

技术引进需要做到及时有效的检测,并根据这些因素建立评估指标,以达到实时控制的目的。此时情报研究的主要工作是提供项目产品的市场报告以及项目水平分析报告,以确保引进的技术满足需求。

科技评估活动由专业评估机构负责。美国的科技评估机构主要有国会研究服务部(Congressional Research Service,CRS)、国会技术评价办公室(Office of Technology Assessment,OTA)、国会预算局(Congressional Budget Office,CBO)、国会审计总署(General Accounting Office,GAO)、世界技术评估中心(World Technology Evaluation Center,WTEC)、管理科学开发咨询公司(Management Science Development,MSD)等。下文以美国国家工业安全局(Bureau of Industry and Security,BIS)在高新技术及材料引进过程中所采用的评估方法与指标为例,介绍情报评估工作的流程。

美国国家工业安全局的技术评估办公室(Office of Technology Evaluation,OTE)的分析内容有以下几项:①获取并分析出口许可和贸易数据;②国防工业部门对关键技术进行初步分析研究;③测量军用和民用的出口控制系统对美国利益的效果等。美国国家工业安全局已经形成一套较为规范的科技成果引进可行性评估流程(见图6-11)。

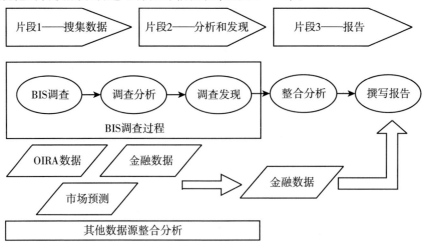

图6-11 美国国家工业安全局研究流程图

---

① 谷亚先.论技术引进过程中的情报活动[J].中国科技论坛,1991(2):49-51,61.

引进可行性评估过程需要经历搜集数据、分析发现以及最后形成报告三个阶段,首先需要经过 BIS 调查。BIS 在结合金融、市场以及其他多源数据的基础上,通常采用三个主要步骤来分析引进活动对于国家科技安全的影响,包括:①回顾以前的科技安全评估报告;②分析目前全球行业市场以及本国所处的位置;③执行国家安全审查。经过分析后得出可用结果,再次聘请相应领域的核心专家,进行专家论证,最后撰写报告。

6.2.1.2 科技分析方法

情报方法在科技领域评估的应用往往是综合性和多元集成的,随着评估对象的日益复杂,往往带有多学科性质。以下为常用的科技评估方法。

(1)同行评议(peer-review),是一种常用的定性评价方法,由于科学技术研究和高新技术前沿探索具备复杂性和不确定性等因素,所以需要进行专家评定。为了避免专家之间的相互影响,通常采用通讯评议、"双盲法"或网上评议等形式。此方法可以广泛应用于科技预测、项目立项、验收等阶段。

(2)成本效益法,通常根据科技项目的投资、收益,计算净现值、报酬率等指标,并通过搜集的相应数据进行比较分析,以选择最优项目和评估方法。

(3)多指标综合评价法,通常是根据评价指标体系中的某个单项指标或多项指标,进行综合评估并排出优劣次序,其中常用的包括多层次模糊综合评价、优序法、逻辑选择法等。

6.2.2 信息安全风险评估中的情报分析

随着信息技术的发展,计算机网络技术渗透到越来越多的领域。例如在政府办公领域,政府利用计算机技术建设电子政务,实现"最多跑一次"的政府办事目标。在支付领域,手机支付已是当下较为流行的支付方式。在企业,人们运用信息技术提高工作效率,例如利用决策支持系统辅助决策、利用企业资源规划系统调动资源合理分配。信息技术给人们带来便利的同时,也带来了信息安全隐患。随着社交网络和网上购物的兴起,个人信息越来越多地在网络上被记录。同时以窃取用户信息为目的的网络犯罪活动更加频繁。陆续发生的信息系统攻击事件给我们敲响了警钟,信息系统的安全风险评估工作也逐渐开始被予以重视。

近年来,我国对信息安全问题越来越重视,并且要在源头上对信息安全问题进行管控。信息安全风险评估是指从资产、威胁、脆弱性、已有的安全措施、风险分析等方面来分析信息系统所面临的风险。它涉及了技术和管理两个层面,对信息系统进行风险评估可以全方位地保障信息安全。

6.2.2.1 信息安全风险评估内容

信息安全风险评估工作主要从技术和管理两方面对信息系统的风险进行分析评估。基本评估要素如下:

(1)资产:组织内部所有有价值的资源;

(2)威胁:会对组织产生不利影响的事件;

(3)脆弱性:可能会被利用的、对组织不利的漏洞;

(4)残余威胁:采用安全保障措施后依旧无法避免的威胁;

(5)安全需求:为了保证组织正常完成目标,需要在信息安全方面采取的保障措施;

(6)安全措施:为了减少威胁、降低脆弱性而采取的安全保护措施。

基本要素间的关系如图 6 - 12 所示:

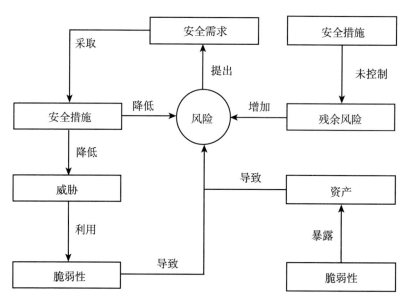

图 6 - 12 信息安全风险评估基本要素关系

各个因素间的关系如下:

(1)脆弱性的暴露会导致资产处在一定的风险当中;

(2)安全措施只能降低威胁,剩余威胁会利用脆弱性,最终带来风险;

(3)针对风险提出安全需求,安全措施会依照需求被采取而降低风险;

(4)风险无法完全被降低,安全措施若不能控制残余的风险则会增加风险。

6.2.2.2　信息安全风险评估流程

信息安全风险评估按照图 6 – 13 流程进行：

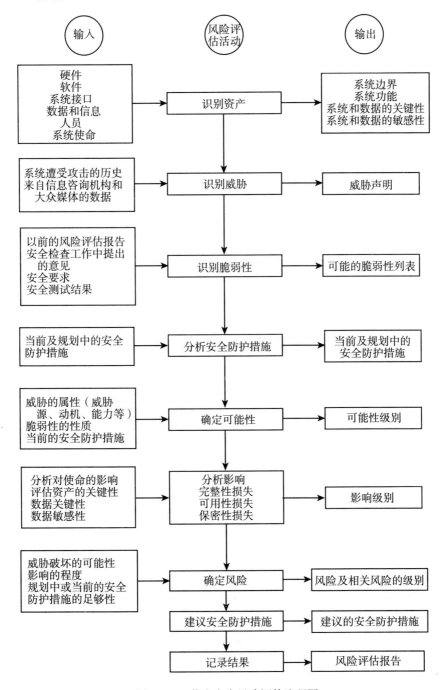

图 6 – 13　信息安全风险评估流程图

信息安全风险评估需要遵守以下步骤：

(1)资产识别：资产是安全措施保障的对象，也是风险的来源。系统资产包括硬件、软件、人员等要素。该过程是从机密性、可用性、完整性对资产进行评级，根据评级结果进行赋值。

(2)威胁识别：当安全措施无法解决资产面临的风险时，威胁作用到资产上从而破坏资产。威胁识别就是识别资产可能面对的直接或间接威胁。

(3)脆弱性识别：该环节是对组织内每个资产的弱点进行识别，然后综合分析组织资产的脆弱性的过程。

(4)已有安全措施确认：安全措施是保障信息安全的重要部分。确认安全措施可以辅助风险评估工作。

(5)风险分析：风险分析是基于以上四个步骤的，该环节包括确定可能性、分析影响和损失、确定风险。

(6)评估总结：根据风险分析结果建议对应的安全防护措施，并对结果进行记录，生成风险评估报告。

6.2.2.3　信息安全风险评估中的情报分析应用

(1)情报信息搜集

进行情报分析首先要进行信息搜集。在信息安全风险评估工作中要搜集风险分析对象信息。例如确定组织资产信息、信息系统内在弱点、组织的安全措施等。信息搜集的途径主要有以下四种：

1)问卷调查：问卷调查是指直接向信息部门的工作人员询问信息系统相关信息。这种方法获得的信息较真实可靠，但是信息的模糊性较高，系统性不高，需要配合其他方法进行补充。该方法主要运用于搜集被评估方的资产情况、威胁和脆弱性。

2)文献审阅：文献检索可以获得系统性较高的信息。文献主要来源于信息存储量较大的部门，如档案室和信息服务部门。除了获得的信息系统性较高的优点，该方法还可以追溯一些历史记录，参考性较高。该方法一般被用于搜集信息系统曾经发生过的安全事件以及情报分析人员采取的安全措施。

3)网络信息搜集：运用工具对网络信息进行搜集整理，为风险评估提供网络信息源。

4)辅助工具：风险评估包括技术和管理两个层面。技术信息内容主要包括信息系统中的主机运行情况、网络状态等。因此这些用肉眼搜集不到的信息需要借助一些工具来完成。

（2）情报分析

风险评估分析工作分为技术层和管理层两个方面。以下将会详述分析方法。

管理层风险分析方法主要有经验分析法和信息模型分析法。

经验分析法：经验分析法是基于知识的情报分析方法，主要靠经验进行。这种方法首先要识别当前存在的风险和整理目前已有的安全措施，然后将安全现状与安全目标进行对比，利用人员经验找出差距后依照标准采取安全措施。该方法集中于安全需求分析、资产现状分析以及最后的经验相似性比对三个环节。

信息模型分析法：该方法首先要对组织内部的安全现状进行一次调查。调查内容为收集被评估组织现有的机制、脆弱性和威胁。然后根据收集到的信息建立安全模型，最后与标准模型进行比对找出不足。基于模型的分析方法有利于评估人员对风险进行系统、全局的评估，因此该方法更加适用于管理层的风险评估。

管理层风险分析重在分析整个组织的安全需求和安全机制，对信息系统技术方面的缺陷和风险的分析几乎不涉及。因此技术层的分析有其特有的方法。

技术层风险分析内容主要是识别信息系统弱点。弱点识别的方式可以大概分为工具分析和人工分析两种。工具分析就是利用软件根据现有的安全漏洞库对信息资产进行基于网络层面的安全扫描。该方法能够较全面、真实地找出信息资产面对的网络安全威胁。人工分析和工具分析是互补的分析方法。工具分析往往遵循固有的扫描规则，人工分析可以在工具的基础上，根据专家经验对扫描策略做一些调整。

6.2.3 军事安全风险评估中的情报分析

军事安全是传统国家安全的一部分，在国家安全中占据着非常重要的地位。军事安全是指国家利用军事力量，维护国家利益，保卫人民生命财产，维护国家相对稳定的内外环境。从古至今，军事安全是国家长治久安的重要保障，事关一国之基，国家命脉，军事也是当今国际社会较量博弈的关键领域。军事安全是国家安全中的重中之重。

军事安全带有明显的攻防性质，既包括一个国家的武装能力和防御能力，也包括其他国家对该国军事实力和攻击能力的认知。一个国家的军事状况关系到多个国家和政治集团的策略和利益,国家和政治团体间矛盾的最高解决方案也是军事手段,因此军事安全与国际博弈和战争相关。同时,军事安全也关系着国家的国土安全、海外利益安全等多个领域,一个国家的军事状况与国家综合实力和国际话语权直接相关,是国家最根本的安全保障。

由于军事安全的攻防性质和对国家安全的重要性,军事领域的安全工作必须慎之又慎。任何微小的风险都有可能被敌对国家利用,给国家造成重大损失。因此,必须慎重对待军事安全领域可能出现的风险。对军事领域进行风险评估,是及时发现潜在威胁,排查安全隐患,避免造成重大损失的关键举措。

军事安全情报是指为了保障国家军事安全而搜集并处理的与我方有联系的对方的信息集合。军事安全情报问题主要围绕新型军事武器的开发,对军事装备和军事形势进行安全管理和观测,同时要做好军事情报收集和国际军事动态预警。这需要情报分析人员加强与其他国家的军事交流,及时掌握国际军事动态信息以及先进的军事技术,健全军事安全风险评估标准体系,提高军事信息系统安全性。

6.2.3.1 军事安全风险评估内容

传统的军事安全包括军备安全、人员安全、后勤安全、战时情报安全等内容,非传统的军事安全包括军事信息系统安全、军事信息系统基础设施安全等。对军事安全进行风险评估既要考量传统军事安全要素,也要考虑非传统军事安全要素。

军事安全风险评估内容可以分为我方风险点、敌方威胁点、已有军事战略、军事安全需求、安全措施五个方面。

(1)我方风险点:风险往往来自资产,军事资产主要有军事装备、军事人员、军事信息系统等资源。

(2)敌方威胁点:是指敌方可能会利用我方风险点而做出的损害我方军事利益的事件。

(3)已有军事战略:军事战略是指管理军事事务和规划军事战术的策略。

(4)军事安全需求:通过比较风险、威胁以及已有安全战略,发现未被发现的脆弱点,由此产生军事安全需求。

(5)安全措施:针对安全需求采取的军事安全措施。

6.2.3.2 军事安全风险评估的情报应用

军事安全风险评估可以大致分为四个环节,分别是确定风险点、确定威胁、专家评定和综合分析。

(1)确定风险点:该环节主要是确定被评估单位的风险点。军事风险指的是可能导致国家军事利益受到威胁的危险事件的集合。该环节不仅要确定各个风险点,而且要厘清各个风险点的逻辑关系,并给风险点赋值。

(2)确定威胁:军事威胁是指对手可能采取的危害被评估方利益的危险事件。评估人员依据威胁发生对军事安全的破坏程度确定权重。同时,军事威胁会随着军事形势变化而改变,所以权值也要灵活改变。

(3)专家评定:该环节会用到德尔菲情报分析方法,专家要对各个风险点和威胁的逻辑关系进行专业评判。专家考虑不同军事形势下风险的变化趋势以及对被评估国军事带来的威胁变化,确定军事安全风险程度标准。

(4)综合分析:根据前面步骤(1)(2)的结果,得出目前军事安全风险值,再与步骤(3)得到的标准对比,确定军事安全风险等级。

6.2.4 核安全中的情报分析

6.2.4.1 情报分析对象

美国是最早意识到核安全问题的国家。美国在核安全问题上的关注对象首先是有核武器的国家,之后随着恐怖组织萌生了利用核武器进行恐怖活动的念头后,恐怖组织也成为核安全的关注对象。无论关注对象是国家还是组织,核安全关注的内容都是核安全技术问题和核安全管理问题。核安全技术按照工作流程可分为核研发技术、核应用技术和核辐射防护技术。以情报的角度来看,核安全技术问题与科技安全的情报分析相同,都是对外部技术进行及时收集识别后,对自主研发的技术进行比较改良的过程。因此以下不再赘述核安全技术的情报分析内容,主要阐述核安全管理问题的情报分析内容。

6.2.4.2 情报分析内容

核安全管理内容包括核安全监管体制建设和核安全制度建立。为保证核安全管理工作有效开展,核安全管理工作人员需要不断收集其他国家的核安全管理体制和制度发展现状,对比本国自身发展情况和发展需求,建设更加成熟的核安全管理方法。核安全管理的情报分析工作采用的方法主要是层次分析法,具体可以分为四步。首先,情报分析人员收集有关其他国家核安全管理工作体系的情报;其次,对收集到的情报进行聚类分析,建立评价核安全管理工作体系的评价指标;再次,利用德尔菲法对指标进行权重赋值;最后,利用建立的指标体系评价本国的核安全管理工作体系,对比国外较好的案例改善现有的工作体系。

6.3 以监测预警为目的的情报分析

在社会生活中,人们往往通过事物的发展现状和发展的历史进程,采用一定的科学方法,对其发展方向和未来状态做出推算和预测,这就是常见的预测活动。预测活动有三要素,一是对事物发展现状和历史进程的搜集,二是采用一定的科学方法,三是要对未来状况做出合理预测并将结果呈现出来。我们将情报学原理与预测活动相结合,可以得到以情报分析为基础的情报预测活动,同样的,这一活动也有三要素,分别是情报收集处理、情报分析与结果呈现,这也是以监测预警为目的的情报分析活动的过程。情报分析是进行科学预测、得到科学预测结果的基础,没有情报分析工作,预测活动就仅仅是人为的臆断。同时,监测预警活动也提高了情报分析的价值,将情报分析结果用于预警,能够提前消除安全隐患。

几乎每一种安全领域都或多或少地存在一些预兆是人为可预判的,也就是说,通过观测记录并分析,能够对安全问题的爆发做出预测。例如核安全问题中的核泄漏事件,往往伴随着设备的老化问题,可以通过对核电企业的设备更新换代记录的监测和分析来进行预警,通过数据分析,当设备更新换代的速度小于安全阈值,核安全问题就有爆发的风险,必须立刻排除风险,更换设备。

在研究过程中,本书挑选了总体国家安全观中的四类带有明显可预知性质的安全问题——社会安全、国土安全、政治安全、资源安全。其中,资源安全的数据监测范围相对明确,在情报源的搜集过程中更有针对性,预警信号相对较强,中短期预测较多。政治安全、社会安全和国土安全问题往往隐藏得更深,潜伏期更长,需要广泛搜集不同来源、多个方面的情报,在问题爆发前缺少强烈的信号,一般是长期预测。

以下通过对情报主导警务模式(社会安全)、情报主导边防工作(国土安全)、情报介入反恐怖主义(政治安全)、石油安全情报(资源安全)的分析,论述预测型情报分析的应用情景和整体流程,阐明预测型情报分析的"耳目、尖兵、参谋"的防范作用。

根据情报的监测与分析在安全活动中的作用,本书将其分为情报主导监测预警和情报介入的安全活动两部分。警务、边防工作和反恐怖主义活动中的监测预警都由情报主导,情报主导这些活动的情报规划、搜集、发现警兆和采取预警措施的全流程。传统能源安全保障的工作重点在于应急预案的制定,情报监测与预警能够对能源安全问题进行威胁评估和爆发预测。

6.3.1 情报主导的警务工作监测预警

公安部门的边防工作、警务工作和反恐任务对情报有着极强的敏感性,情报分析得到的预警结果通常是对隐藏的恶性事件的发掘,是预防工作的方向。对边防案件和社会事件有针对性地进行预防能够大幅减少损失,减少恶性事件的发生,对安全保障有立竿见影的作用。

情报分析和预警主导着边防、警务和反恐工作的每个流程,因此,情报在这三类问题中发挥着主导作用。根据情报分析预警的目的来进行情报规划,搜集情报的过程中根据预警目标决定搜集情报的类型,通过情报分析发现警兆并根据分析结果有针对性地采取预警措施。边防案件与社会事件有着较长的潜伏期,信号来源广泛,通过多方面、多层次的情报综合分析,能够得到比较准确的预警结果。情报分析和预警为公安部门的边防警务和反恐工作做出方向判断,在其中起决定性作用。形成以情报分析为主导的监测预警体系,对边防警务和反恐工作有重要意义。

情报主导警务模式(intelligence-led policing)产生于 20 世纪 90 年代末,后续发展中逐步成为全球警务模式的主流,这种模式也是本部分讨论的重点。情报主导警务实质上是主动的警务管理模式。莱特克里菲[①]认为情报主导警务是"一种管理模式,其数据分析和犯罪情报对决策制定至关重要"。崔嵩[②]认为情报主导警务应该利用专业的、批量的情报来辅助

---

① 莱特克里菲.情报主导警务[M].崔嵩,译.北京:中国人民公安大学出版社,2010:74.
② 崔嵩.再造公安情报[M].北京:中国人民公安大学出版社,2011:32.

决策并指导一线民警的工作。蔡海南等[1]将情报主导警务内涵定义为"主动式警务、预防为主、减少发案、决策依据、统领全局"。陈亮[2]认为可以将情报主导警务作为预警防范的理论基础,在实践中做到快速反应,优化警务资源配置。

6.3.1.1 情报主导警务、信息主导警务、情报辅助警务的差异

从"information"到"intelligence",是一种在实际工作中思想认知转换更迭的过程。随着网络技术的发展,决策的主体需求由"信息需求"向"情报需求"转变。情报工作由原本的信息主导下的片面静态形式,转变为由情报主导的准确动态的形式。侦查人员需要通过信息平台进行精确检索、交叉对比、滚动式跟踪来完善侦查体系,这需要经过情报采集、传递、研判、应用、反馈等环节来提供有力支持[3]。因此这一转变是认知递进的过程,也对警务人员能力提出更高要求。

情报辅助决策是公认的情报职能之一,情报分析人员通过研判情报为决策者提供指导性意见[4]。"情报辅助模式"多作为一种辅助性手段,或者仅为单一案件服务。这样情报就处于一种机械检索、被动服务的状态。而情报"主导"有统领全局,推动发展,起核心关键作用的含义。警务人员通过情报研判,及时掌握案件进展动态[5]。由"辅助"过渡到"主导"是情报职能作用的扩大,改变以往被动的辅助支持作用,强调情报机构在事件发生前的积极主动探寻与防控作用(见表6-4)。

表6-4 情报辅助与情报主导差异性

内容	情报辅助	情报主导
研究内容	重点关注犯罪行为,发现、削减或解决特定问题。需要回答以下问题,如:谁/什么/在哪里/有多少	重点扫描和识别犯罪趋势,通过发现漏洞来预测罪案趋势,需要回答以下问题:为什么/如何可能/更好的办法是什么

---

① 蔡海南,张浩凯,张林.情报如何主导警务——情报导警的内涵及发展层次[J].湖北警官学院学报,2011(5):104-106.

② 陈亮.国外社会安全预警防范理论研究进展[J].情报杂志,2011(8):42-46,65.

③ 王秋杰.对情报主导侦查的认识[J].武汉公安干部学院学报,2008(4):31-33.

④ 吕雪梅.情报主导警务模式探析[J].中国人民公安大学学报(社会科学版),2008(4):93-99.

⑤ 应丽虹.论我国情报主导警务模式的构建和实施[D].重庆:西南政法大学,2011:4.

内容	情报辅助	情报主导
搜集方式	情报是用来分析所得信息,而不只是通过线人收集	需求驱动:知道威胁和漏洞是什么,再根据指示搜集
产品类型	情报分析产品可以是一个引导、联系,可直接被法院作为证据所用	情报分析的产品可以是一个引导、联系,也能是预测和评价,通常不能直接被法院所用
工作模式	内部机构集中关注情报的分类方法,用来提高效率	多辖区关注:在共享合作收集和分析中的情报价值
反馈机制	通过案件工作获取经验,较少共享,目标是解决犯罪	为推进案件进展设计了强大的反馈过程,不断分享学习经验的循环过程

资料来源:SQUIRES D G. Compastat 2.0:an innovative police strategic management plan that facilitates performance in the all crimes and all hazards environment[D]. Monterey:Naval Postgraduate School,2011:21.

6.3.1.2 国外情报主导警务模式探讨

"情报主导警务"的核心思想是将决策的依据建立在犯罪情报的分析与解读结果上[1]。"情报主导警务"在各国称呼不同,如美国的"以犯罪情报的计算机统计分析为基础的情报主导警务战略"(COMPSTAT),英国的"国家情报模式"(NIM)。

美国实行"情报主导警务"战略 COMPSTAT(比较统计数据,Compare Statistics)关注于决策分析。COMPSTAT 模式全称为"Compare + Statistics"模式,意为"计算机统计分析",收集一段时期内的犯罪数据并统计,用来预测犯罪行为、降低犯罪率。COMPSTAT 模式如图 6 – 14 所示,有四个基本构成:

①准确及时的情报:有效对犯罪和犯罪事件做出应对;②有效战术:利用高科技的手段制定警务战术;③人员和资源的快速部署:按照战略计划对警力资源进行部署;④连续的跟踪和评估:各级指挥官共享情报资源。

---

① 王大伟,马丽芸.情报导向警务的具体操作:艾克勒姆五步分解法——以预防抢劫出租车犯罪为例[J].江西公安专科学校学报,2006(4):100 – 102.

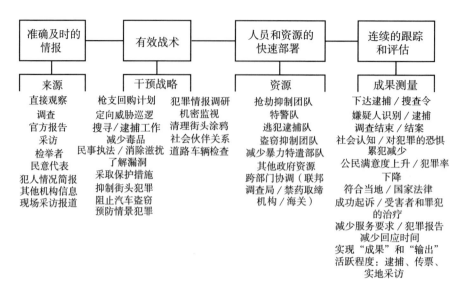

图 6-14　美国 COMPSTAT 模式

资料来源：HENRY V E. The compastat paradigm：management accountability in policing，business and the public sector[M]. New York：Looseleaf Law Publications，2011：235 - 278.

英国提出的"国家情报模式"核心是主动预防。国家情报模式将犯罪案件分为三个层级：第一层级为地方层犯罪；第二层级为跨区层犯罪；第三层级为重大犯罪与组织犯罪层。通常采取小组合作形式将各个层级的执法部门联合起来，最大限度共享警务情报①。

国家情报模式每个层级的运行程序是不变的，通常由 11 个要素构成②（见图 6-15）。模式中①②③④是国家情报模式的基础设施③，其中④体现了人力在业务流程中的重要性，代表用户和使用者的职责和标准。⑤⑥⑦是整个流程图的起始工作，在这一部分原始信息被转化为情报（从⑤至⑧分别对应：接收数据、存储数据、分析数据、产生情报产品的过程）。⑨战略战术工作与协助是部门之间的沟通和思维的碰撞。⑩制订有效解决问题的方案，如解决有组织的毒品走私或反社会行为等问题。⑪指通过一系列程序对已获得的经验教训进行反馈和总结。

---

① Guidance on the National Intelligence Model[M]. Wyboston，UK：National Centre for Policing Excellence on behalf of ACPO，2005：62.

② 王彦博，孟凡博. 情报导向警务：英国国家情报模式与美国的纽约模式之比较与评价[J]. 时代报告，2012（6）：350 - 351.

③ 田孝良，张晓菲. 图解"国家情报模式（NIM）"[J]. 贵州警官职业学院学报. 2009（1）：121 - 124.

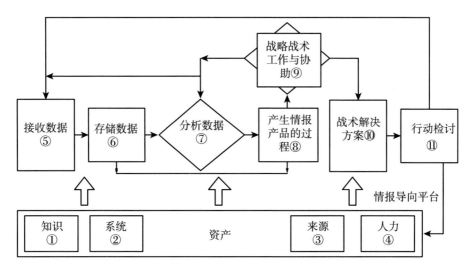

图 6 - 15　情报与警务业务循环过程图

资料来源：PETERSON M. Intelligence-led policing：the new intelligence architecture［J］. Bureau of justice，2005，20：310 - 325.

　　澳大利亚推行的是"专家介入"模式，通过系统解决日常的情报分析工作，并邀请专业人士参加分析工作，提高情报分析的准确性和灵活性①。主要为 3I 模型，以犯罪情报的分析与解读作为决策的依据（见图 6 - 16），主要包括三个环节：①解读社会治安环境；②对情报进行分析研判并影响决策者；③决策者利用情报产品驾驭治安局势。情报"介入"和"主导"所倡导的是促进执行过程，对治安局势进行的指导、控制和驾驭。

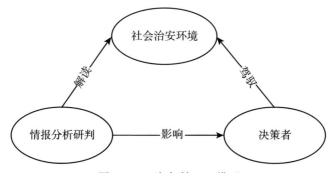

图 6 - 16　澳大利亚 3I 模型

资料来源：RATCLIFFE J. Intelligence-led policing［J］. Trends and issues in crime and criminal justice，2003（248）：1 - 6.

---

① 于鹏. 浅析美国、英国、澳大利亚情报主导警务战略特点［J］. 法制博览，2012（9）：272，271.

6.3.1.3 情报主导警务的早预警与控制

在情报主导警务的新模式下,公安机构的情报工作重心转移到情报研判和环境预防技术上,总结起来就是以"防范"为核心思想①。理想警务模式要防患于未然,把犯罪或恐怖事件的发生扼杀在摇篮中,而不是事后对财产和生命损失进行反思总结,因此警务模式首先强调情报预警工作。

情报预警是公安情报分析中的一项重要战术职能,即通过对人员流、资金流、信息流、物流的分析预先发现犯罪预谋或识别正在进行的犯罪。主要表现在对事件的分级预警和社会全面预警。依据刑事犯罪对社会造成的危害程度划分为紧急性、平急性和一般性预警情报三个级别,强调"事前"的情报搜集、"事中"的情报控制和"事后"的情报反馈②。以下就公安警务工作中的预警做简要介绍,包括明确警义、寻找警源、警兆分析和预报警度。

明确警义首先确定预警的对象,发现可能引发社会治安问题的事件和影响因素等。公安机关需要关注的预警对象包括以下几类:恐怖突袭事件、群体事件和刑事案件等。为了做到早期预警和干预,警务人员根据以往违法犯罪变化的特点,进行发展态势分析,锁定对象,提前对犯罪高危人群、犯罪频发地进行有针对性的关注,采取防范措施,及时防控漏洞③。集中化研判内容,便于发现对象的深层次关联和规律特点,由此展开的侦查也会更具针对性与准确性。如针对我国团伙作案或流窜作案数量增多的情况,可以进行专门的高危人群分析研判(带有地域特点、年龄结构特点、生理特征和身份特征)、串并案情分析研判(如特定时空内毗邻地区案件的查询比对)、综合性情报分析研判(将某时期某地区的所有案件进行综合分析)。

警源就是引起治安问题的根源。寻找警源和情报的搜集过程相对应,是预警体系的首要环节,贯穿于预警活动的各个环节。寻找警源需要进行全方位、多层次的情报搜集。首先是对公开资料的搜集,包括报刊、图书、地图、音响资料、互联网、图片、实物等,其中互联网材料已经成为公安情报搜集的重点领域。针对互联网上大量的信息,公安机关在搜集时需要关注表6-5中的几类情报源:

---

① 蒋洁.情报主导警务模式初探[J].法制与经济,2011(8):11-14.

② 周晗.情报主导侦查研究综述[J].湖北警官学院学报,2008(4):64-70.

③ 郑永红,邹德文,王志军.情报主导侦查模式研究[J].湖北警官学院学报,2005(4):46-48.

表6-5 互联网情报源

互联网情报源	
论坛	是反映民情民意的重要领地,通过对重大事件和热点事件的民意观察,可以发现蛛丝马迹,利用网民的力量获得线索,如"人肉搜索"
聊天记录	针对网络诈骗事件,通过聊天记录可以搜集犯罪嫌疑人的基本情况,了解其作案手段和方式
重点网站	主要指服务器设在国外的敌对势力网站,这些网站经常发布一些不实信息,煽动和策划各种群体性事件,挑唆民众情绪。针对这些网站,公安部门需要定点定时掌握其动态
用户网络日志	详细记录了用户的网络使用行为,可以分析出用户的偏好及网络使用习惯

资料来源:熊允发,吴绍忠.基于互联网的公安情报收集技术研究[J].警察技术,2007(6):13-16.

互联网情报源可提供多样化的研判形式,包括以下两种[①]:

(1)网上论坛式研判:通过网上发帖、网上流转的形式,进行情报研判。例如将案件挂在网上,由大家各抒己见,这样打破了工作层级之间的壁垒,实现资源共享,提高破案效率。

(2)平台式研判:建立网上情报分析研判平台,情报分析人员将研判的情报线索通过特定的格式和图表发布在网上,并明确提出需要哪个部门或警种跟进研判,并提出具体要求时间,同时该平台具备短信提示功能。

警兆分析就是指对治安类问题发生先兆的分析,是发现警情的关键一环。这种先兆与发生源之间可能有直接关系,也可能有间接关系。一般来说,情报研判是警兆分析的主要方法。情报研判是对收集到的情报进行研究评判的过程,它能通过对收集情报的分析,准确评判可能出现问题的内因、外因、远因、近因,是警兆分析的基础。通过利用定性和定量的情报研判方法如逻辑分析法、加权平均法、趋势外推法、时间序列法等对公安类问题发生的时间、地点、概率、类型等进行预测,以此确定警报等级,发布警报信息,采取相应措施。

公安机关可以利用情报研判方法预警治安类事件,如对于群体性事件

---

① 马忠红.情报主导侦查的新模式——以苏州、杭州两地犯罪情报分析研判为视角[J].山东警察学院学报,2011(3):76-79.

的预警。大多数群体性事件的规模比较大,它的发生也需要经过一个从策划、积累到爆发的过程,因此,绝大多数群体性事件在发生之前都具有比较明显的征兆,公安机关对于该类事件警兆的分析也更为明显。譬如,山西庆元县发生的"4·11"特大交通事故,疲劳驾驶的司机撞死了晨跑的21位师生,但是,肇事司机无力支付巨额赔款①,有关部门通过走访受害人家属及一般群众得知:①受害人家属悲痛欲绝,急切希望有关部门给出处理办法;②死亡人数太多,引起社会广泛关注,如不能及时解决,容易扩大事件的严重性。利用这些信息,有关部门通过逻辑分析,发现可能引起问题的内因为事件发生本身需要赔偿,外因为社会的广泛关注,近因为受害人家属需要被安慰,远因为此事件影响到人民群众对政府的信任。因此得出预测结果:如果不能及时赔偿有关家属,将引发大规模的群体性事件,于是采取政府垫付的措施,预防事件的发生。这是一起成功的通过分析发现警兆,并及时做出举措的例子。

除了对群体性事件的预警,情报研判方法还可以对一般的盗窃、抢劫等犯罪事件进行警兆分析。如近期公安机关工作人员巡逻发现,某小区车棚附近经常有一人鬼鬼祟祟,利用情报研判的经验分析,工作人员判断此人有很大可能要实施车辆盗窃,及时发现警兆,便于重点观察,减少人民群众的损失。再如,对已发生的犯罪事件下次发生的概率、时间的预警同样可以用到情报研判方法。例如某小区近期接二连三发生盗窃案,公安机关对报警者笔录及作案现场的勘查情况进行统计分析,发现此系列盗窃案基本都发生在凌晨一两点钟,作案间隔多为两个星期左右,并且发生地点都比较集中,从作案手段判断此系列案件为同一人所为。以此统计,公安机关分析预测此犯罪嫌疑人有很大概率会继续作案,作案时间为最后一次接到报案的后两周左右,发现警兆,做出出警准备。

警兆的分析有利于及时发现警情的苗头和准确掌握警情的变化,在警情爆发之前采取相应措施,将预测事件的危害降到最低,是警度确定的前提。

在公安警务方面,警度就是指治安类问题出现的危险程度,它是警兆分析和情报研判的预测结果②。一旦警兆出现,并明确警情的可能性,就

---

① 傅思明.积极预防与妥善处置群体性事件[EB/OL].[2013-11-09].http://www.docin.com/p-307311170.html.
② 彭知辉.基于公安情报的治安预警体系研究[J].北京人民警察学院学报,2012(1):42-45,69.

根据警兆分析的结果,按照事件发生的紧急程度、危险程度及发展态势等将警度分为Ⅰ级、Ⅱ级、Ⅲ级、Ⅳ级四个等级,分别用红色、橙色、黄色、蓝色表示,分别代表着特别严重、严重、较重、一般。社会性预警在警民联动防范打击犯罪中发挥了重要作用,通常采取的方式是利用报纸、电台、广播、新闻发布会或手机短信等及时向社会公布预警信息。在警度确定的过程中,要注意各部门之间的沟通,以便相关部门跟踪警情,及时准确地了解警情。当警度确定后,要对不同警度的警情发布不同指令,一般可以分为预报和警报两种预警方式。预报代指非紧急情况,是一种经常发布的警情预测报告。警报则代指紧急情况。对于发生概率比较小,但是具有较大危害性的潜在问题可以发布预报,相关部门根据预报有效做出决策。而对于发生概率大且具有较大危害性的社会治安问题就需要发布警报,有关部门就要及时做出调整,抽调人力、物力和财力采取措施[①]。

警度级别的确定需要依据一定的指标,不同警务类问题确定警度的指标不同,确定警度所应用的方法也有所不同。如对于群体性事件警度等级的预测,可以采用类似广东省公安厅吴竹[②]在《群体性事件预警指标体系研究》中列出的指标为例,确定预警指标及指标权重。

以上文提到的"4·11"特大交通事故可能引起的群体性事件预测为例,利用上述指标及加权平均法进行警度等级的预测。

再如,对于突发性治安类事件进行警度等级的确定,可以采用缪旭明等人[③]在《关于突发事件预警级别划分及对策的研究》中提到的突发性事件预警级别(见表6-6):

表6-6 突发性事件预警指标体系

一级指标	二级指标	指标说明
人员情况	受伤人数	本指标可以反映事件的严重程度和范围
	受影响人数	
	转移人员数	
经济损失情况	公共经济损失	本指标考察事件在经济方面的破坏程度
	个人经济损失	

① 张小明.公共部门危机管理[M].北京:中国人民大学出版社,2006:152-156.

② 吴竹.群体性事件预警指标体系研究[J].政法学刊,2007(3):63-67.

③ 缪旭明,李泽椿,田浩.关于突发事件预警级别划分及对策的研究[EB/OL].[2013-11-09].http://wenku.baidu.com/link? url=fwpqA1ZoK3hA_tZC0Xf1sBjBL9EP3ZRw J39iSM7ppv2 tskShd31jCsp_VEQXDecvIR1VLIv7qXuWVC8d5lQFxHLveluyts8bc81X0dfRqmC.

续表

一级指标	二级指标	指标说明
社会影响度	民族团结	本指标考察影响社会不稳定的因素
	社会正常生活	
	国际影响	
自然生态环境不可恢复程度	环境污染	本指标考察对自然环境的破坏程度
	生态破坏	

对于突发性治安类事件,除了可以采用加权平均法计算得到突发性事件警度的等级外,还可以给各个指标定值来确定警度等级。通过对具体指标定值的方法,判断预测发生的警情属于哪个级别。对于预测事件的人员伤亡和财产损失的判断需要情报分析人员根据发生事件的地区特点进行分析,如利用人口统计部门的统计数据判断当地居民稠密程度,利用电力等部门相关数据判断当地基础设施的数量,根据统计数据判断预测事件发生地区有哪些重要政府机构、医疗机构和教育机构等。只有对当地情况进行详细分析后,才能准确采取措施,抽调合适人力进行疏散撤退,对基础设施和重要机构采取保护或者备份工作。

公安应急体系包括四大类:自然灾害类、事故灾难类、公共卫生类、社会安全类[①]。突发性事件的范畴大多属于自然灾害类和事故灾难类。如2005年9月22日之前,美国政府预警到将有5级飓风"丽塔"登陆得克萨斯州。对于该案例警度等级的确定,就可以利用上文提到的指标定值的方法,对得克萨斯州的人口密度、基础设施、重要机构进行分析判断。情报分析人员搜集得克萨斯州的相关信息,得知当地人口密度为30.75人/平方公里,当地有多所学校且经济发达。按照指标定值,可以将此突发性警情的等级确定为 I 级红色预警,及时发布警报,通知有关部门做出调整,抽调人力、物力和财力进行应对。

警情级别的确定和警报的及时发布有利于相关部门了解警情的重要程度,便于根据警情级别有效地采取相应措施,减少预测事件带来的人员伤亡、财产损失及社会不稳定性。但是,在警报发布的过程中,还应注意警报发布的时间和范围,把握警报发布的时机。若警情不太明朗就发布警报,可能出

---

① 公安协同应急指挥 GIS 方案[EB/OL].[2013 - 11 - 10]. http://wenku. baidu. com/link? url = w6OGeZ _ RNgzjrjuGnYtnoz731QYPQsW1X8cpPbb8vCfxjFOQSuzy05B-MbwkW05yhk1 j0Div4C0vpER7DxEk5o2dA_OAl-kJFJ5ALHjl5OK.

现因警报发布过早,不能引起工作人员注意而失去警报的警示功能;若在警情已出现的情况下才发布警报,可能造成相关部门的仓促慌乱,不能有效化解事件的危机。对于警报发布的范围也要给予注重,若警情涉及面广,警度等级高,公安部门不仅要利用公安网、手机等通信方式告知相关部门采取措施,还应通过广播、电视等传播媒介向社会广泛告知,并提出防范意见。

之前公安警务工作强调的是信息,信息主导警务,而现如今,情报在公安警务工作中得到广泛关注。通过对情报在警务工作中应用的研究可以发现,情报在警务预警中具有重要意义,利用各种情报方法,可以进行情报规划,搜集情报,并对有关情报进行分析,发现警兆,及时做出警度判断,采取预警措施,减少危害程度。情报主导警务的模式在我国才刚刚起步,如何构建统一的情报主导警务模式还是一个需要研究的问题,情报在我国公安工作中应用的发展空间还很大。

6.3.2 情报主导边防工作

边防情报是公安情报的重要组成部分,应同公安工作一样坚持情报主导的思想,充分发挥情报在边防工作中的决定性作用。目前,情报在边防工作中的主导作用已引起越来越多国内学者的关注,情报主导下的边防工作理论与实践研究逐渐兴起。

6.3.2.1 情报主导的公安边防工作模式

靳娟娟借鉴美、英等国情报工作模式,结合我国情报主导警务工作现状,构建了我国情报主导公安边防工作模式(见图6-17)。

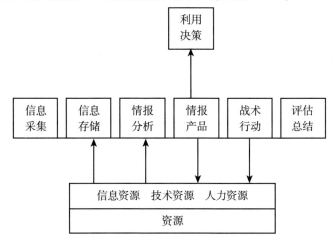

图6-17 我国情报主导公安边防工作模式

资料来源:靳娟娟.情报主导我国公安边防工作之研究[J].现代情报,2011(2):3-7,11.

从图6-17中可以看出,信息资源、技术资源、人力资源等资源要素和利用决策模块中的制度、规定、反馈等管理要素是我国公安边防情报活动的基础和保障。随着人们对情报主导边防警务认识的逐步提升和边防情报工作研究的不断深入,这两类要素正逐步发展完善。处于中间过程的信息采集、信息储存、情报分析、情报产品、战术行动、评估总结等情报流程要素是我国公安边防情报活动的关键,这些环节直接关系到边防情报的质量和边防情报应用的效果。

6.3.2.2 边防情报活动过程

公安边防情报部门在收集了大量的边防信息之后,还需对这些边防信息进行整理组织,才能形成边防情报成品并将这些边防情报成品上报,这一系列的活动就是一个边防情报过程的体现①。根据这一概念,可以把我国公安边防情报过程简要概括为情报收集、情报组织分析、情报利用三个阶段。

(1)收集阶段

边防情报收集过程实际是从边防情报获取原始信息的过程,首先要选择和确定情报源。李炜在《论公安边防案件情报源的维度》一文中,分析了公安边防案件情报源的不同类型,概括出构成公安边防案件所必备的时间、空间、人、物等要素(见图6-18)。

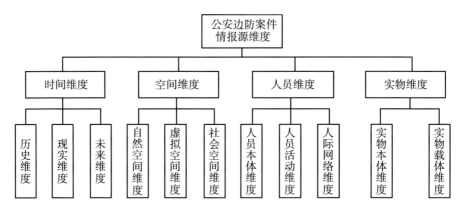

图6-18 公安边防案件情报源维度结构图

资料来源:李炜.论公安边防案件情报源的维度[J].科技情报开发与经济,2011(7):121-124.

(2)组织分析阶段

组织分析是边防情报活动流程的关键环节,是情报分析和情报学者研

---

① 邓新元.公安边防情报方法研究[M].北京:群众出版社,2008:35-38.

究关注的重点。这一阶段将收集到的原始情报信息进行序化、整理、分析、预测,便于提供给决策人员使用。我国从 20 世纪 80 年代中期开始公安边防情报的研究。2004 年,靳娟娟的著作《公安边防情报分析与预测》成为研究我国公安边防情报分析与预测的开端①。随后,兰月新在《边防情报分析与预测的统计方法研究》中,详细阐述边防情报分析与预测时常见的线性回归分析、时间序列分析等统计方法②。曹维芳在《指数平滑法在边防情报分析中的应用》中举例介绍了一元线性回归法的应用③。随着研究的不断深入,定量研究方法必然将更多地应用到边防情报分析、预测中,进而为边防决策提供更加精确、更加科学的情报支撑。

（3）利用阶段

边防情报利用是指将经过分析、组织的情报,运用到出入境管理、反分裂、缉枪、反恐、反偷渡、反走私等边防工作中,为边防情报工作提供指导和借鉴的过程。

6.3.3　情报介入反恐怖主义

全球恐怖主义组织可以划分为四种主要类别④:一是极左翼恐怖组织,如日本"赤军"。二是极右翼恐怖组织,奉行新法西斯主义、种族主义。三是民族主义恐怖组织,如斯里兰卡的泰米尔猛虎解放组织。四是宗教性恐怖组织。全球恐怖组织中,至少有 20%—25% 具有宗教狂热性质,并且都有着自身的政治诉求,其中"基地"组织最为出名⑤。据统计,目前全球有恐怖主义组织 1000 多个,有影响的就有 240 多个。近几年每年全球恐怖袭击事件数量均保持在 1 万起以上（见表 6-7）,全球恐怖事件呈上升趋势。

表 6-7　2002—2008 年全球影响较大的恐怖事件伤亡统计表

年份	起数	起数同比	受伤人数	受伤同比	死亡人数	死亡同比
2002	179	—	3100	—	1300	—

① 靳娟娟.公安边防情报分析与预测[M].北京:群众出版社,2005:27-30.

② 兰月新.边防情报分析与预测的统计方法研究[J].情报杂志,2009(S1):45-46,50.

③ 曹维芳.指数平滑法在边防情报分析中的应用[J].武警学院学报,2009(6):90-93.

④ 范明强.社会学视野中的恐怖主义[M].北京:解放军出版社,2005:21-23.

⑤ 李小明.试论国际恐怖主义犯罪及其国际刑事责任[J].湖南大学学报(社会科学版),2004(1):83-89.

续表

年份	起数	起数同比	受伤人数	受伤同比	死亡人数	死亡同比
2003	268	50%	5300	71%	1700	31%
2004	310	16%	8100	53%	2700	59%
2005	380	23%	7600	−6%	3100	15%
2006	616	62%	3450	−55%	2320	−25%
2007	786	28%	6927	101%	2530	9%
2008	898	14%	8400	21%	4800	90%

资料来源:殷炳华.国际恐怖主义犯罪的现状及其发展趋势研究[J].吉林公安高等专科学校学报,2010(1):103-106.

注:表中是全球影响较大的恐怖事件起数。

6.3.3.1 我国面临的恐怖主义威胁

我国面临的恐怖主义威胁主要是境内外"三股势力",即暴力恐怖主义、宗教极端主义、民族分裂主义的恐怖威胁,其中"东突"恐怖组织最为活跃,但"藏独"激进势力的潜在威胁也不能排除。近年来,"疆独""藏独"分子制造的爆炸、暗杀等恐怖活动时有发生。

6.3.3.2 情报在反恐斗争中的作用

2005年,美国《国家情报战略》将反恐列为情报机构的三大任务之一,可见情报信息对于反恐工作至关重要。从历年来世界各国反恐斗争的实践来看,恐怖袭击具有极端的隐蔽性和不确定性,及时获取深层次、内幕性、预警性的情报信息对反恐怖工作极端重要。

情报在反恐斗争中具有重要作用,例如,"7·5"事件是一起有组织有预谋的恐怖暴力犯罪事件,"7·5"爆发前有许多预警性情报信息[①]:

(1)"7·5"事件前,"世维会"以广东韶关"6·26"事件为借口,公开大肆煽动聚集闹事;

(2)暴徒多来自乌鲁木齐以外的地区,其中挑头者服饰相近、特征明显;

(3)"7·5"事件发生前两三天,乌鲁木齐市的刀具明显热销。

……

反恐是一项以预防为主的工作,最好的反恐手段是预警,而预警就要

---

① 付举磊.基于开源情报的恐怖活动及反恐策略研究——以"东突"恐怖活动为例[D].长沙:国防科学技术大学,2014:41-68.

依靠情报。以下将以情报的预警职能为例,简要介绍反恐领域的情报应用。

准确发布涉恐信息、超前挫败恐怖图谋是反恐斗争的基本策略。世界各国围绕这一基本策略,纷纷建立符合自身国情的反恐情报体系①。

6.3.3.3 世界反恐战争中的情报预警:威胁评估

威胁评估是一种战略层面的分析模式,首先搜集来自目标的信息和数据,判断信息来源,然后通过计算估计目标是否有潜在威胁。这一分析模式可以预知恐怖组织的犯罪意图,使反恐部门能提前做出应对措施。威胁评估分析模型有几项标准,包括与恐怖组织有关的"上游犯罪",潜在危险的警告等,作为识别恐怖组织类型的依据,恐怖主义犯罪威胁评估情报分析如表6-8所示。表6-8中"低"表示较少或基本没有威胁,"中"表示威胁存在,但短期内有潜在威胁,"高"表示威胁极高。反恐是情报机构的重要职能之一,在目前全球恐怖主义活动日益猖獗、反恐斗争日益复杂和日趋国际化的背景下,反恐情报部门应认真做好反恐情报的收集整理、分析研判和利用共享工作,积极为决策部门提供恐怖活动预警和决策依据。

表6-8　威胁评估综合表

威胁等级	组织特征评估		上游犯罪分析		袭击目标分析		漏洞评估
	意识形态和活动领域	作案手段和成员构成	犯罪危害程度	犯罪实施可能性	潜在袭击、目标预测、警戒级别	目标受袭可能性	袭击手段分析、预测和安全系统评估
低							
中							
高							
建议							

---

① 李本先,梅建明,李孟军. 我国反恐情报及预警系统框架设计[J]. 中国人民公安大学学报（社会科学版）,2012(4):117-125.

6.3.4 情报介入能源安全保障

6.3.4.1 能源安全的战略性

从国家安全的角度,不能只将能源视为一种普通商品。例如美国国家安全体系将能源措施制定视为美国能源安全战略的一个关键环节[1]。俄罗斯认为国家油气资源和经济与社会发展紧密相关甚至有全球性的影响[2]。日本则特别强调:"能源安全是日本综合安全保障体系的核心;能源安全战略是遏制和排除外部经济或非经济威胁的方略,是以能源手段为中心维护国家经济安全、军事安全和政治安全。"[3]

这些表述无一不将能源安全提到国家安全战略的高度。同时能源安全也受到世界经济政治等国际关系的影响。图 6-19 描述了 1861—2011 年间的原油价格和世界性重大事件的联系,从图中可以看出,阿以、伊朗革命、伊拉克入侵科威特、美国入侵伊拉克、"阿拉伯之春"这些重大事件都对原油价格产生巨大影响。阿拉伯世界对美国和以色列的石油禁运、伊拉克入侵科威特后联合国对伊拉克的石油禁运以及 2012 年欧盟因为伊朗铀浓缩活动而进行的石油禁运,都将石油、能源作为政治、军事斗争的有力武器。此外,伊拉克入侵科威特、美国入侵伊拉克、"阿拉伯之春"这些事件的背后都有着能源的影子。

6.3.4.2 能源安全中的战略情报

能源安全战略大体可以分为战略目的、战略方针、战略措施、战略制约因素和战略管理等要素(见图 6-20):

(1)战略目的:是战略行动所要达到的预期结果。能源安全的战略目的就是保证国家的能源安全,主要包括供应与经济安全和生态安全。供应与经济安全是指维持能源供需的均衡,其中供应安全意味着不能出现持续的严重供应短缺,经济安全意味着不能出现持续的超出承受能力的高价格;生态安全是指能源不对人类生存和环境构成任何威胁。

(2)战略方针:指导各项具体战略任务的纲领和制定战略计划的基本依据。

(3)战略措施:实施战略方针而采取可行的方法和步骤。

(4)战略制约因素:包括政治因素、军事因素等。

(5)战略管理:包括战略的制定、实施和评价。

---

① A National Security Strategy for a New Century[EB/OL]. [2012-10-25]. http://www.fas.org/man/docs/nssr-1299.pdf.

② 修光利,侯丽敏.能源与环境安全战略研究[M].北京:中国时代经济出版社,2008:75-77.

③ 倪健民,郭云涛.能源安全[M].杭州:浙江大学出版社,2009:52.

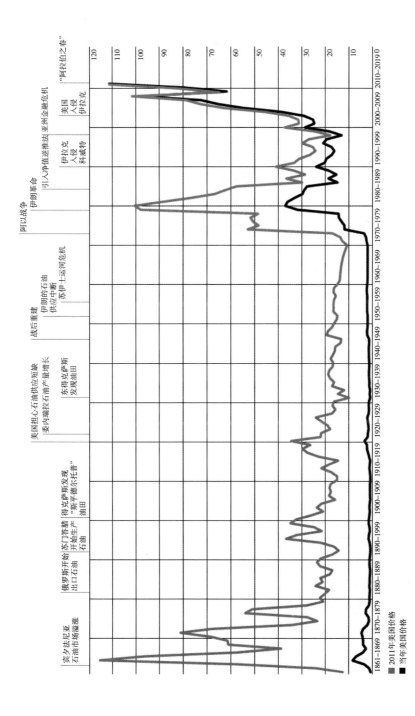

图6-19　1861—2011年间的原油价格和世界性重大事件

243

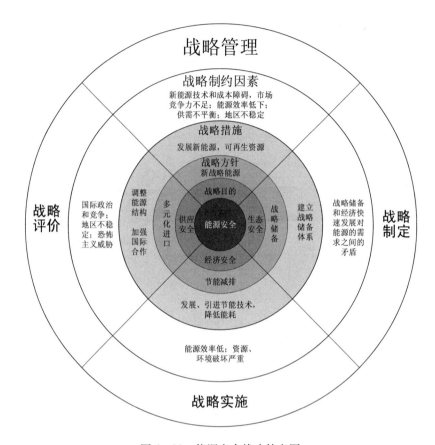

图 6-20　能源安全战略轮盘图

　　无论是战略方针、措施的制定,战略的管理还是制约因素的识别,都离不开信息、情报的支持。例如美国近年调整其能源政策并不断减少从中东地区的石油进口。结合美国在中东地区的军事部署以及在亚洲对中国围堵的政治军事情报,情报分析人员才会发现美国减少对中东石油的依赖只是其围堵中国战略的一部分,美国这种军事部署将使美国拥有足够的自由和空间去控制该地区的石油输出。情报在能源安全战略中具有重要作用,很多国家能源部门和国际能源组织都设有独立的信息情报部门:

　　(1)美国能源部。制定和实施国家综合能源战略和政策①。

　　(2)石油输出国组织。稳定石油价格,协调各成员国的石油政策,维护共同的利益。

　　①　从美国能源监管委员会看美国能源管理体制[J].节能与环保,2010(2):8-9.

（3）国际能源署。协调成员的能源政策,提供石油市场情报等①。

从上述实践可以看出,能源安全中的情报作用包括信息的识别、收集和分析,能源政策的评估,短期和长期能源趋势的预测,能源市场的监测和预警。也就是说情报活动贯穿从战略方针、措施的制定,制约因素的识别到战略管理的能源安全战略全过程。同时,这些活动并不是独立的,而是相互联系、相互促进的。例如能源安全预测是能源安全预警的基础,没有预测,能源安全预警也就没有了依据。同时,能源安全预警也离不开持续的能源安全监测,没有能源安全的监测,能源安全预警也就失去了信息来源。因此,能源安全战略中的情报介入是一个完整的体系,以下仅从信息搜集、预测分析和预警分析的角度探讨能源安全战略中的情报作用。

（1）能源信息搜集

信息搜集是情报活动的开端,也是整个情报活动的基础。信息的全面、准确程度将影响情报分析结果的准确性甚至是正确性,也必然影响战略方针、措施的制定。能源安全具有战略性,因此其使用的数据信息也必然带有战略性特点,能源信息大致可分为以下四类:

1）政府信息源

政府信息源的数据通常更有针对性,突破了行业层面的限制。

2）专门利益集团信息源

专门利益集团信息源为特定的利益收集信息,这些公开的数据能为能源战略研究提供数据信息支持。

①能源行业组织

例如美国石油协会,涉及美国石油和天然气行业的各个领域。从1920年开始美国石油协会也发行每周原油生产统计报告,包括原油和产品库存,炼油厂的运行和其他数据,目前仍然是行业内重要的数据来源。

②国家间能源组织

国际能源署是最著名的政府间能源组织,设立于1974年。其提供国际石油市场及其他能源领域的统计情报,主要出版物有《石油市场报告》《煤炭信息》《电力信息》等。与国际能源署代表石油消费国不同,石油输出国组织更多代表石油生产国利益,其报告更侧重石油生产的技术与情报,主要出版物为《石油输出国组织公报》《石油输出国组织评论》《年度报告》《统计年报》等。

---

① 国际能源机构［EB/OL］.［2012 - 10 - 29］. http://baike. baidu. com/view/90423. htm?subLemmaId = 90423&fromenter = iea.

3）私有部门信息源

这类信息源包括一些个人和组织,这些个人和组织保存和收集信息,再对外提供数据。

①能源信息咨询机构

从事能源行业信息与咨询,定期发布由专门渠道采集的相关信息。

②能源公司

能源行业与很多其他行业不同,能源行业产生之初就是由少数跨国企业所垄断,现在很多的能源企业仍然是跨国大型企业。这些企业由于涉及多国、多行业且实力雄厚,其发布的信息也有很重要的情报价值。

4）媒体信息源

媒体是丰富的信息源,能源相关的媒体很多,如《能源资源调查》(*Survey of Energy Resources*)、美国《天然气周刊》(*Natural Gas Week*)等。

（2）能源趋势预测

能源安全预测分析的基本目的是预测能源需求和能源供应的未来发展趋势。预测分析结果将支持能源安全策略的决策。图6-21是能源安全预测分析的主要步骤。

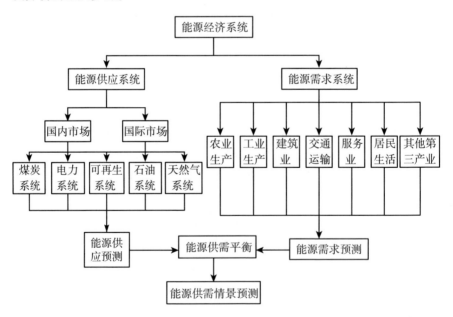

图6-21 能源安全预测步骤

资料来源:王思强.能源预测预警理论与方法[M].北京:清华大学出版社,2010:43-46.

能源安全预测分析方法根据其特点可以分为相关关系预测法和时间序列法。相关关系预测法是通过统计分析找出能源需求与相关现象之间的关系,并根据这个关系来预测能源需求的方法,包括投入产出法、经济计量模型法等。

(3)能源市场监测与预警

预警分析是对各种危机产生的弱信号进行识别、分析与评价,并由此做出警告的管理活动,能源安全预警分析与能源安全预测紧密相关。

1)潜在能源安全危机的识别和警源的确定

能源安全危机信号的形式多样,捕捉这些信号除了需要情报工作人员的洞察力,还需要对能源安全的深刻了解以及对决策者情报需求的准确把握。从能源安全内容的角度,可以将能源安全警源大体分为供需因素、环境因素、运输因素和经济因素等①。

2)构造能源安全危机信号指标

为了进一步评价危机信息,可以使用"情景分析法"和"战争游戏法"两种方法来构造能源安全危机信号指标。"情景分析法"通过构造未来可能出现的各种情景,确定必须经历的关键事件。这种方法可以缩小不确定性,有利于对现在与未来路径上的风险进行监视,明确情报收集的对象。"战争游戏法"(war gaming)是一种通过模拟自身和对手的博弈过程从而识别其中风险的方法,分为战略层面的战争游戏和竞争对手反应的战争游戏两类。

3)能源安全的警度确定

在危机信息的跟踪监测中,需要将不完全信息的弱信号"放大"。根据危害产生的可能性以及预期损害程度对危机信息进行排序,划分为低可能性、中可能性和高可能性三个等级。

4)能源安全的情报监测

在确定能源安全预警的警源、预警指标和警度之后,下一步需要继续对征兆进行监控追踪。能源安全的情报监测就是对可能引起能源安全危机的因素进行严密监控,搜集能源安全危机信息。能源安全情报监测的任务主要分为信息采集、信号识别、信号诊断和信号评价四个环节。

①信息采集:信息采集主要是搜集与能源安全相关的危机信息。此外,对搜集到的能源安全危机信息的可靠度也需要进行辨别。

②信号识别:信号识别是指对得到的能源安全危机信息进行鉴别,并运用评价指标来辨别危机的发展程度或即将产生的能源安全危机信号。

---

① 沈固朝. 竞争情报的理论与实践[M]. 北京:科学出版社,2008:483.

③信号诊断：信号诊断是指分析已被识别的能源安全危机信号的产生过程、结果及其发展的趋势，从而确定危机信号的重要性。主要的分析方法有层次分析法、SWOT分析法、优序图法等。

④信号评价：信号评价是评估已被确认的危机信号信息所造成的损失，从而明确这个危机信号的后果，必要时发出警报。

情报监测的信息收集、信号识别、信号诊断和信号评价这四个环节是相辅相成的，前一步是后一步基础，通过统一的指标完成危机信号评价的工作。能源安全信息采集手段的灵活性、能源安全情报的准确性、逻辑判断的合理性和情报表达的明确性都是决定能源安全预警工作成功与否的基础。

7　How:情报对抗策略

　　情报对抗策略是在情报搜集、分析的基础上,经历分析、综合、判断、推理等逻辑思维过程,根据形势发展而制定的行动方针和斗争方式,为实现战略任务而制定的原则、手段①,是在情报搜集、分析的基础上,经历分析、综合、判断、推理等逻辑思维过程,根据形势发展而制定的行动方针和斗争方式。在国家治理中,情报活动广泛分布在军事、政治、文化、外交、公安、经济、新闻传播、信息管理甚至自然科学等领域,具有深刻的战略价值与社会意义②。

　　由于国家安全情报本身内涵丰富,涉及范围广泛,因此情报对抗的斗争形式和手段多样化,情报分析与情报对抗策略的选择十分复杂。国家安全的情报对抗策略是基于各种国家安全的具体目标构成的,时代的变迁、国家实力的变化影响着国家安全情报策略的制定,也直接影响着人们对国家安全范畴的认识。掌握情报对抗的基本原理和方法,可以使国家安全情报分析和情报对抗过程更加清晰,并有助于制定更加有效的情报策略。

　　博弈论又被称为对策论,是指多方主体围绕某研究问题相互作用,某一方得到对方相关决策信息并加以利用进行决策以影响对方的方法③。博弈论思想在国家安全情报对抗策略的应用主要体现在对竞争对手、竞争环境和竞争者策略的研究。在情报对抗中找准自己的定位,清楚自身以及对手的现有竞争能力,掌握竞争环境的态势,制定并实施相应战略,对取得博弈优势具有重要作用④。因此,本章以博弈论为指导思想,根据前文对国家安全情报问题分析,结合我国的情报实力,提出情报博弈概念并制定情报对抗策略。

---

① 邓崇友.企业竞争情报的生产、技术与对策研究[D].青岛:中国海洋大学,2006:6-11.

② 赵冰峰.论国家情报与国家安全及国家发展的互动关系[J].情报杂志,2015(1):1-7.

③ 胡序,杨冰.基于博弈论的竞争情报研究[C]// 成都:中国科技情报学会竞争情报分会年会暨博览会论文汇编,2005:172-176.

④ 凯利.决策中的博弈论[M].北京:北京大学出版社,2007:17.

7.1 博弈论与情报博弈

7.1.1 博弈论概述

博弈论(game theory)又称对策论,是有关独立和相互依赖的决策制定的理论,它关注组织中的决策制定,其结果依赖于两个或者更多的自主局中人,并且没有一个单独的策略制定者能够完全控制结果①。学界认为博弈论最早起源于 17 世纪,数学家试图解决法国贵族在象棋等当时非常流行的赌博游戏中遇到的问题②。邓肯·卢斯(Duncan Luce)和霍华德·雷法(Howard Raiffa)于 1957 年出版了《博弈与决策》(*Games and Decision*),博弈论开始被广泛传播和接受。20 世纪 50 年代以来,约翰·纳什(John Nash)、莱因哈德·泽尔腾(Reinhard Selten)、约翰·海萨尼(John C. Harsanyi)等人使博弈论最终成熟并进入实用。第二次世界大战时期博弈论作为一种有效集中智慧的策略方法在战争中得到广泛重视和使用,美国 CIA 等组织建立专门机构研究相关课题。1945 年第二次世界大战结束后,美国空军出资 1000 万美元研究基金资助建立了兰德公司,标志着博弈论从军事领域向社会政治领域转移③。

博弈论的目标是假定局中人都具有理性并按照他们自己的最佳利益行动找到冲突或者合作情形下的最优解。博弈的最基本要素是自主理性的决策制定人,被称为局中人(players)。局中人可能是个人或者组织,但是博弈的局中人数量必须不少于两个,总数可以非常大但是必须是有限且已知的。局中人的纯策略(pure strategy)是对整个博弈的行动规划,事先计划好局中人针对博弈中的每种情况采取的回应方式。博弈的结果是所有参与人的最优策略组合——均衡(equilibrium)。在一次博弈中要假设局中人在所有可能中有一致的偏好,博弈分析的目的就是使用博弈规则决定均衡。局中人对博弈结果的排序可以被定义成数字化的收益——效用函数(utility function),也称为支付函数,它定义了一个局中人在博弈中选择了每一种可能的策略组合可能带来的收益,有些博弈中可以用优先次序

---

① ② RAPOPORT A, ORWANT C. Experimental games: a review [J]. Behavioral science, 1962 (1):1 – 37.

③ 凯利. 决策中的博弈论[M]. 北京:北京大学出版社,2007:45.

衡量收益,有些博弈中必须将收益定义成数量。

博弈的分类有很多种,主流研究针对局中人掌握的信息和行动的次序进行分类。根据局中人是否知道其他局中人的策略和收益函数可分为完全信息博弈和不完全信息博弈,根据局中人行动的顺序可划分为静态博弈和动态博弈。

表 7-1 博弈的分类与均衡

均衡概念	静态博弈	动态博弈
完全信息	纳什均衡	子博弈精炼纳什均衡
不完全信息	贝叶斯纳什均衡	精炼贝叶斯均衡

表 7-1 的基本分类组合将博弈划分为四种类型,分别对应不同的均衡。完全信息静态博弈一般指策略式博弈,相对应的均衡概念为纳什均衡;完全信息动态博弈一般指扩展式博弈和重复博弈,对应子博弈精炼纳什均衡;不完全信息静态博弈对应贝叶斯纳什均衡;不完全信息动态博弈对应精炼贝叶斯均衡。

被称作策略式博弈的完全信息静态博弈是非合作博弈研究的基本类型,它列出了局中人聚合、局中人策略集合以及效用函数。即每个局中人做且仅做一次策略选择,并且所有的局中人同时决策。这里的"同时"非时间概念而是信息概念,只要每个参与人在选择自己的策略时不知道其他人的选择,就可以说他们在同时决策。完全信息静态博弈的一个重要均衡就是纳什均衡,如果一场博弈的其他参与人都选择了均衡策略,那么对最后一个参与人来讲均衡策略也是最优选择。

完全信息动态博弈是指扩展式博弈,它强调事件的可能顺序,每个局中人不仅可以在博弈开始时思考自己的策略,而且在动态博弈的全过程决策中都可以考虑其策略。扩展形式的博弈树完整地描述了博弈在时间上怎样进行,具体包括局中人采取行动的顺序、局中人必须采取这些行动时拥有的信息以及采取行动时不确定性被重新求解的时间节点。在不完全信息静态博弈中,博弈的局中人"同时"决策,但至少有一个局中人不知道其他参与人的效用函数,例如向一个消费者推销产品时,不知道他的偏好和效用函数,他可能是高需求者,也可能是低需求者。不完全信息静态博弈对应的均衡概念是静态的贝叶斯纳什均衡,其中不完全信息的关键因素是每个局中人都知道自己的效用函数,但是也许不能准确得知其他人的效用函数。与纳什均衡的概念不同,在贝叶斯纳什均衡中,局中人只知道自己的类型,而无法确定其他人的类型,从而无从知晓他们的效用函数,因此即使纯策略选择也必须取效用函数的期望值。不完全信息动态博弈是指动态的贝叶斯博弈,它的基本特征是局中人的决策和行动是序贯的,有先后,并且不完全信息意味着至少有一个局中人拥有私人信息。

7.1.2 决策中的博弈思维

清华大学王勇教授将博弈论定义为研究人们在不同的信息条件下如何进行互动决策的经济理论,是一门决策科学[1]。决策思维属于认知活动的一个范畴,强调的是决策者在评价分析、选择备选方案时的思维活动[2]。决策目标实现的路径是单向输出的个人或者组织利益最大化,而博弈是决策基础上注重理性人运用策略进行互动和较量的过程。科学决策的程序可分为:选择目标阶段、搜集情报阶段、拟定和分析各种可行性方案阶段、评估阶段、选择阶段、反馈阶段这六个步骤(见图 7 - 1)。

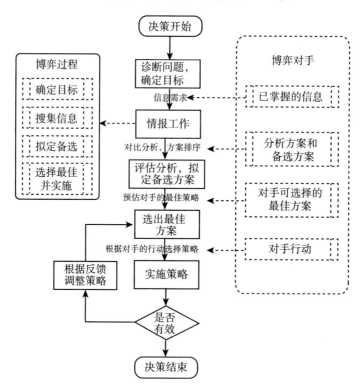

图 7 - 1　决策中的博弈思维

① 于萍萍.《孙子兵法》的博弈思维在情报竞争中的应用研究[D].哈尔滨:黑龙江大学,2018.

② 龙潇,司有和.企业竞争情报采集与反应的博弈分析[J].图书情报工作,2009(20):84 - 86,101.

决策是个体或者组织单方面的工作,而博弈思维指导人们在互动和较量的思维框架下选择策略指导决策并最终实现目标。在决策过程中,情报系统是决策体系中的重要组成单元,可靠的情报为正确的决策奠定坚实的基础。而利用情报系统开展情报对抗的过程同样也是博弈的过程,与决策中的博弈相似,情报博弈同样包含确定目标、搜集信息、拟定备选方案、选择均衡方案并实施的过程(见图7-2)。

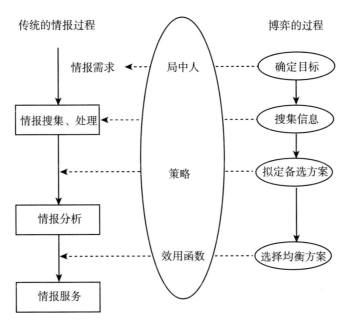

图7-2 情报博弈

客观真实的国家间以及企业间的竞争和情报对抗是复杂的[1],为了初步理解情报博弈的具体方法,首先以完全信息静态情报博弈为例,我们做出以下几个假设:

(1)假定市场上只有 A 和 B 两家智能手机供应商,且博弈的外部环境,即政治、经济、技术、市场等环境是相对稳定性的,符合古诺双寡头模型(cournot duopoly model);

(2)假定博弈双方企业都是理性的,都具有获取和处理相关信息和情报的能力;

(3)为了简化对情报博弈收益函数的核算,假定博弈主动方(Active Side, AS)的策略空间是情报部门搜集并呈报的情报数量[0,∞],博弈对抗

---

① 钱军,杨欣,杨娟. 情报研究方法的聚类分析[J]. 情报科学,2006(10):1561-1567.

方（Positive Side，PS）的策略空间是情报部门采取的反情报策略的数量[0，∞]；

（4）博弈主动方进行情报博弈的收益由主动方的决策部门进行价值评定，假定单位情报的价值 W_i^{AS} 是呈报情报数量的凸函数；博弈对抗方进行反情报博弈的收益同样由对抗方的决策部门进行价值评定，假定单位反情报策略的价值 W_i^{PS} 是呈报反情报策略数量的凸函数；

（5）博弈主动方的 W_i^{AS} 同时受对抗方反情报策略数量的正向影响，即对抗方的反情报手段越多，主动方呈报的情报价值随之上升；同理博弈对抗方的 W_i^{PS} 受到主动方情报数量的正向影响；

（6）随着情报工作投入的增加，博弈双方企业的情报投入边际成本以相同的幅度增加，假定为情报数量的凸函数；

局中人依靠开展情报工作获取对手情报帮助博弈方取得竞争优势，情报部门从而获得绩效。基于以上假设，博弈主动方情报部门从策略集 $S_1 =$ [0，∞]中选择搜集并呈报的情报数量为 L_1，博弈对抗方情报部门从策略集 $S_2 = [0，∞]$中选择反情报策略数量为 L_2。博弈情报的价值函数为 $P(L_1，L_2)$。单位情报工作的边际成本为 $C_i，i = 1，2$，分别对应 L_i 的凸函数，博弈方 π_i 的收益函数如下：

$$\pi_i(L_1，L_2) = L_i \times P(L_1 + L_2) - C_i(L_i)，i = 1，2 \qquad （公式1）$$

通过求解情报博弈主动方和对抗方收益函数的一阶导数并使其等于零，得到反应函数的交点即纳什均衡点。一阶条件如下：

$$\frac{\partial \pi_1}{\partial L_1} = P(L_1 + L_2) + L_1 P'(L_1 + L_2) - C'_1(L_1) \qquad （公式2）$$

$$\frac{\partial \pi_2}{\partial L_2} = P(L_1 + L_2) + L_2 P'(L_1 + L_2) - C'_2(L_2) \qquad （公式3）$$

如果$(L_1^*，L_2^*)$是情报与反情报策略数量的纳什均衡解，那么纳什均衡方程应该满足：

$$L_1^* \in \arg \max_{L_1} \pi_i(L_1，L_2^*) = L_1 \times P(L_1 + L_2^*) - C_1(L_1) \qquad （公式4）$$

$$L_2^* \in \arg \max_{L_1} \pi_i(L_1^*，L_2) = L_2 \times P(L_1^* + L_2) - C_2(L_2) \qquad （公式5）$$

下面举一个具体的例子。依据假设④⑤可假设博弈情报的价值函数 $P(L_1，L_2) = -L_1^2 + aL_2，a > 0$，博弈情报的边际成本函数为 $C_i = \frac{bL_i^2}{2}，i = 1，2$，根据模型公式得到一阶条件为：

$$\frac{\partial \pi_1}{\partial L_1} = aL_2 - 3L_1^2 - bL_1 \qquad （公式6）$$

$$\frac{\partial \pi_2}{\partial L_2} = aL_1 - 3L_2^2 - bL_2 \qquad （公式7）$$

博弈主动方和博弈对抗方的反应函数分别是:

$$L_1^* = \frac{3L_2^2 + bL_2}{a}; L_2^* = \frac{3L_1^2 + bL_1}{a} \qquad （公式8）$$

由反应函数可知,当博弈对抗方的反情报策略数量小于 $-b/6$ 时,博弈主动方的情报数量会随着反情报策略增加而上升;大于 $-b/6$ 时,会随之减少。

联立两个反应函数并求解,由 $L_1^* > 0$ 且 $L_2^* > 0$,得到纳什均衡条件下的情报数量:

$$L_1^* = L_2^* = \frac{a-b}{3} \qquad （公式9）$$

此时,两家智能机供应商的均衡收益分别是:

$$\pi_1(L_1^*, L_2^*) = \pi_2(L_1^*, L_2^*) = \frac{4a^3 - 9a^2 b + 6ab^2 - b^3}{54} \qquad （公式10）$$

7.1.3 情报对抗与情报竞争的关系

7.1.3.1 情报竞争与竞争情报

情报竞争和竞争情报的内涵不同,情报竞争包含竞争情报工作和反竞争情报工作,是围绕情报展开的一系列竞争活动。竞争情报工作侧重于情报的刺探和搜集,而反竞争情报工作则重在保护情报,是一种重在防御的情报工作,目的是保护开展情报工作的主体免受来自竞争对手的攻击和侵犯。情报活动的主体需要从竞争情报和反竞争情报两方面开展工作。首先从竞争情报角度主动出击,针对提出的竞争问题和情报需求搜集信息,然后分析竞争对手、竞争市场和竞争环境的特点,制定自身的竞争策略并选定均衡方案,实施行动。情报活动是一个互动和对抗的过程,竞争问题的参与主体必定大于等于两方,在开展竞争情报工作的同时竞争对手也在搜集和刺探情报,此时需要开展反竞争情报工作,以此保证自己的信息不被泄露窃取。情报竞争的结果是在互动和对抗中使自己尽量掌握完全信息,并尽力使对方掌握我方的不完全信息,形成信息不对称,获得竞争主动权。

7.1.3.2 情报的对抗性

情报本身具有认知对抗的性质。赵冰峰等[①]从信息论和决策论两个

---

① 赵冰峰,赵永廷.论情报的认知对抗本质[J].情报杂志,2010(4):19-21,71.

角度论述了情报认知对抗的性质。情报认知的对抗性是情报对抗策略的基础,情报的对抗是基于信息不对称的对抗,利用信息不对称形成信息优势,破坏对方的决策,制订战胜对手的行动方案。在一个对抗格局中,参与决策的决策人必须有两个或两个以上,各个决策人的利益不尽相同或完全相反,是一种相互矛盾的局面。各决策人都掌握着由一方支配的、可以改变利益分配的一组策略,各方都企图选择对自己有利的策略,使得自身利益为最大。

国家安全情报具有斗争性,在国家安全情报对抗策略的制定中应充分建立起情报的战争功能。基于国家安全的情报对抗策略是在对国家安全情报进行搜集、分析的基础上,根据我国国家安全保障领域多元性、关联性、融合性等特征[①],寻找威胁源头和对抗威胁的方法以及手段,不断调整和优化以确保国家安全。国家安全的情报对抗策略为实现国家安全战略提供途径。基于国家情报的战略性,制定情报对抗策略,保护国家安全,从而实现国家安全战略的具体目标,为实现国家安全战略扫除障碍[②]。

7.1.4 情报博弈的内涵

情报工作的主要任务是解决由"信息爆炸"引起的情报积累与利用之间的尖锐矛盾。如前文所述,情报工作包含竞争情报和反竞争情报,因此它本身也是一个对抗和决策的过程。情报工作的主要内容是进行情报的搜集、加工整理、情报研究、编译报道、检索服务以及情报机构的职能工作等[③]。情报工作的全流程都需要在与竞争对手博弈的过程中做出的决策,既包括确立情报目标、情报源、情报搜集途径、情报分析方法、成果报告形式,也包括在情报与反情报工作中投入资金、安排的情报工作人员以及开展情报工作的时间。所谓情报博弈,就是在竞争情报与反竞争情报的过程中,运用博弈理论,使博弈方获取情报优势,减少情报损失,获得竞争主动权,最终在情报对抗中取胜。

情报博弈论在国家安全情报对抗策略的应用主要包括:竞争对手情报、竞争环境情报、竞争者策略情报。在情报对抗中找准自己的定位,清楚自身以及对手的现有竞争能力,掌握竞争环境的态势,制定并实施相应战

---

① 冯立威. 博弈论与信息经济学[J]. 中国信息导报,2004(8):29－30.

② 胡序,杨冰. 基于博弈论的竞争情报研究[C]// 成都:中国科技情报学会竞争情报分会第十一届年会暨博览会论文汇编,2005:172－176.

③ 朱富强. 构建协作策略的博弈思维——基于理论和实践的二维分析[J]. 经济纵横,2019(4):1－11,137.

略,对取得博弈优势具有重要作用①。对于国家安全情报对抗中的情报博弈,需要说明以下四个问题:

(1)"谁"在参与国家安全情报对抗——情报博弈的局中人;

(2)他们以"什么"来参与国家安全情报对抗——情报博弈的策略;

(3)每个局中人"何时"行动——情报博弈的次序;

(4)在国家安全情报对抗的博弈选择中,每个局中人得到(或失去)"多少"——情报博弈的效用函数。

同时在一场博弈中需要假设基于规则的共同知识,即每一个局中人知道博弈的规则,并且这一现象是众所周知的②。我们以历任联合国秘书的遴选为例进行说明。联合国秘书长作为联合国首席行政长官和国际关系的重要参与者,其历任遴选结果与各国的国家安全有错综复杂的关系,必定是五大常任理事国情报博弈的结果③。

1946—1971 年期间,即早期联合国秘书长的遴选主要是美苏两大国的博弈。在这场博弈中局中人为美国和苏联两大国,博弈规则就是遴选机制。首任秘书长由安理会推荐,然后联合国大会有投票权的会员国按照简单多数规则投票,投票通过的才能最终当选。而关于规则的共同知识,是指博弈双方(即美苏两国)各自对联合国的章程、遴选机制、对方与自己存在博弈关系,以及对方的博弈策略和立场都充分了解,并且他们知道彼此对这些规则都是清楚的。在美苏的联合国秘书长遴选博弈中,美苏两国对规则拥有共同知识,双方清楚了解遴选机制,但这不代表他们掌握同等程度的信息或者可以行使同等权利,将在后面的小节讨论。

美苏在博弈中分别设有自己的策略库,他们可以选择的策略不仅包括在投票中选择赞同、反对或弃权,还可以利用对外援助"买投票",具体的细节和措施又更加纷繁复杂。但是每一种策略的背后都包含着这一方局中人付出的成本和收益。因此在博弈中到底选择何种策略需要局中人把握好自身的效用函数,充分权衡利弊并做出决策。

效用函数确定了局中人选择每一种可能的策略组合给他带来的盈利。当博弈的结果是经济收益方面的,可以用货币的得失来衡量局中人的收益,但是如果博弈结局是非经济收益方面的,例如前面提到美苏在联合国

① RAPOPORT A,ORWANT C. Experimental games:a review[J]. Behavioral science,1962(1):1-37.

② 张鸷远,张京斗,杨军. 大国博弈视阈下的联合国秘书长遴选机制[J]. 保定学院学报,2016(6):39-45.

③ 杨晓雯,张泽平. BEPS 背景下对国际税收合作博弈的思考[J]. 国际税收,2018(1):73-76.

秘书长遴选问题上的博弈,双方追求的不是经济回报,他们对哪种策略组合更加偏好源于对国际政治的综合分析。这种情况下效用函数不是每种策略组合的货币收益,而是所有策略组合的优先次序。

在美苏就联合国秘书长遴选的博弈中(见图7-3),如果有 n 个候选人,则可能有 n+1 种可能的结果:第1个候选人当选;第2个候选人当选;……第 n 个候选人当选以及候选人全部被否决。可以认为,美苏两国宁愿重新遴选候选人也不愿反对者当选秘书长。我们假设有3名候选人甲、乙、丙,其中美国支持甲,不过在甲无法当选的情况下乙也可以接受,苏联支持丙,在丙无法当选的情况下乙也可以接受。如果联合国大会最终推荐丙,则美国必定会行使其大国特权——一票否决。因为对美国而言,效用函数的优先次序是:候选人甲当选;候选人乙当选;没有人当选;候选人丙当选。根据这个效用函数,候选人丙当选对美国而言是最差的结果,美国必定会选择否决策略。

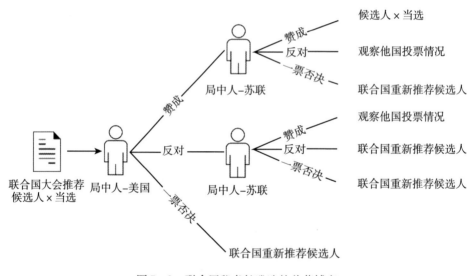

图7-3 联合国秘书长遴选的美苏博弈

情报博弈具体内容包括竞争环境情报对抗、竞争者情报对抗和竞争策略情报对抗。在国家总体安全观背景下,竞争环境是指国家进行竞争活动所处的环境,指不受单个国家意志控制但会对国家安全造成影响的国际经济形势、国际关系、国际重大事件等,在情报博弈中这些条件被作为"自然"条件来对待,它们决定外生的随机变量的概率分布机制。竞争者情报对抗是情报博弈的核心,它包括在情报对抗过程中了解对手的情报工作机制、领导层、情报工作人员素质、情报工作的经济投入、社会文化背景、领先的技术水平等。掌握对手的以上特征信息的决策者在博弈中实现均衡,制定策略并正确地决策。竞争策略情报对抗是指对手正在或将来会采用的策略集,具体包括情报对抗的目标、手段、反竞争情报措施等,这部分强调动态的博弈过程。

7.2 情报博弈的局中人与策略集

博弈中涉及两名或者更多的局中人,每个局中人都部分地控制着博弈的结果,这种情况下每一名局中人都不能确定或控制其他局中人的策略选择(但在博弈中他们可以试图干预和影响其他局中人选择不同决策的概率)。由于局中人不能确定彼此选择的概率,因此情报博弈是涉及不确定性的博弈。这种博弈根据局中人数量、博弈动机、博弈结局可进行如下分类(见图7-4)。

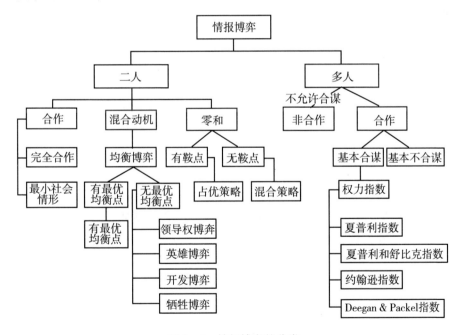

图7-4 情报博弈的分类

按照效用函数之间的相互关系可以将博弈分成三类——局中人的利益完全一致;利益完全冲突;利益部分一致,部分冲突。

(1)无论是双人博弈还是多人博弈中,合作策略博弈(cooperation games of strategy)意味着博弈的参与人利益是一致的。

（2）局中人利益完全冲突的博弈被称为零和策略博弈（zero-sum games of strategy），这是严格竞争博弈，因为每个博弈结果中局中人的利益之和都是零，所以是零和博弈，例如象棋游戏。完全竞争博弈存在一种特殊情况是收益之和为常数，被称为常和博弈，例如竞技体育，篮球、射击比赛的积分博弈。

（3）局中人的利益不完全冲突也不完全一致的博弈被称作混合动机博弈（mixed-motive games of strategy）。复杂的人际交往和利益关系决定了博弈环境的复杂性，这种类型的博弈相较于合作策略博弈和零和策略博弈具有更加广泛的现实意义和价值。

国家总体安全涉及极其广泛的领域，这一视角下的情报博弈和对抗由于局中人的数量、性质、立场差异巨大，几乎覆盖了上述所有的博弈类型。在这些安全领域开展情报工作的主体涉及各行各业的机构单位和从业人员，经济实力、人员规模以及机构性质的差异决定不同安全领域的情报博弈局中人关注的核心利益不同，因此他们在情报博弈和对抗中的动机往往具有广泛差异。例如在不考虑其他国际影响的双边战争中的情报博弈就是完全竞争的零和博弈，一方获益另一方必定损失；又如国际社会在朝核问题上的博弈是多边混合动机博弈，部分国家在打压朝鲜核事业发展的同时又要保持与朝鲜友好的外交关系；再如税基侵蚀与利润转移背景下各国共同打击跨国公司不合理避税行为，这其中的情报博弈就属于允许合谋的合作情报博弈，各国搜集和共享情报，通过制定合理的双边协定来维持国际税收秩序。

7.2.1　局中人的情报博弈动机划分

7.2.1.1　合作情报博弈

合作情报博弈发生在合作博弈的基础上。合作博弈也被称作正和博弈，这种博弈的核心意义在于博弈双方或者多方可以通过合作实现利益共赢或至少一方利益增加同时无人利益受损[①]。合作情报博弈强调的是情报过程中的合作，即情报共享，在合作博弈中合理的情报共享可以大大缩小搜集情报花费的时间和经济成本，避免了大量重复工作对资源的浪费，同时还可以在合作博弈的局中人之间实现情报的优势互补。特别是国际合作，由于地理和政治等原因限制，这种情报共享与合作是非常重要的。合作情报博弈的对抗性同样体现在利益的分配上，共享制度的公平性和合理性会直接影响局中人何时何地、通过何种方式、在何种程度

---

① 刘力.零和博弈——外资优惠政策的国际竞争[J].国际贸易,2002(2):46-48.

上进行情报共享。

7.2.1.2 零和情报博弈

与合作博弈相反,零和博弈中博弈双方的利益关系是冲突的,所以博弈的结果必定有输赢之分,而双方的获利和损失正好相互抵消。零和博弈追求的目标是全面取胜,典型的例子是战争博弈。零和情报博弈是指博弈双方在完全竞争的背景下进行情报对抗的博弈。在这种情形下,博弈双方都不遗余力地开展竞争情报和反竞争情报工作,因为他们必须保证自己在情报对抗中最大可能地掌握对手的完全信息,并尽力使对方无法掌握自身的情报,确保在零和博弈中制造信息不对称并占据优势,以此支持更有把握的决策而获取博弈中唯一的胜利,否则就要面对失败。

7.2.1.3 混合动机情报博弈

在合作博弈中所有局中人的利益完全一致,没有利害冲突,在零和博弈中局中人的利益完全相反,对一名局中人有利的策略对其他局中人而言是有害的。与这两种极端的博弈相比,混合动机博弈介于它们之间。在混合动机博弈中,收益的总和会依据局中人选择的策略不同而改变。混合动机情报博弈就是在这种非合作的、收益总和不确定的博弈中开展的情报对抗活动。由于策略组合的复杂性和收益总和的不确定性,混合动机情报博弈更能代表着现实世界的状况,更能深刻地洞察冲突解决的实质。

7.2.2 情报博弈的策略集和行动空间

博弈论中的策略的定义与信息集密切关联。局中人在博弈环境中进行决策,如图 7-5 所示,假设"第一次"局中人甲进行选择,"第二次"局中

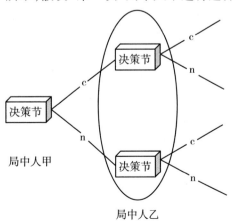

图 7-5 信息集与策略

人乙进行选择(这里决策的顺序依据博弈的类型有不同的含义,在动态博弈中局中人依次决策,在静态博弈中局中人实际上是同时决策)。在图中椭圆圈住的局中人乙的两个决策节,通过将两个决策节集中到一起表明局中人乙无法区分两者,即在博弈开始之前他不知道局中人甲会选择 c 还是 n,这里的椭圆就是信息集。因此信息集是指决策节的集合,局中人不能区分这些决策节。而策略是指在局中人需要做出选择的信息集内可采取的行动,也称为行动空间。

在情报博弈中,局中人会通过情报搜集、情报态势感知等手段获取对手的背景、技术秘密、发展战略、谈判底线等一切影响情报对抗结果的信息,并结合对手的行动来推断其策略,接着通过自己的行动影响对手的策略。情报博弈策略是指根据侦察手段或其他方法获得的关于敌方军事、政治、经济等方面的情况,以及对这些情况进行分析研究的成果,为实现战略任务而制定的原则、手段[1],或者说,是在情报搜集、分析的基础上,经历分析、综合、判断、推理等逻辑思维过程,根据形势发展而制定的行动方针和斗争方式。国家总体安全观背景下的情报博弈策略为实现国家安全战略提供途径,用国家情报的战略性,制定情报对抗策略,在国土安全、政治安全、社会安全、资源安全以及深海、极地、生物等新兴领域发挥保护作用,从而实现国家安全战略的具体目标,为实现国家安全战略扫除障碍。

7.2.2.1　反策反情报博弈策略

(1)策反活动的特点

策反是情报活动的一种高级谋略,特指通过政治影响、军事谋划等手段,将敌方人员从思想上转化为我方人员,从而削弱敌方力量,增强我方力量的活动。策反具有隐秘性和破坏性,策反活动往往是采用暗地的手段,俘虏敌方支持者或士兵,使得敌方军心涣散从而落败,甚至背叛成为自己方的间谍。在战争中,广泛采取的策反活动一般分为两个方面。第一是心理战,手段主要有:组织心理专家、心理医生、精神病医生深入敌方腹地,实行"洗脑"教育,从思想上瓦解敌人;通过电台、电视台、报刊媒体造谣惑众,煽动和胁迫敌方支持者和士兵;通过搜集敌方内部矛盾、宗教矛盾等,广泛传播谣言,将矛头指向敌方高官及领袖,从而达到煽动支持者及士兵变节的效果。第二种方法是主动攻击,手段主要有:逐步占领对方主要腹地,部署策反军队,多方面削弱敌方势力;采取暗杀、恐吓、打电话、传话及

---

① 凯利.决策中的博弈论[M].北京:北京大学出版社,2007:20.

面对面接触等方式威胁敌方高官及领袖等。

（2）反策反的情报对抗策略

针对策反活动的两个方面，反策反斗争要做好两方面的工作。

一是要做好强大的心理防御。加强军兵的思想政治建设，强化军心，坚定军兵的政治信念。可以对军兵进行情景训练，做好心理预警，时时刻刻警惕敌人的阴谋。对于对手的收买行为，必须坚决不为金钱和美色所动；对于对手散播传单等行为，要立刻报告组织，不看、不传并交代所有关于敌方媒体报刊的线索；对于对手威逼恐吓等手段，要不慌、不怕，及时寻求组织的帮助；对于对手的反动广播等手段，也要立刻上报并做到不听、不信；面对敌人的谣言，做到不信、不传，并上报组织，协助做好稳定军心民心的工作①。

二是建设反策反的力量。一方面是要做好反策反的人员部署，将我方人员广泛部署在电台、电视台、报刊、通信、计算机网站、口岸等单位和部门工作，及时识别非正常情况，收集策反的情报。另一方面，要成立反策反情报指挥机构，及时发现策反的情报信息，做好反策反斗争的预警和实战练习；情报机构还可以宣传反策反口号和知识，组织群众学习，不断反复练习，提高军兵反策反的意识和应对紧急状况的能力。

7.2.2.2 反分裂情报博弈策略

（1）分裂活动的特点

分裂是指反动分子恶意破坏国家统一，组织煽动人民群众反抗中央、妄图实行局部独立的活动。我国的新疆、西藏、云南等边界地带存在分裂活动，反分裂斗争具有长期性、尖锐性和复杂性。境内外的民族分裂势力、宗教极端势力、暴力恐怖势力组成的"三股势力"，相互勾结，在美国反华势力的纵容和支持下加紧聚合。境内外民族分裂势力一方面与偏激的宗教派别和恐怖暴力组织勾结实施暴力、恐怖、袭击活动；另一方面，攻击我国的民族宗教政策，进行民族分裂的思想宣传，通过非法的宣传和影视、教育等方式渗透，实行反动思想侵蚀，妖言惑众，不但对我国各族人民群众的正常生活造成了极大伤害，还对我国的文化和意识形态安全造成严重威胁，严重影响了当地以及全国社会的稳定②。进入 21 世纪以来，"三股势力"渗透的方式更加隐蔽。

---

① 伍辉红.伊拉克战争对民兵反策反准备的启示[J].国防,2004(11):39.
② 杨丽.新疆高校意识形态领域反分裂反渗透教育的形势与对策[J].思想理论教育导刊,2010(3):99－103.

（2）分裂活动对抗策略

分裂活动具有极大的破坏性，情报部门要认真研究新形势下分裂斗争的规律和特点，提高戒备，配合当地的领导及军队做好战略部署工作，构建维护社会安全稳定的防控情报体系。

一要做好情报收集工作。"三股势力"的渗透活动具有途径多样、方式隐蔽等特点，情报部门要善于搜集情报，识别民族分裂分子活动的特点，识破其手段和伎俩，摧毁其分裂意图。比如，民族分裂分子的地下组织通常喜欢采取交朋友、同乡会等活动吸引群众前往，编造各种破坏民族关系的谣言，情报部门可以潜入其组织，全面搜集情报，等待时机一举端掉分裂的窝点；针对市面上非法销售的音像制品，要紧抓线索，了解非法音像制品的来源和去向，及时销毁；电台等非法鼓动传播方式具有现代传媒工具的开放、快捷和隐蔽的特点，情报部门可以加强情报工具的部署，及时识别非法传播活动。二要建立应急预警机制。情报部门要加强和统战、宗教、政法等部门的联系和配合，建立应急预警机制。认真履行监管职责，加强对非法宗教活动的排查、打击力度，有效防范和抵御宗教势力的渗透[①]。

另外，情报部门应当协助社区及社区委员会做好对社会群众的思想政治建设，加强宣传教育，印发坚持党的领导和维护国家团结的宣传册等。

7.2.2.3 反渗透情报博弈策略

（1）渗透活动的形式、特点

渗透活动是指境外敌对分子对我国采取的一系列渗透活动，不但表现在意识形态领域的渗透，还包括在经济等方面的渗透。渗透活动具有多样性，通常难以识别，一旦渗透势力变大，很容易发生威胁国家安全的事故。

渗透活动具有以下的特点：①和境内不法组织勾结，行为涉及违法犯罪，如走私贩毒、洗钱、境内绑架勒索等。内外勾结给情报部门识别线索带来了困难。②渗透势力越来越隐蔽，挖空心思扶持内应力量。渗透势力不断调整方式和手段，通过收买、交流等"怀柔"策略，向我国党、政、军等团体的高层人士渗透。③犯罪手段越来越先进。依靠技术的飞速发展，渗透势力除了从传统途径对我国进行渗透，还通过互联网散播谣言，通过计算机技术窃取我国情报，在一定程度上给我国情报部门的工作带来困难。

---

① 赵万杰.新疆中小学反分裂反渗透斗争存在的问题及对策研究[J].新疆教育学院学报，2013（1）：108－112.

（2）渗透活动的情报策略

1）加强国家间的警务合作

参与渗透活动的违法犯罪分子通常分布广泛,这就要求国家间要加强警务合作,联合办案。目前有很多相邻国家或地区签订了有关警务合作协议或双边协议,这有利于识别跨境的犯罪组织的犯罪活动,也有利于提高打击犯罪组织的效率。

2）情报资源信息化,共享化

在建立警务合作的基础上,实现情报工作的合作。目前许多国家已建立了双边或多边情报信息资料的搜集和共享制度,并取得了不错的效果。现代信息技术的发展让情报传递更迅速、更及时,有利于情报的整合和战略部门进行策略部署。

7.2.2.4 反窃密情报博弈策略

（1）窃密活动的含义

窃密活动是指敌方情报工作人员潜入我方相关情报部门试图窃取我方机密的行为。窃密活动的主要对象是涉密人员、涉密活动及涉密部门等。反窃密即做好情报的保密工作。

（2）窃密活动的情报对抗策略

1）提高涉密人员的整体素质,加强保密培训

涉密人员通常是涉密事件发生的主体,敌方情报工作人员利用涉密人员情报工作中的弱点,趁机接触涉密情报、涉密文件、密级档案等。涉密人员必须要提高警惕,可以招募有经验和有技能的人员,提高涉密人员的整体素质,严格把关对涉密情报、涉密文件的保管,及时销毁涉密文稿而不随意丢弃。

2）建立反窃密的情报体系

建立反窃密的情报体系,要对涉密文件进行规范管理。建立专门的情报档案部门,做好涉密文件的保管、传阅、存放、清退工作。加强对复印文件的监督管理,文件使用完毕后,要及时交还情报档案部门管理,尽量减少涉密文件在外流传的时间。

3）建立反情报联盟,实行反情报合作

现代的情报活动已经超越了传统的范畴,延伸到了商业、科学技术等领域。建立反情报联盟可以提高识别情报威胁和反窃密的能力[①]。在信息共享的环境下,涉密活动更容易暴露,反情报联盟可以采取一定的策略,

---

① 王沙骋.保密工作中的反情报思维[J].保密工作,2012(3):40-41.

如利用假情报迷惑敌方情报工作人员,改变情报信号和情报破解密码等。

7.2.2.5 水污染治理情报博弈策略

(1)水污染治理中的情报工作

实际情况中,水污染的监测源不仅包括自然环境,还应当扩展到社会生产生活的方方面面。情报主导的水污染监测强调要全面感知和监控污染源,形成全局预警和把控,具体包括对气象、水文、水质等自然特征的勘察,对社会工农业生产以及特种运输业的感知,对社会生活包括居民污水处理及服务业的水污染处理进行检查,及早感知污染事件的发生,对于管理疏漏、偷排污水的情况进行监督①。

(2)水污染治理的情报对抗策略

1)重视信息的分析

情报利用为情报分析提供了目标,总的说来,情报分析是对各来源获取到的数据或信息的一种加工和提炼,通过对已经掌握信息的分析对比、综合研究,从而揭示水污染现象的来龙去脉、发展趋势以及为水污染防治提供决策支持。如预警的发布需要全面的信息分析与污染预测;应急的环境治理,需要多方的情报以提供污染源头的线索。

2)重视情报共享

情报共享是水污染部门开展预警、应急联动、监督管理等活动的信息基础。预警需要综合的信息评估与科学预测;应急立案需要了解污染的范围、伤亡人数等事态情报,还需要专家情报的支持;监督管理需要新闻报道、居民举报、水质监测等情报。然而单个机构的信息往往是片面的,全局性的情报决策往往需要多部门的协作开展。面临重大性污染事故时,快速的救援部署、专家讨论经常迫在眉睫。高效的情报传递往往需要从技术、文化、资源、政策等维度综合构建。

7.2.2.6 资源与能源维护情报博弈策略

(1)北极与深海资源和能源安全

北极地区富含丰富的自然资源,这一定程度上也驱动着区域地缘政治格局的转变,各国也初步呈现出对北极资源和能源的竞争态势。根据《联合国海洋法公约》,我国与其他缔约国均拥有在北极开展资源开发的权利,而资源的稀缺性会让各个国家对北极丰富的渔业资源、矿产和油气资源以及独特的生物资源争相开采,进而导致北极资源和能源存在过度开发利用的风险。2015年,《中华人民共和国国家安全法》的颁布明确了我国需站

---

① 金灿,吴宇浩.水污染防治工作中的情报监测探究[J].现代情报,2015(6):172 – 177.

在全球战略的高度,积极维护极地安全的重要任务,此外我国作为北极利益相关者,也有责任和义务去积极维护我国在该地区的资源和能源安全①。

我国的中国大洋矿产资源研究开发协会是 5 个国际海底区域的先驱投资者之一,在东北太平洋进行海底区域开发。因此,维护国际海底区域的安全和平稳定,符合我国的国家利益,保护深海安全,也应成为国家总体安全观的重要一部分。

(2)北极与深海资源和能源安全维护的情报博弈策略

1)提升情报分析能力

极地安全与国际海底区域安全近几年作为新型安全领域引起了国家情报机构的关注,并且随着大国在极地、国际海底区域的活动日趋频繁,维护我国的极地与深海安全迫在眉睫。情报分析通过对获取的信息分析比对、综合研究,可以揭示北极与深海资源和能源安全态势,为制定北极与深海安全维护措施提供决策依据。因此,我国需借鉴国外极地与深海安全情报分析模型,发挥专家智囊团的经验智慧,构建属于我国的北极与深海资源和能源安全情报分析机制。

2)加强组织间的情报共享

维护北极与深海资源和能源安全需要各部门、各组织的支持,例如在航线信息传递方面需要北斗卫星导航系统,在实地信息获取方面需要建设科考站等。北极与深海资源和能源安全信息涉及范围较广,负责部门数较多,要想对安全情报进行全局把控,需要各部门打破信息壁垒,通力合作,共享资源勘探、开发和保护技术等情报。此外,由于北极与深海资源的开发涉及多个国家,各国之间的利益和安全相互影响。因此在开展北极与深海资源和能源安全维护时,需要谋求共同安全②。通过加强与其他国家能源技术和信息的交流,实现不同利益主体的能源安全。

7.2.2.7　生物安全维护情报博弈策略

(1)生物安全维护的情报工作

在当今世界,生物安全已成为整个世界和人类生存与发展的主要威胁之一。生物安全维护一般是指运用一系列有效的预防和控制措施,防范现代生物技术的开发和应用对生态环境和人类健康造成的潜在威胁。为了维护国家安全、防范和应对生物安全风险,2020 年 10 月 17 日,第十

---

① 刘芳明,刘大海.北极安全与新《国家安全法》视角下中国国家安全利益[J].中国软科学,2018(9):8-14.

② 赵庆寺.科学发展观视域中的中国能源安全新范式[J].探索,2013(2):179-183.

三届全国人民代表大会常务委员会第二十二次会议通过了《中华人民共和国生物安全法》,该法自 2021 年 4 月 15 日起施行。

英、美、俄等传统情报大国高度重视生物安全领域的情报工作,中国生物安全治理中的情报工作亟待加强。习近平总书记从保护人民健康,维护国家安全,维护国家持久和平与秩序的角度出发,提出将生物安全纳入国家安全体系,加深对国家安全战略的认识,突出问题意识。生物安全问题的根源在于生物技术的"双面性",即原本旨在造福人类的生物技术成就如果被滥用,将对公共健康安全乃至整个国家安全构成巨大威胁。生物安全情报工作包括生物安全态势感知,生物安全战略决策支持,生物安全治理服务和国家之间的生物安全对抗。

(2)生物安全维护的情报博弈策略

1)针对生物武器的情报对抗策略

从国家安全的总体角度看,生物武器情报对策应作为生物安全情报基础工作的基本内容,包括三个方面:第一,深化生物武器在国防科技大国战略中的内容;第二,密切关注影响生物武器发展的相关技术的发展,包括基因操纵、生物制剂贮存、毒素的大规模生产等关键领域,以提高技术水平。第三,控制、监视恐怖组织和生物黑客。

2)针对生物安全实验室的情报对抗策略

病原体经常在生物安全实验室中被用作实验对象。实验室中不可避免地隐含着致病微生物样本意外丢失或泄漏等风险。如果处理不当,很容易引起重大的公共卫生事件。实验室情报对抗应成为日常生物安全信息工作的重点,包括两个方面:一是广泛获取信息,对国内外高级生物安全实验室的建设背景和运行状况进行深入的信息研究,跟踪其科研趋势并了解其实验室管理经验;二是及时总结各种生物安全实验室案例在微生物使用和储存中的问题和经验教训,形成智能数据库、信息库和知识库,为生物安全实验室的治理提供支持。

3)针对传染病疫情的情报对抗策略

传染病的流行经常影响整个国家安全体系,在许多方面造成巨大损失,甚至造成社会动荡和政权更迭。传染病信息是生物安全情报工作的重要方面,包括两个维度:一是定期对传染病的来源、发病机制和传播途径进行情报监测和分析,努力提高情报预警能力;二是对疫情及其风险进行深入的信息研究,形成情报产品意义上的生物安全评价指标,为相关决策服务。

4) 针对生物入侵的情报对抗策略

生物入侵经常破坏当地的生物多样性,破坏当地的农业生产,甚至破坏整个生态系统的运作,严重危害国家的生态安全、经济安全,特别是粮食安全。因此,针对生物入侵的情报对抗是全球生物安全情报工作不可或缺的方面。它包括三个方面:首先,对进出口货物的智能监控和分析以及提高海关、边境检查和质检部门的能力,特别是比较和识别侵入性生物,并建立相关数据库的能力;其次,掌握、分析和预测农产品、农业作物特别是粮食生产和进口情况,评估重大生物入侵的经济危害阈值,为有关进口产品的替代或选择提供信息基础;再次,是动员私人情报力量,利用生物爱好者和有关非政府组织的活动,扩大对生物入侵的情报监测范围,提高有关情报分析水平。

7.3　完全信息情报博弈

情报博弈论和博弈论一脉相承,其主要的研究对象就是竞争行为及其结果,重点研究在什么类型的环境中产生什么样的竞争行为,以及竞争方法和竞争过程如何。

从国家层面上看,开展竞争情报的最终目的是提高国家在国际安全活动中的竞争力。因为博弈论本身就是研究竞争的理论,用其来分析竞争情报,会得到更深入的解释。如果在一个情报博弈中局中人都互相知道其他局中人的收益,就说这个情报博弈是完全信息情报博弈。

7.3.1　完全信息静态情报博弈

完全信息静态情报博弈中,每个局中人做且仅做一次策略选择,并且所有的局中人同时决策,因此在决策时不知道其他人的策略。

7.3.1.1　策略式情报博弈

策略式情报博弈包括局中人、策略和收益三个主要要素。囚徒困境是博弈论中最基础的实例(见表 7 - 2),假定有两个犯罪嫌疑人共同作案,被警察抓获后分开拘押,两者可以选择坦白,或是不坦白。如果一个人坦白,而另一个人不坦白,则坦白的一方会被立即释放,而不坦白的一方被判10 年;如果两人都坦白,则会每人各判 8 年;如果两人都抵赖就关押 1年。显然在囚徒困境情报博弈中,坦白是每个局中人个人的占优战略。两个人都选择坦白也成了这个情报博弈的占优战略均衡。结果就是两个人都会坦白,各判 8 年。

表 7 - 2　囚徒困境

<table>
<tr><td colspan="2" rowspan="2"></td><td colspan="2" style="text-align:center">局中人 2</td></tr>
<tr><td>坦白</td><td>不坦白</td></tr>
<tr><td rowspan="2">局中人 1</td><td>坦白</td><td>(− 8, − 8)</td><td>(0, − 10)</td></tr>
<tr><td>不坦白</td><td>(− 10,0)</td><td>(− 1, − 1)</td></tr>
</table>

　　囚徒困境是个人理想和集体理性冲突的典型实例,合作能够给双方带来好处(集体理性),但双方仍然是不合作(个体理性)。这种个人理性与集体理性冲突的例子在社会生活中有很多。国家之间的军备竞赛与此类似。如果约定每个国家都不发展军备,将资源用于民用产品,对每个国家的国民都更好。但是,如果对方不生产武器,己方生产武器就可以取得军事上的优势;反之,如果对方发展军备,自己不发展的话,就会受到更大的威胁。所以各国就会都搞军备竞赛。下面以现实中存在的美苏争霸“囚徒困境”为例进行说明:

　　第二次世界大战后,美国和苏联作为当时世界上的两个超级大国,在战后并没有把全部精力投入到战后经济重建和恢复中。出于对可能再次爆发的世界性战争的恐惧,两个超级大国均努力进行扩军备战,以提高自身实力,未雨绸缪。1945—1957 年是第一阶段,美苏双方主要进行了研制核武器竞赛。1945 年 7 月 16 日,美国第一颗原子弹爆炸成功。军备竞赛的第二阶段为 1957—1983 年,双方以研制核弹头的运载工具以及新型核弹头的竞赛。1957 年 10 月 4 日,苏联将人造地球卫星发射上太空。1958 年 1 月 31 日,美国也成功发射了人造地球卫星。第三阶段,80 年代初到 90 年代初,以研制和建立战略防御系统为主要内容。在常规武器发展方面的竞赛也相当激烈。美苏两国的飞机、舰船、坦克、装甲车、火炮、导弹等更新了 3—5 代,而且性能不断提高。

　　在美苏两国情报博弈中,支付矩阵如表 7 - 3 所示:

表 7 - 3　美苏争霸情报博弈的支付矩阵

<table>
<tr><td colspan="2" rowspan="2"></td><td colspan="2" style="text-align:center">苏联</td></tr>
<tr><td>不扩军备战</td><td>扩军备战</td></tr>
<tr><td rowspan="2">美国</td><td>不扩军备战</td><td>(10,10)</td><td>(− 100,100)</td></tr>
<tr><td>扩军备战</td><td>(100, − 100)</td><td>(0,0)</td></tr>
</table>

　　如果两国都不进行扩军备战,那么两国都可以将主要精力用于经济建

设,从而提高本国人民的生活水平,故两国均收益 10;如果美国不进行扩军备战而苏联进行扩军备战,那么战争一旦爆发,美国将不可避免地损失,而苏联将成为全球头号霸主。在这种情况下,美国得到收益 −100,而苏联得到收益 100。类似地,如果美国进行扩军备战而苏联不进行扩军备战,那么美国得到收益 100,苏联得到收益 −100。如果两国都进行扩军备战,那么两国均不可能在未来的战争中占有先机,这种情况下,两国得到的收益均为 0。从表 7 − 3 可以看出,不管美国是否选择扩军备战,苏联的最优策略都是扩军备战;美国同理。

7.3.1.2 情报博弈纳什均衡

纳什均衡是现代情报博弈论中的核心内容,在情报博弈环境中,理解掌握情报博弈均衡思想和理论体系必须以纳什均衡为起点。纳什均衡的思想很简单,就是每个局中人选择的策略是对其他局中人所选策略的最佳反应。下面以现实中存在的公安情报共享为例进行说明:

公安系统的工作中很大一部分都是围绕情报收集、处理、发布的流程来展开的。目前,我国公安情报共享活动主要在各个地区间、上下级层级间、各个相关部门间,以及不同警种间进行,形式比较多样,大部分都有统一的平台进行情报交换处理和发布共享。例如:2016 年 10 月 28 日,在黄河金三角区域,陕西、山西、河南三省的警务人员在渭南召开第三次联席会议,其间分享了共建情报信息共享平台的思路,以期建设跨省域间的情报信息资源联合查询平台,实现资源一站式查询①。可以看出,在公安部门的实践活动中,对于情报信息的共享有很强的需求,如何深化情报整合与共享,如何实现情报无障碍传递和交流,是公安情报系统建设必须解决的问题。

当两地公安机关情报共享时,发生犯罪遭受损失记为 E_A^1, E_B^1,不进行情报共享发生犯罪遭受损失记为 E_A^2, E_B^2,显然 $E_A^2 > E_A^1, E_B^2 > E_B^1$。

在一方共享,另一方不共享的情况下,提供情报一方的成本为 $Q_i, i = A, B$。P_{ij} 为在 i 地流窜到 j 地犯罪的概率,$0 < P_{ij} < 1$,当 $i = j$ 时表示犯罪发生在 i 地的概率,此时 P_{ij} 记为 P_i。当两地公安机关不进行公安情报共享合作时,除了遭受犯罪发生在本地的概率 P_i,还可能遭受从 j 地流窜到 i 地的犯罪损失的概率 $P_{ji}, i = A, B, j = A, B$。表 7 − 4 为 A, B 两地公安机关情报共享情报博弈模型。

---

① 王奇,梅建明,韩旭.基于博弈论的公安情报共享研究——从"囚徒困境"到"智猪博弈"的策略选择[J].情报杂志,2017(7):22 − 27,65.

表 7 - 4　A,B 两地公安机关共享情报的静态情报博弈模型

B 地公安机关

		共享	不共享
A 地公安机关	共享	$(-E_A^1, -E_B^1)$	$(-Q_A - (P_A + P_{BA} + P_B)E_A^2,$ $Q_A - (P_B + P_{AB} + P_A)E_B^2)$
	不共享	$(Q_B - (P_A + P_{BA} + P_B)E_A^2,$ $-Q_B - (P_B + P_{AB} + P_A)E_B^2)$	$(-(P_A + P_{BA} + P_B)E_A^2,$ $-(P_B + P_{AB} + P_A)E_B^2)$

注:矩阵中的有序数对,第一个数表示 A 地公安机关的收益,第二个表示 B 地公安机关的收益,即(A 的收益,B 的收益)。

在此种情况下,根据 $-E_A^1$, $-E_B^1$, $-(P_A + P_{BA} + P_B)E_A^2$, $-(P_B + P_{AB} + P_A)E_B^2$ 的取值范围不同,会形成两组纳什均衡即:(共享,共享)和(不共享,不共享)。当两地公安机关共同打击犯罪时,可能会存在不愿意分享情报的现象,即担心自己的利益受到损害,人为制造"信息障碍"。要解决公安情报交流的"囚徒困境"可以提高预期收益。当认识到合作的长期利益大于直接的成本支出,"囚徒困境"的问题将得到解决。

7.3.2　完全信息动态情报博弈

完全信息动态情报博弈是指扩展式情报博弈,它强调事件的可能顺序,每个局中人不仅可以在情报博弈开始时思考自己的策略,而且在动态情报博弈的全过程决策中都可以考虑自己的策略。扩展形式的情报博弈树完整地描述了情报博弈在时间上怎样进行,具体包括局中人采取行动的顺序、局中人必须采取这些行动时拥有的信息以及在这种情况下任何不确定性被重新求解的时间节点。在扩展形式的情报博弈树中,它的一个子集成为子情报博弈,如果局中人策略在每一个子情报博弈中都构成了纳什均衡则称为子情报博弈精炼纳什均衡。

7.3.2.1　扩展式情报博弈

扩展式情报博弈具有动态特征。它与策略式情报博弈的不同之处在于要考虑行动次序对局中人的影响,以及要时刻描述局中人行动时的信息。

一般来说,除了策略式情报博弈中的组成要素——局中人、效用函数(支付函数)、策略以外,扩展式情报博弈还包括以下几个组成部分:

(1)行动顺序,即谁在何时采取行动;

(2)行动空间,表示在每次行动时,局中人可以进行哪些选择;

（3）信息集，它表示局中人进行选择时所知道的信息；

（4）外生事件的概率分布。

策略式情报博弈中常常利用矩阵形式作为一种清晰的表现手段，而扩展式情报博弈则利用情报博弈树来表现 N 人有限策略情报博弈（见图7－6）。

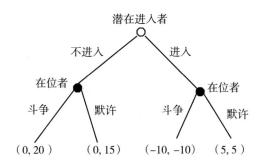

图7－6 "市场争夺战"情报博弈的扩展式表达形式

情报树包含几个"节点"，这些节点用小圆圈表示。每个节点对应一个情报博弈参与者。例如，在"市场争夺"情报博弈中在位者都有两种策略选择："斗争"和"默许"。

如果在初始节点有 N 个针对情报博弈参与者的策略，则从初始节点就能获取 N 条路径。路径由线段表示。在线段部分旁边指定适当的策略。情报博弈树中的节点可以通向多个线段，但是在情报博弈树中无法从情报博弈中的多个节点到达同一后续节点。

7.3.2.2 逆推归纳法和子情报博弈完美

子情报博弈是原始动态情报博弈的一部分。在图7－7中，用虚线框起来的部分称作一个子情报博弈（sub-game）。

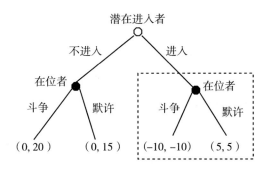

图7－7 "市场争夺战"情报博弈的子情报博弈表达形式

　　根据序贯理性,情报博弈的参与人在每一个子情报博弈上都会进行最优选择。那么,他在最后一个子情报博弈上也会是最优选择,再倒回第二个子情报博弈点,参与人在这个子情报博弈上也会进行最优选择。那么,当顺着情报博弈的发展方向难以确定最优选择时,就可以倒着找出每一个子情报博弈上的最优选择,进行逆向归纳(backward induction),直至情报博弈树的初始节点,从而找到情报博弈的均衡。

　　通过逆向归纳法求解情报博弈树得到的均衡被称为子情报博弈精炼纳什均衡。在这种情况下,情报博弈的初始节点一直到达均衡点,情报决策路径也必须是最优的。

　　下面以中美对外援助在联合国大会投票角力[①]的决策树为例进行说明。

　　中国的快速发展对国际关系和秩序产生了重要影响。在对美国的外交政策上,这种影响体现得十分显著。在联合国大会或其他国际组织的投票活动中,美国等国家一直通过对其他国家的对外援助来影响投票的趋势和结果。综合来讲,对外援助是指以国家为基础的官方发展援助,主要针对欠发达国家开展。从援助国角度来讲,出发点可能是国家战略、自身的政治和经济利益以及人道主义。由于受援助国不仅与援助国在物资、人员等方面交流频繁,甚至在观念上也受到很大的影响,因此受援国往往与援助国在国际事务中有着相似的态度和立场。通过审视在联合国大会上中国如何影响美国利用外援"买票"的有效性,可以评估中美之间的对外援助和国际政治关系角力。

　　本例建立的情报博弈模型如图7-8所示,情报博弈两方为美国和受援国,中国不作为一方直接进入情报博弈。在该模型的设定中,中国对外援助的影响主要体现为情报博弈树状图中预期收益数学表达式里的β(CHNAid)各项。

　　在图7-8所示的序贯智能博弈论模型中,受援国先进行决策,有两种替代策略:选择和美国一致或不一致。根据受援国的选择,美国决定是否使用对外援助进行赔偿或惩罚。情报博弈是不完全信息情报博弈,体现为情报博弈双方每种策略选择的概率为$p(0 < p < 1)$。在情报博弈树中,如果中国的对外援助影响受援国的战略,那么受援国与美国的投票不一致的可能性就会增加。这种影响可能是由于受援国和美国政策偏好之间的差

异引起的。

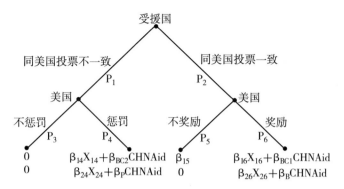

图 7 - 8　序贯情报博弈理论模型

　　因此,在树状图中,只有受援国获得"不一致和不惩罚"效果时,其结果反映了在实际偏好上与美国的分歧不同程度地增加或减少,而中国的对外援助效果在这一结果中相对依赖于受援国。中国对外援助对受援国的影响结果表明,中国的对外援助改变了受援国的实际政治偏好,这反过来又影响了美国对外援助"买投票"的有效性。由此可以得到:在相同条件下,中国的对外援助越多,受援国的外交政策立场与美国的矛盾就越多,并且在投票时与美国不一致的可能性就越大。

　　从对外援助的角度,中国的对外援助是一种外交政策优惠机制。可以看到,通过影响会议投票的机制和可靠性机制可以降低美国控制联合国的能力。但这不是中国的主观战略选择,而是中国经济发展的客观结果。面对中美之间真正的结构性矛盾和竞争,中国与美国的国际政治情报博弈可以帮助外国理解中国未来发展道路上的困难与障碍。

7.4　不完全信息情报博弈

　　如果在一个情报博弈中,某些局中人不知道其他局中人的收益,就可以说这个情报博弈是不完全信息情报博弈。很多实践中涉及国家安全信息的情报博弈都在一定程度上存在信息不完全问题。

7.4.1　不完全信息静态情报博弈

7.4.1.1　贝叶斯情报博弈

不完全信息博弈通常也被称为贝叶斯情报博弈(Bayesian game)。例如在两国贸易市场上的不完全信息静态情报博弈：一方对市场具有完全信息，但另一方对市场不具备完全信息，且对对方的贸易资质、融资实力等都具备不完全信息。

7.4.1.2 海萨尼转换

经济学家约翰·海萨尼（John Harsanyi）提出了海萨尼转换（Harsanyi transformation）方法，可以将不完全信息静态情报博弈转化为情报博弈树的表达方式。

假设某商品的国际市场中有一个在位者和一个潜在进入者。在位者和潜在进入者的企业能效有区别，分为"高效型"和"低效型"（见表7-5和表7-6），先不确定两者的身份，分情况进行讨论。潜在进入者可以选择："进入"或者"不进入"。在位者可以选择："斗争"或者"默许"。

表7-5 在位者为"高效型"企业

		在位者	
		斗争	默许
潜在进入者	进入	(-10,10)	(5,5)(3,8)
	不进入	(0,15)	(0,15)

表7-6 在位者为"低效型"企业

		在位者	
		斗争	默许
潜在进入者	进入	(-10,10)(-10,0)	(5,5)(4,5)
	不进入	(0,10)	(0,10)

如果在位者是高效型，并且愿意和潜在进入者进行"斗争"。

——在位者的严格占优策略——"斗争"。

——对于在位者的策略，潜在进入者会选择"不进入"。

——情报博弈的纳什均衡是：（"斗争"，"不进入"）。

如果在位者是低效型，且不擅长与潜在进入者"斗争"。

——在位者的严格占优策略——"默许"。

——对于在位者的策略，潜在进入者会选择"进入"。

——情报博弈的纳什均衡是：（"默许"，"进入"）。

在位者知道自己的信息，但潜在进入者不知道在位者的信息。如果在位者是"高效型"，那么潜在进入者会选择"不进入"，如果在位者是"低效型"，那么潜在进入者会选择"进入"。

7.4.2　不完全信息动态情报博弈

在不完全信息动态情报博弈中,至少有一个情报博弈参与者对情报博弈的结构、情报博弈参与者类型、情报博弈收益等信息不完全了解。在动态情报博弈中,由于信息不完全而产生了一个重要的研究领域:如何在信号传递条件下有效地发信号以达到情报博弈均衡。例如,在劳动力市场上,雇主可能不清楚应聘者的能力。即使当雇员已经在工作时,雇主通常也无法立即知道劳动者的真正能力。雇主也不可能任意解雇已经获得雇佣合同的雇员。劳动力市场可以被视为具有不对称信息特征的投资市场。尽管雇主没有观察到工人的能力,但他可以观察到工人的外部特征。例如:性别、年龄、种族、受教育程度等。雇主可以通过观察工人的外部特征来形成对工人实际能力的主观信念。不受工人自身控制的诸如性别、年龄和种族等特征通常被称为"指标"(indices)。可以自己控制的特征,例如,受教育程度被称为"信号"(signal)。

员工还可以通过向雇主发出信号来改变雇主的主观信念。一般而言,工人受教育程度越高,被雇主认为是很有能力的可能性就越大。因此,工人的教育水平是一个信号。工人的教育水平越高,被雇用的可能性就越大。

假定接受高等教育的成本与工人的能力负相关:具有较高学历的工人的能力较强,其获得高学历的成本越低,反过来,其能力越弱,获得较高学历的成本就越高。由于工人想要获得较高水平的学历需要成本,即"信号成本",因此当工人确定自己接受多少年的教育时,他们将考虑"接受一年教育"的好处以及相对的工作成本的大小。总而言之,边际效益应等于边际成本。"劳动者信号决策"过程如图7-9所示。

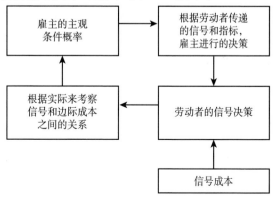

图7-9　"劳动者信号决策"过程

尽管雇主认为教育水平越高,工人成为非常有能力的骨干者的可能性就越大。但是教育与能力之间的定量关系是什么?对于这个问题,雇主将根据过去的经验不断审查其前期判断。如果以前受雇的高技能工人学历高而低技能工人学历低,则雇主将考虑受教育程度与能力之间的强相关性。此外,如果雇主经历过受过高等教育的工人不是很熟练的情况,而低学历的工人能力也不是很低,则雇主将逐渐相信教育水平和能力之间没有很强的相关性。

如果雇主认为教育和能力之间有很强的相关性,则雇主更有可能招聘受过高等教育的工人,并且更愿意为受过高等教育的工人支付高薪。相反,如果雇主认为教育与能力之间没有强相关性,则雇主可能不愿意为受过高等教育的工人提供过高的薪水。雇主的看法也会影响"劳动者的信号决策"。如果工人的预期认为雇主愿意为受过良好教育的工人支付高工资,那么工人就更有可能提高自己的教育程度。相反,工人对于提高他们的教育水平热情会减少。

下面以组织中的差错信息传递机制①为例进行说明:

现代工业已开始越来越依赖人机交互的生产和运营,这将显著提高劳动生产率,但是无论生产环节和技术操作多么复杂也无法避免出错,尤其是在某些高风险行业中(医疗救助、航空和军事研发),如果发生错误,后果可能非常严重。因为信息传递机制表明:信息由信息源发送,并通过信道发送到信息宿。信息附带的噪声和干扰将影响信息接收器对信息的准确接收。在组织中,由于未能报告或隐藏报告错误,轻微错误可能导致更大的事故。因此,快速报告差错对于提高组织的生产力乃至保护社会的整体利益具有重要作用和影响。

对于一个组织,特别是航空、军事机构甚至政府机构而言,重要的是及时了解和掌握错误信息,掌握组织的运作状态,并做出及时调整。要获得差错信息,组织的管理人员必须在组织中建立健全的差错信息管理,并且还必须善于使用第三方部门来监控组织外部的错误信息,以加强和改进错误信息的处理。

在传递差错的信息情报博弈当中,组织中的管理者和差错人是情报博弈的两个局中人。错误事件的具体事实只有差错人才能掌握,管理者很难观察到有关原始错误的任何信息,因此无法获得该博弈的效用函数。假定

---

① 王文韬,谢阳群,李阳. 基于不完全信息动态博弈模型的组织差错信息传递机制研究[J]. 情报理论与实践,2014(11):76-80.

情报博弈是在差错发生之后开始的,并且管理者可以选择报告或不报告,并且差错人是后决策,即管理者先行为之后,再决定报告或不报告错误信息。

在图 7 - 10 中,管理者在第一回合博弈中有两种选择:第一种就是要求差错人报告错误信息,第二种是不报告错误信息。如果管理者选择"不报告差错",则双方之间的情报博弈结束。如果管理者要求报告错误,那么情报博弈将继续进行。差错人在第一轮中所在的椭圆是其错误信息的内容集。如果差错人不接受管理者的报告请求,表明差错人未上报,则差错人将无法履行让管理者知悉错误信息的义务。在组织内部,通常情况是差错人故意遗漏或隐藏了错误的信息。如果双方在此阶段未达成协议,则情报博弈进入第二轮。假设在第一回合中,仅差错人拥有差错信息时的收益为 θ,差错人提供的差错信息价值为 V_1,差错人付出了信息提供成本 V_1。可计算出,第一回合管理者直接认可差错人差错信息报告时,差错人的得益为 $\theta - V_1$,管理者的得益为 V_1。

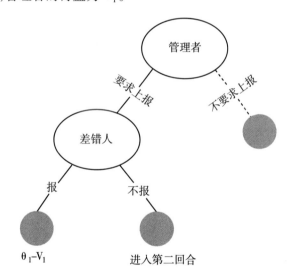

图 7 - 10 信息情报博弈第一回合

第二回合(见图 7 - 11)依然由管理者要求差错人上报差错信息。第一回合中如果管理者及时掌握差错信息的情况,可以做出相应措施及时制止更进一步的差错,其总体效用也会远大于拖延的第二回合的效用,博弈回合越多,总体效用最终会越少,两者成反比。因此,对于管理者来说,第一时间掌握差错信息并上报信息是最优选择,此时可以尽可能地反映事件的真实性和准确性,保证决策的时效性。对于差错人来说,不应仅仅看到第一时间不上报错误信息在短期内的效益,更应意识到第一时间上报错误信息对于总体博弈会有更大的长期效益。假设在第二回合中,差错人给管理者提供的差错信息为 V_2,差错人付出了信息提供成本 V_2。则在第二回合博弈中,由于双方通过谈判和协议才达成一致,得益有所折损,因此第二回合下,差错人的得益为 $\lambda(\theta - V_2)$,管理者的得益则为 λV_2。(λ 含义:若双方在第二回合中达成协议,则该阶段双方的得益都会折损,折损系数记为 λ。)

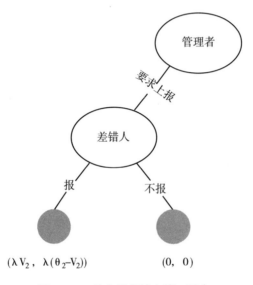

图 7-11　信息情报博弈第二回合

对于差错人来说,多轮的情报博弈不利于增加自身利益。实际上,由于错误信息通常会产生极大的负面影响,如果差错人选择在第一轮中拒绝管理者的上报差错请求,被隐藏的差错信息可能由于时间的延迟而导致更多的事故。例如,在一些国家行为的决策过程中,决策者不会在发生错误时及时报告错误信息。小型事故可能由于隐瞒导致国际组织或其他国家参与而升级成重大国际争端,这在实践中经常发生。通过对情报博弈回合的分析,可以看出差错人只有在第一时间向管理者报告错误信息,才能实现差错人个体和管理者在情报博弈中的共赢。

在高速发展的信息化社会,不应该以微观的眼光去制定国家或组织的竞争战略。特定信息下的战略决策,其有效性取决于对竞争对手信息的情报博弈及行为的准确反馈,而不是由最初采取的单一措施决定的。情报博弈的核心就是强调对博弈对手的信息监控,通过博弈论的方法实时准确地动态把握对方的信息。情报信息的全局把握是国家或组织等博弈局中人做出合理战略决策的首要前提。情报博弈对比于决策博弈，从更细的角度搜集分析信息。在情报分析阶段，情报博弈所体现的信息思维有助于情报分析人员更细微全面地做出决策，情报分析人员不仅关注信息内容的分析，更要具备从信息语言表达、信息传递途径等角度提取细节情报的能力，最终从最全面的角度指导决策。事实上，不完全信息是企业管理、国家竞争的一个基本特点。通过非对称信息往往无法实现博弈双赢的局面。国家竞争要想掌握先发优势，就要先于对手获取信息和制定对策，时刻处于主动地位。虽然情报博弈大部分发生在不完全信息情况下，但是情报博弈的过程就是尽量扩大我方和对方的信息鸿沟，这与传统决策博弈对于信息的立场较为不同，因此对比于传统的决策博弈，情报博弈更注重决策前的信息处理和收集工作，通过创造信息鸿沟来使我方获益，也可以说情报博弈工作本身就是建立在对信息的反复博弈环节中。

8 面向国家安全的情报学科构建

学科是人类关于世界认识成果的一种分类,是不同类别知识的静态表现,从不同视角出发,人们对不同客体的认识形成各种相对独立的知识体系,包括学问(学术)体系和教学科目体系①。学科体系是对某一学科所有知识单元或分支学科及其间关系的逻辑整理,将相关分支学科整合形成的一个有机整体,是基于某对象开展研究所创立的知识体系的总体框架②③。随着科学研究的深入和教育实践与理论的发展,我国情报学的学科体系也在不断成长、丰富与完善。在传统安全与非传统安全交织的新形势下,如何更好、更有效地发挥情报学的作用来解决各类国家安全问题,将成为该学科未来发展的重要方向和路径。遗憾的是,目前我国情报学以图书情报学为主流,缺乏面向安全的情报研究和教育。本章将针对这一问题,从学科基础、学科定位、研究对象、理论基础等方面对情报及我国情报学进行探讨,从而构建新的情报学学科体系,并在此基础上,进一步提出我国情报学教育教学体系建设的新思路。

8.1 情报学学科构建的驱动因素

学科体系作为一种知识演进系统,其运动发展过程中必然存在促使其进化的动力机制。一方面,学科体系发展需要外在因素驱动,另一方面,学科体系自身也存在"内生性"动力因素④。因此,分析情报学学科的内外部驱动因素有助于了解情报学学科演进的规律,明确学科定位及今后发展方向。

① 翟亚军.大学学科建设模式研究[D].合肥:中国科学技术大学,2007:7.

② 田杰.基于信息 - 知识 - 智能转化律视角的情报学学科体系构建研究[J].情报杂志,2013(7):19 - 23.

③ 谢晓专.公安情报学学科体系的构建[J].情报资料工作,2012(4):17 - 21.

④ 郑锐洪.我国营销学科发展的驱动要素及趋势[J].价格月刊,2010(7):27 - 30.

8.1.1　情报学学科发展的外部驱动因素

8.1.1.1　安全实践需求

冷战结束后,世界各国所面临的安全问题早已超越以军事、政治和外交为核心的传统安全领域,经济安全、信息安全、环境安全等非传统安全问题逐渐成为国家安全与国际安全研究所关注的新领域。各种传统与非传统安全威胁相互交织形成双重挑战,"非传统安全"问题被提上各国的安全战略议程①。近年来,我国面临的国家安全方面的任务和挑战也呈现多样化和复杂性,国家安全形势严峻,安全问题频发。决策人往往面对大量从未遇见的非结构化决策问题,如何防范安全危机、确定应对方案、部署战略等问题,需要决策人在高压力环境下,迅速做出正确决策。此时,决策人必须依靠高效率、高质量的情报来把握战机,扭转不利局面。面向安全的决策问题难度大、复杂性高,情报对决策科学化的服务与主导功能却没能有效实现。相比美国、英国、日本这些发达国家,我国面向安全的情报理论研究较少。新形势下面向安全的情报实践需求剧增,催促着我国情报学研究、教育、服务模式尽快转型,将美国等发达国家的情报理论与实践经验引入我国情报学,并找到适合我国国情的情报理论、方法、技术工具,用以指导、解决中国的安全实践问题。

8.1.1.2　教育市场需求

传统的情报观念、情报方法、情报技术、情报管理机制与当今的新安全形势不相适应的问题日益突出,情报人才匮乏,情报教育体制建设落后。我国高等教育早就设立了情报学专业,在中国高等教育学科分类中,情报学隶属于管理学中的图书情报与档案管理,并且当前我国各高校的情报学专业大多偏信息管理,教学研究也以图书情报学为主。如此教育模式下培养出来的情报工作者,纵然图书、文献等信息的查询、分析评估能力较强,但在面对安全问题时却无从下手。由此可见,当前我国情报学领域存在情报观念陈旧、理论研究不足、专业建设滞后等问题,因而难以培养出适应情报工作需求的应用型、研究型和管理型人才。而高素质的情报人才是加快情报学发展的基础。因此,为应对日益严峻的国家安全形势并跟踪世界范围内情报科技的发展趋势,情报学科应与时俱进,着重培养更多高素质的情报创新人才。

---

① 余潇枫,李佳.非传统安全:中国的认知与应对(1978～2008年)[J].世界经济与政治,2008(11):89-96.

8.1.1.3 国家政策支持

为了应对传统与非传统安全问题及由此产生的各类公共突发事件,我国政府从国家机构变革、政策法律法规等方面予以极大重视。一方面,通过不断完善国家安全管理机构设置来提升国家安全应对能力,如 2013 年,我国新设立了"国家安全委员会",成为我国第 5 大国家机构。该委员会的成立意味着我国希望通过国家机构组织变革来更好地适应当前各类安全问题,特别是非传统安全问题常态化的复杂形势,综合提高国家应对危机和防范风险的能力,进而使国家的危机处理机制和安全体系得到完善,预防和处理突发事件的能力也得到提高①。此外,我国还设有"国家应急管理工作组织体系",该体系以国务院为最高领导机构,各级人民政府为各地方的行政领导机构。国务院和地方各级应急管理机构建立专业人才库,还会聘请相关专家出谋划策,必要时还会参加应急处置工作②。另一方面,我国在生产、食品、环境污染、能源等诸多领域发布了大量相关政策、法律、法规以防治各类安全问题。如《中华人民共和国大气污染防治法》《中华人民共和国固体废弃物污染环境防治法》《中华人民共和国节约能源法》《中华人民共和国水污染防治法》《国务院关于环境保护若干问题的决定》《国务院关于进一步加强安全生产工作的决定》《重大事故隐患治理规定》《安全生产违法行为行政处罚办法》《危险化学品安全治理条例》《餐饮业和集体用餐配送单位卫生规范》等。此外,还有大量应急预案、应急演练等相关方案、规程。这些政策、法律、法规、方案、规程制定后,如何通过情报工作来辅助其更好地落实与执行,是亟待情报学深究的问题。

8.1.2 情报学学科发展的内生性动力

8.1.2.1 学科建设的多样性、完备性需求

我国情报学科研究、教育导向长期过于偏重图书情报学。在中国知网上以情报学为关键词搜索后会发现,所检得的文章大都是 informaition sciences 方面的研究,而与 intelligence studies 相关的研究较少。除了理论研究,高校教育体系也存在这一问题,我国高校情报学专业大多设置在信息管理院系,而这些院系的课程设置几乎清一色为 informaition sciences 方面

---

① 海外网.张殿成:中国设立国家安全委员会有何重大意义[EB/OL].[2019 - 05 - 16]. http://opinion. haiwainet. cn/n/2013/1114/c232601-19922380. html.

② 中华人民共和国中央人民政府.国家应急管理工作组织体系[EB/OL].[2019 - 05 - 16]. http://www. gov. cn/yjgl/2005-08/31/content_69625. htm.

的。学科建设缺乏多样性、学科体系的不完备,使得现有的情报学学科体系不能应对面向安全的情报理论与实践需求。因此,我国情报学学科体系应在 informaition sciences 基础上,补充 intelligence studies 的理论,将两者融合,实现研究主题的突破,教学课程体系的拓展,扩大学生的就业途径,不仅培养面向信息管理领域的学生,更能培养出适应情报管理、研究、与应用、服务的人才。

8.1.2.2   理论研究需求迫切

长期以来,我国情报学科的"图情学"(information sciences)色彩过浓,而"情报学"(intelligence studies)的内容几乎空白,情报理论发展存在盲区,研究工作严重不足,面向安全的情报理论研究需求迫切,亟须进行学科建设,具体表现为:

(1)理论研究一直处于争议和呼吁阶段,并未开展多少实际工作。关于情报学应该翻译为"information science"还是"intelligence studies",一直是近年来情报学界存在争议的话题。早期我国情报事业的发展主要依托于图书馆和图书馆学背景,对国外相关成果的研究也多集中在 information science 领域,因此,多年来 information science 即图情学成为我国主流情报学研究的重点[①]。当前,国内情报学界已经逐渐意识到不应将情报学研究范畴局限在"information science"领域,而应将国外侧重安全问题的 intelligence studies 领域研究纳入情报学学科体系[②]。国内目前几乎存在着两种情报学:一种是图书情报学(LIS),一般用 information science 表示;另一种其类属词是用 intelligence 来表示的,它们更靠近西方侧重安全研究的 intelligence studies,即本书所指的情报学[③]。因为两者在选题范围、研究对象、方法技术上差别很大,为了求得二者在情报学中的融合,有专家提出 infotelligence science 的概念,即取 information 的前半部分"info",加上"intelligence"的后半部分"telligence"组合而成,认为"infotelligence science"的研究对象是 infotelligence 现象,研究范围为 infotelligence 过程,研究目的是探索 infotelligence 现象和 infotelligence 过程的自身规律[④]。这些呼吁和探讨为我国情报学学科的构建带来了曙光。然而,仅停留在呼吁和讨论阶段

---

① 沈固朝. 两种情报观:Information 还是 Intelligence? ——在情报学和情报工作中引入"Intelligence"的思考[J]. 术语标准化与信息技术,2009(1):22-30.

② 谢晓专. 情报学"名不副实"的尴尬及其解决之道[J]. 情报资料工作,2010(3):14-19.

③ 马德辉,苏英杰. "Intelligence Studies"视域下的中国公安情报学若干基本问题研究[J]. 情报理论与实践,2013(36):50-57,49.

④ 霍忠文. Infotelligence Science 论纲[J]. 情报理论与实践,1998(1):6-8.

是不够的,情报学的学科构建更需要尽快付诸实际行动。遗憾的是,迄今为止,这方面的研究在国内几乎是空白,面向安全的情报实践工作需要具体的情报理论、方法、技术的指导。

(2)当前我国情报学学科体系构建工作举步维艰,进展缓慢。国外在intelligence studies 方面的理论探讨和实践工作起步较早,我国在情报实践方面也积累了不少经验,基于此,情报思想形成了,并且在不断地发展和完善。科学发展的一般规律是由实践经验升华出思想,再由思想发展为理论,理论形成后,经过不断地实践检验最终形成学科体系①。目前,有关非传统安全领域的情报实践工作越来越多,然而相应的情报理论研究还处于经验总结阶段,为了应对复杂多变的安全形势,情报学界亟须构建一套完整、科学的理论体系,从而更好地指导实践。

8.2 情报学专业依托的学科基础

情报学涉及的知识体系范围很广,覆盖文理工诸多学科,是一门典型的综合性交叉学科,涉及管理学、图书情报学、信息科学、智能科学、军事、公安、边防情报学等多学科。高等教育中各专业的建立是以学科理论为基础的,要想推动情报学的发展,必须进行学科建设。情报研究的很多领域才刚刚起步,专业化程度还不够②。但我们可以引入管理科学、信息科学、智能科学、军事、公安、边防情报学等学科中的相关理论,支撑情报研究。此外,在课程体系、知识体系的构建中要处理好情报学与如下相关学科的关系。

8.2.1 情报学与信息科学

信息科学从狭义上来讲就是信息论,从广义上来讲是一个学科群,它包含信息论、情报学、档案学、传播学等多门学科,此外某些学科的分支学科也被包含其中,比如在自然科学和工程技术诸领域中,与生物信息、工程信息、通信信息相关的研究都属于信息科学的范畴③。

---

① 邱均平,文庭孝,张蕊,等.论知识管理学的构建[J].中国图书馆学报,2005(3):11–16.

② 沈固朝,周志远.图书情报硕士"双学位"教育的一点思考[J].中国图书馆学报,2011 (1):24–31.

③ 李宗荣,田爱景.关于信息科学基础研究中的几个问题——兼评《关于 21 世纪信息科学发展的一些见解》[J].科技导报,2002(4):3–6.

情报学本质上也属于信息科学,从这个意义上看,信息科学的各种理论、方法、技术与应用成果必然要融入情报学的教学与研究之中,情报学科体系建设要充分吸收、利用信息科学的研究成果。情报专业培养出的人员必须是信息技术专家,他们应掌握诸如信息检索技能、信息分析方法、信息评估方法、信息计量方法、信息技术、数据搜集、数据整理、数据挖掘、知识管理、情报发现等信息科学基本理论与方法。

信息科学发展过程中也蕴含了大量安全问题,解决这些问题过程中必然不断产生各种情报需求,信息科学的健康发展需要情报的支持。因此,情报专业也需要密切关注信息科学领域所热议的新问题。如近年来,物联网、云计算及大数据等信息技术的发展带来的安全问题已经成为信息科学领域热议的话题。

8.2.1.1　物联网技术引发的安全危机

"十二五"规划中,国家对物联网技术十分重视,将其建设放在国家战略层面,与之相关的产业正蓬勃发展起来,物联网将在各行业、各领域中得到广泛的应用。但是,物联网在为人们的生产生活带来便利的同时,也带来很多新的安全问题。2013年,国务院发布了《国务院关于推进物联网有序健康发展的指导意见》,强调了物联网在发展过程中应当增强安全意识,保障物联网重大基础设施、重要业务系统和重点领域应用的安全可控。

物联网带来的信息安全问题包括射频识别系统、无线传输、核心网络、加密机制,隐私安全等。与传统互联网信息安全相比,物联网安全威胁来源广泛,信息安全防护困难,安全隐患危害性大。可以说物联网能否健康发展,关乎民众生命财产、国家经济国防等各方面的安全。物联网的很多核心软硬件(如操作系统、数据库、集成电路等)仍需使用并依赖发达国家提供的技术或产品。此外,网络社会的特性,使得任何一个人都可以通过终端进入网络世界,物联网也不例外,在我国当前的信息安全防护体系下,敏感信息依然存在着外泄的可能。敏感信息发生外泄将带来灾难性后果,小到一台计算机,大到一个行业甚至国家经济、治安、国防都会被别人利用与控制。物联网的某些应用,如车联网和移动医疗等,可能会涉及人身安全,一旦出现安全问题,后果也不堪想象。我国物联网迅速发展的同时,物联网方面的人才储备、产业基础、关键核心技术研发能力与发达国家仍有很大差距,技术机密、商业机密、国家机密的安全保障问题亟待解决。若想实现物联网的真正普及,解决物联网安全问题至关重要。可见,物联网的发展中蕴藏着大量的情报需求,促使情报专业学科建设加紧步伐①。

8.2.1.2　云计算带来的信息安全问题

云计算是引领全球未来信息产业发展与变革的关键技术,随着其快速发展,安全问题已成为制约因素。美国 Gartner 公司认为云计算主要面临以下六类安全问题:特权用户访问风险、法规遵从风险、数据分离风险、数据恢复、调查支持风险、长期可用性风险。

云安全联盟(Cloud Security Alliance,CSA)提出了 7 个最常见、危害程度最大的安全威胁:基础设施共享问题、未知的风险、不安全的接口和API、账户或服务劫持、数据丢失或泄露、不怀好意的内部人员、滥用和恶意使用云计算②。

云计算的安全问题给技术、标准、法律、监管等各个方面都带来了新的挑战,云计算安全研究的重要性与紧迫性已经显而易见。云计算的安全需求十分迫切,具体体现为基础设施安全、平台安全、安全管理、法规与监管等各方面的需求。这些安全需求的解决也离不开情报的支持,情报研究需要围绕这些需求去尝试新的方法和创造新的情报模式③。

8.2.1.3　大数据下信息安全的新问题

大数据已成为当今信息科学发展的新热点,与此同时,个人及国家的信息安全也遭遇了极大挑战,如网络攻击的主要目标开始转向大数据,信息泄露风险加大,现有的存储和安防措施遭到极大威胁,大数据技术被应用到攻击手段中,使大数据成为可持续攻击的载体等④。如何在大数据时代保证海量数据的安全是各学科领域要关注的重点。从情报视角来看,大数据为全源情报搜集分析带来了更多的公开信息,信息量丰富且成本低廉,有助于拓宽情报工作范围,提升情报搜集分析能力。如何结合大数据时代背景与要求开展情报研究是值得开拓的领域。

8.2.2　情报学与管理学

管理学的主要内容是研究人类管理活动规律及其应用,它强调在解决管理问题时对工具和方法的使用。情报过程与管理过程不可分离,因此,

---

①　舒隽.充分认识物联网技术引发的安全危机[J].中国国情国力,2013(6):36 – 38.

②　李玮.云计算安全问题研究与探讨[J].电信工程技术与标准化,2012(4):44 – 49.

③　肖红跃,张文科,刘桂芬.云计算安全需求综述[J].信息安全与通信保密,2012(11):28 – 30,34.

④　王文超,石海明,曾华锋.刍议大数据时代的国家信息安全[J].国防科技,2013(2):1 – 5.

无论从情报管理的角度还是从决策的角度看,管理学理论和方法是情报工作要研究和熟悉的内容。例如当企业情报分析涉及业务运行、销售和市场营销、研究和开发、成本地位、财务实力、激励机制等时,都不可避免地需要了解组织机构方方面面的管理知识;再如情报工作人员的团队建设合作、人际关系协调;组织情报中的领导行为、情报项目管理也需要管理理论予以指导;此外,管理学中很多方法,如头脑风暴法、决策树、德尔菲法等都已成为情报搜集、分析、研判的重要方法。由此可见,管理科学的基本理论与有关知识和方法对情报学科建设具有指导和借鉴意义。

管理理论由两部分组成:核心部分是基本管理理论(包括普遍适用于各种组织和组织中各个层次的管理知识),另一部分是从其他学科吸取的与管理有关的知识。从各种管理理论可以归纳出的当代管理活动都应遵循的8个基本原理:系统原理、整分合原理、反馈原理、封闭原理、能级原理、弹性原理、动力原理、效益原理。这8条原则不仅对情报业务有指导意义,对丰富情报管理理论同样有参考价值。

与情报学密切相关的管理理论包括:

8.2.2.1　管理过程理论

以法国管理学家亨利·法约尔(Henri Fayol)提出的经营6要素(引导一个组织趋向一个目标的6种活动:技术、商业、财务、安全、会计、管理)和管理5要素(计划、组织、指挥、协调、控制)为代表。

8.2.2.2　行为关系理论

形成于第二次世界大战之后,可分为个体行为理论、团体行为理论和组织行为理论3个层次。

上述理论对于机构内部情报网的布点和管理、情报工作人员激励管理、情报组织管理、用户需求分析、决策层人员分析等有直接的指导意义。

8.2.2.3　社会系统理论和决策理论

美国管理学家切斯特·I. 巴纳德(Chester I. Barnard)提出了社会系统理论,其理论要点为:两个或两个以上的人有意识协调的活动或效力系统构成组织;正式的组织都包含协作的意愿、共同的目标和信息联系三个要素;经理人员作为信息互相联系的中心,对组织发挥协调作用。社会系统理论吸收了社会学的观点,把企业组织中人的相互关系看作一种协调的社会系统,并置于社会大系统中。这一理论可能为研究网络社会"小世界"现象、利用网络人际关系搜集信息提供理论依据。

美国管理学家 H. A. 西蒙(H. A. Simon)是决策理论的代表。该理论认为管理就是决策,决策贯穿于管理全过程。决策是指为实现某个目标,从多种方案中选择一个实施和评价、反馈的过程①。社会活动中的决策非常普遍,既包括个人的决策,又包括集体和组织决策。管理中的计划、组织设计、领导活动、人力资源管理、控制过程等都涉及决策。决策时为了发现问题、客观地判断问题所在而进行的调查研究、把握事实、分析组织内外环境、找出管理中的矛盾、归纳建议和集体智慧等就是情报工作的任务。它需要一定的知识、经验、洞察力和分析判断能力。

情报是决策中有价值的资料。大多数时候,决策者无法拟定出解决问题的所有可能方案,也很难确定某个备选方案是否最优。决策本身要受到许多主、客观因素限制,因此,尽量多地获取有价值的情报有利于尽快得到更多备选方案。此外,情报还有时效性,及时提供情报才能更好地辅助决策。决策对象和现实的决策环境是高度不确定的。赫伯特·西蒙强调决策者在遇到问题时,备选方案并非是最初就有的,决策者需要去搜索方案,而搜索过程就是要不断尝试和试错。与此同时,也发生着挖掘和分解情报需求、落实情报源、分析决策支持力度,然后再次寻求情报的过程。

因此,应对安全问题的决策过程需要情报的参与:情报工作需要在各类与安全密切相关的决策过程中全程参与,如在安全隐患的排查与发现、安全事件爆发前的预警、事件发生过程中的监测与介入、事件发生后的情报反馈与规律探索等过程中,可以说整个决策的过程都应当有情报活动,情报活动如果能有效干预决策链,对决策的制定、执行等各环节起到主导作用,将提高决策的及时性与正确性。

决策科学的主要目标是寻找决策活动共同规律,由决策方法学、决策行为学和决策组织学组成。决策方法学是科学研究中常用的分解方法和抽象方法,它处于基础层次,以单项决策为研究对象。决策方法学认为即便在需要处理的决策很多的情况下,只有对每项决策研究透彻,才能发现每项决策科学化的基本条件和有效途径。决策方法学是决策科学中发展最快且最成熟的部分,它对决策活动的基本概念、标准、原理等进行研究,实用性较强②。同时,这一部分也是情报学者需下大力气研究如何进行学科移植的内容。如约维茨发表的《情报交流与情报分析》(1981)、《外部文件及其与决策者内部信息结构的定量关系——情报分布图》(1987),侧重于对决策过程中情报信息作用的研究,他认为情报对决策过程十分重要,情报能否有效支持决策直接受到决策过程中决策者的使用方式的影响。

---

① 胡昌平.管理学基础[M].武汉:武汉大学出版社,2002:296.

② 徐晨光.决策科学:过去、现在与将来[J].财经理论与实践,2001(1):3-6.

基于此,他构建了通用情报决策模型、情报决策过程及其数学描述,剖析了外部文献与决策者内部信息结构的关系,以及外部文献对决策者的作用机理。因此,情报学可以借助上述研究,通过处理决策过程中的相关变量和参数,描述情报流的动态过程,分析彼此之间的定量关系,并以情报量、情报价值、决策者效能等概念说明情报的决策作用[①]。

8.2.2.4　战略管理理论

战略管理与情报的关系十分密切。组织的安全战略需要情报的支持,如产业安全问题、国家的产业结构调整、战略新兴产业的布局、重点产业的扶持,这些重大的国家经济战略问题都需要情报来辅助战略的制定,而情报工作也需要战略管理理论方法的指导。战略管理中很多理论和方法早已在情报工作中使用,特别是情报的搜集、研判常常要采用战略管理理论与方法,如情报分析中的五力模型、SWOT 分析、PEST 分析法。情报工作人员是决策人所依赖的“军师”“谋士”,在决策过程中负责提供多种备选解决方案,如果不具备战略分析思维,不精通战略情报管理,不善于政策分析与战略创新,就很难在关键时候发挥重要作用。因此,情报学科建设必须吸收战略管理方面的理论,加强与该领域的思想交流。

8.2.2.5　危机管理理论

危机管理在管理科学中较为特殊,它研究如何通过各种防范措施,有效处置各种突发事件,尽量降低危机带来的威胁和损害。这些内容与情报所关注的内容一致,只不过危机管理着重于管理视角,而情报学则是从情报视角来探讨安全问题。尽管学科视角不同,两者目标是相同的,都是在致力于为各类安全问题提供有效的预防、控制或解决的方案。危机管理本身离不开情报,情报能为危机中的管理问题找到线索甚至答案;情报也同样需要危机管理理论与方法的指导,如危机监测、预警、决策与处理等流程可以作为建立情报流程的参考。情报研究在危机管理方面可以挖掘的素材很多,应当作为重点关注领域。

此外,在管理科学群中,还有一批研究者研究信息储存、传播和服务的相关科学(如图书馆学、档案学、出版发行管理学、大众传播学、信息管理学),此外法学、经济学、心理学、教育学等相关学科的理论都不同程度地给情报学注入新的理论。

---

①　李林华,容春琳.再论竞争情报与情报学的发展[J].情报资料工作,2007(1):18－21.

8.2.3　情报学与智能科学

情报学中的"intelligence"一词,在英汉词典中一般译为"智能"和"情报"。《简明不列颠百科全书》认为,最早的情报工作人员是古代的占卜者,它们被认为有预测未来的能力①。在西方情报学著作中引用率很高的《孙子兵法》,所提到的5种间谍(因间、内间、反间、死间和生间)被认为与现代的情报概念最接近。而实际上"五间"讨论的都是有关战法的智谋,可见与intelligence这个概念联系最密切的首先是智慧、智力和谋略,并不是"信息"。一个信息工作者的主要任务是将信息完整地传递给用户,主要起到桥梁作用;一个情报工作者的主要任务是辅助决策者进行决策,情报工作者需要提取原始信息中的有价值信息,主要起到"思想库""智囊团"的作用。因此,情报活动是一种智力活动,智能性是情报与信息的本质区别之一。智能是指活用知识解决问题的能力。情报是能解决问题的知识,与一般信息相比它有明确的目的性和针对性。激活态和吸收态构成情报运动的两种基本形态:前者表达的是知识在人类社会中的运动形态;后者表达的是知识在人脑中的运动形态。这两种知识的运动形态都需要认知主体投入智力,并且贯穿了情报的全过程。W. P. 蒂莫西(W. P. Timothy)的情报价值链:"data→information→knowledge→intelligence→decision→value",显示情报过程应重在information的intelligence化②。因此,情报学科构建也必然需要智能科学的支撑。特别是安全问题往往都是不确定性、非结构化的复杂问题,情报机构在应对这些问题,寻找解决方案时,主要依靠情报工作人员大脑进行思考和加工,这就要求情报工作人员具备复杂的批判思维能力,如善于进行联想、对比、假设、排除、逻辑论证、推理等,能够透过现象看出本质,在各种情报碎片中找到关联,避免情报失察。而智能科学正是围绕脑科学、认知科学、知识科学和心理学这些与人大脑思维相关的内容开展研究的,其理论与方法有助于克服情报思维缺陷,提升情报工作人员的思维能力。智能科学主要包括以下四个方面:

8.2.3.1　脑科学

一直以来,对于局部神经网络如何构成复杂的大脑来实现高级功能的

---

①② 中美联合编审委员会. 简明不列颠百科全书[M]. 北京:中国大百科全书出版社, 1985:120.

问题,既缺少有效的研究手段,又缺乏成熟的理论①。脑科学主要从分子水平、细胞水平、行为水平等方面,对自然智能机理展开研究,通过建立脑模型来揭示人脑的本质。脑科学的研究领域如下:

- 基本神经活动的程序;
- 脑的知觉程序和表现;
- 数据记忆程序的处理(知觉记忆、语意记忆、工作记忆);
- 学习的信息的处理(知觉学习、认知学习、暗示学习);
- 语言的认知机制;
- 思维的认知机制(思维的计算模型、思维和知觉的关系、推论程序和逻辑等);
- 智力的发展;
- 脑图像数据库;
- 情绪系统;
- 意识(意识模型、意识与神经的关系等);
- 人造脑(神经网络等)。

8.2.3.2　认知科学

情报过程具有以人的认知状态为媒介的情报对象的生成、相关性和主题性的判断与表征等各种"人"的因素,因此情报科学领域的学者开始对人的认知过程与情报行为的关系进行探讨,情报学与认知科学产生融合。认知科学主要对人类感知和思维信息处理过程进行研究。认知科学是在现代心理学、神经科学、信息科学、自然哲学等多学科交叉发展中逐步形成的一门科学。

认知情报学研究已取得了较多成果,例如布鲁克斯的情报学基本方程式、德尔文的意义建构理论、贝尔金的知识非常状态(ASK)理论等。上述理论在研究的理论层次、问题侧重等方面各有千秋,但总体来讲,基本观点是一致的。把情报过程中的人作为研究的焦点,这是认知情报学研究的主要特征②。认知情报学研究的基本问题是改变用户的知识结构,认为在判断信息相关性时应该依据用户的情报寻求与情报之间的关系,这极大影响了情报学领域对相关性概念的界定。认知科学在如下领域进行研究:

- 知觉信息的表达和处理;

---

① 杨雄里.世纪之交的脑科学[J].自然科学进展,2000(1):18-22.

② 贺颖.情报学的认知视角分析[D].天津:天津师范大学,2002:11.

- 学习提升智能；
- 感知学习；
- 认知学习；
- 内省学习；
- 内隐学习；
- 语言。

8.2.3.3 知识科学

知识工程概念是由费根鲍姆(Feigenbaum)教授于 1977 年首次提出，自此知识信息处理进入工程化阶段。Internet 中含有开放、动态、海量的信息，只有研究与之相适应的知识模型、知识组织和管理方式，以及 Web 知识挖掘方法，才能实现信息的有效利用。基于 Internet 进行知识共享的有效途径之一是将语义网和网格计算的技术结合起来，构建语义网格。有关的研究问题包括：

- 知识的数学理论；
- 知识模型；
- 知识挖掘；
- 知识共享。

8.2.3.4 智能科学的研究方向和部分应用领域

- 智能主体；
- 机器学习；
- 知识网格；
- 认知信息学；
- 信息检索。

智能科学探讨智能的基本理论和实现技术，是由脑科学、认知科学、人工智能等学科构成的交叉科学。因此达成一个统一的理论和确切的科学定义还比较困难。脑科学从分子水平、细胞水平、行为水平研究人脑智能机理，揭示人脑的本质[1]；认知科学强调研究人类感知和思维过程。2002年美国 DAPPA 提出了认知信息处理技术计划，主要研究内容包括：计算感知、表示和推理，通信和人机交互技术，认知团队等[2]。

21 世纪，围绕人类的认知和智能活动研究进入了新时期，人类对于脑的高级功能研究可能会取得突破性的进展，新的成果将把人的知识和智能

---

[1] 史忠植.智能科学技术[J].计算机教育,2004(1):34-38.

[2] 史忠植.展望智能科学[J].科学中国人,2003(8):47-49.

提高到前所未有的高度。

情报的很多问题可以借助智能科学的理论来研究,如情报意识、情报思维、情报智慧,从认知角度对情报过程的研究等。intelligence studies 的兴起和发展对丰富情报专业研究有着重要作用,我们应该适时地结合当前可用的方法和技术手段发掘新的研究课题。

8.2.4 情报学与图书情报学

情报学研究偏向"information"还是侧重"intelligence",在我国似乎已经形成了行业"分工":intelligence 主要应用于军事、安全和国防领域对"情报"的表达,而 information 则多用于图书馆等文献服务领域和高校教学以及研究机构。那么,两者(information science 和 intelligence studies)能否融合,其学科基础及理论体系能否互相借鉴?

图书情报科学的基础理论包括以下内容:图书情报学的基本原理、概念、定义,图书情报学研究对象、内容、范围,图书情报学科体系结构、性质、特点、功能与属性,图书情报学理论体系各领域间的内在联系的法则,客观情报现象与情报过程的特征和规律以及图书情报学科理论体系结构的演化与发展规律和情报事业发展应遵循的基本原则等理论问题。就图书情报学的哲学观、体系观、实践观来分,有情报学原理、情报数学、情报经济学、情报系统管理和情报决策理论5个方面①。

相对于一些成熟的学科来讲,图书情报学理论目前还比较零散、简单、不成熟,还没有形成严谨的理论体系②。其学科体系通常包括下述九大学派:科学交流学派、知识学派、社会传播学派、决策理论学派、情报技术学派、智能过程派、属性结构派、系统理论派、研究派③。这些学术流派各自从不同的角度丰富了 information science 的理论,构成了图书情报学的学科基础。从学科基础层面来看,information science 即图书情报学侧重为社会发展服务,而本书所研究的 intelligence studies 侧重为国家安全战略服务,安全是发展的前提,发展是安全的目标。information science 和 intelligence studies 既有所不同,又相互借鉴,换言之,二者在研究内容上既具有相对性,又有互补性。由于情报的处理和分析都要以信息为基础,情报学必然需要补充 information science 的理论来指导其业务实践。

---

① 符福峘.情报学科体系主体构筑和前沿领域研究[J].情报科学,2003(7):673-677,684.
② 曾建勋.将学术引向适用[J].图书情报工作,1998(7):52-53.
③ 马费成.情报科学理论[M].北京:科学出版社,2009:135.

8.2.5 情报学与军事情报学

近年来,情报学界已开始认识到情报学研究的核心应该是 intelligence studies。如包昌火在研究中强调:"我们浓墨重彩研究的不应是 information,而应是 intelligence,不应是 information science,而是 intelligence studies。情报学实际上起源于军事学和谋略学,与人类的竞争和决策相伴相生。追本溯源,我们的老祖宗应是孙子,而非布什,也非申农。"①可见军事情报学对于情报研究的重要性。作为情报研究的学科源头,军事情报学的理论、方法、技术虽然是围绕传统安全而展开的,但对当今非传统安全领域仍有一定适用性,情报研究需要从军事情报学现有的成果中挖掘出能够为己所用的内容。

军事情报活动源远流长,但真正把军事情报活动从理论上加以总结,作为一门专门的学科进行系统研究,还是近几年的事。军事情报学作为一门学科,通过借鉴科技情报学、社会情报学等学科研究成果不断丰富完善着自己的理论体系②。

军事情报学研究的基础理论包括:

(1)信息论基础:信息论为军事情报研究提供了信息传输和信息处理的相关理论。

(2)控制论基础:控制论为军事情报研究提供了研究事物的思维方法和最优控制原理及反馈控制理论。军事情报研究就是要解决在一定条件约束下,利用最优控制理论,使被控制对象向决策者所希望的状态方向发展。

(3)系统基础:系统论强调事物是一个完整的相互联系的体系,强调各要素之间的相互作用和影响,强调对事物各个方面进行综合考虑和分析为军事情报综合研究提供了理论依据。

(4)耗散结构理论基础:为军事情报研究过程中整理杂乱无序的情报资料提供可循规律。

(5)协同论基础:军事情报研究是一个多层次、多因素、多功能的系统,系统内的各要素功能不同,只有相互配合,发挥协同效应,才能维持整

---

① 包昌火.这里的黎明静悄悄——再谈 Intelligence 与中国情报学[J].图书情报工作,2009 (8):5-6.

② 闫晋中.军事情报学[M].北京:时事出版社,2003:16.

体的情报研究功能。各级情报研究机构也要相互协同。

(6)突变论基础:与军事情报研究有关的突变现象,是人脑在接收情报后产生灵感思维,产生顿悟,明确事物的联系,明确研究对象的企图、目的等。

(7)科学理论基础:军事情报研究是建立在基础理论之上的应用性研究,与其他科学理论发展关系密切,如未来学理论的应用,可提升军事情报研究的科学性和预见性等。

8.2.6 情报学与公安、边防科学

(1)公安情报学与情报学有共同的研究对象即 intelligence,在非传统安全问题方面有共同的研究需求,这些都是促进两学科融合的重要因素。

公安情报学是我国一个新型的学科,学者们对公安情报学的认识存在不同①。公安情报学的研究对象和内容与 intelligence 相对应。从这一角度来看,公安情报学研究对象与情报学研究对象是一致的。由此,公安情报学的理论、方法、技术与实践经验也适合转接或移植到情报领域。

关于公安情报学与情报学之间的关系一直是公安情报理论界的关注焦点,有大量文章对此发表见解,总的来说有以下两种对立观点:一种观点认为公安情报学是情报学理论在公安领域的具体应用,公安情报学是情报学的分支学科;另一种观点认为公安情报学与情报学的知识体系没有任何从属关系,公安情报学应当脱离情报学独立进行专业建设。

谢晓专较为全面地从学科名称、产生背景、历史渊源、研究对象、研究内容、学科定位、实践工作、基础学科与学科建制等多方面对上述两种观点进行了辨析,并指出:两种观点虽然都有些许合理,但也存在缺陷,公安情报学与情报学息息相关但也区别明显,公安情报学是公安学的分支学科,并且在建设过程中离不开情报学理论的指导②。马德辉、苏英杰则对"intelligence studies 与公安情报学"的关系进行了研究,认为我国的公安情报与国外的执法情报、犯罪情报等相对应,而执法情报隶属于 intelligence studies 领域,因此我国的公安情报学应当属于 intelligence studies 领域。intelligence studies 的相关理论成果为研究公安语境下的情报问题提供了重要的理论依据。反之,公安情报实践的发展也推动了 intelligence stud-

---

① 蒋瑜峰,裴煜. 我国公安情报学研究现状与思考[J]. 情报探索,2010(12):15 – 17.

② 谢晓专. 公安情报学与情报学的关系研究[J]. 情报杂志,2012(6):1 – 7.

ies 情报理论的产生。此外,该研究指出对非传统安全形势下的维稳情报和犯罪情报等问题的探讨是当前公安情报学研究的重要课题,对非传统安全问题的研究也将继续推动公安情报学的发展①。从上述讨论中可见,公安情报学与情报学在国家传统与非传统安全的实践需求、研究趋势上存在共鸣,公安情报学科建设的发展将必然推动情报学科的进步。

(2)公安、边防情报学领域的研究内容和成果无疑会为情报研究带来新的研究思路,有助于丰富情报学的研究内容。

公安情报学中有很多子学科,如新兴的边防公安情报学,是按研究区位不同,把公安情报分为内地公安情报和边防公安情报,从而有针对性地研究边防安全问题。这些子学科的研究进展为情报学研究注入了新的力量。

同情报学一样,公安情报、边防情报等学科作为新的学科而言,都还不够成熟,这些学科的概念体系、基本原理、理论体系、方法论、学科体系等学科构建方面的工作,都在探索试验中,研究者不断开展新的研究,努力地实现学科的成长。公安、边防情报领域在构建学科理论体系中的这些尝试,不管是失败的教训还是成功的经验都可以为情报学提供借鉴。如研究人员发现公安、边防情报理论国内研究不够多,可以引入先进的国外研究内容,这些工作都为情报学在学习国外经验方面提供了捷径②。

此外,公安、边防情报学将哲学、信息学、情报学、管理学、预测学、心理学等各相关学科进行移植、应用、融合的经验和成果可供情报研究参考。如哪些学科的理论、方法、技术可以适用于情报学研究? 如何应用这些学科理论、方法、技术来解决情报问题? 公安、边防情报基于这些理论、方法、技术所创新出来的理念、应用模式等都应是情报学优先考虑的研究重点。

2003 年公安部提出"情报主导警务"战略,开启了我国公安情报研究的新思潮。"情报主导警务"是当前全球警务模式的主流,其实质是一种在情报搜集网络的基础上,借助信息系统,生成情报信息辅助决策的警务运作机制。其模式的构建围绕情报开展,研究重点主要涉及情报源研究、共享、分析研判、预警、监督等情报工作机制③。那么,开展类似"情报主导

---

① 马德辉,苏英杰."Intelligence Studies"视域下的中国公安情报学若干基本问题研究[J].情报理论与实践,2013(36):50-57,49.

② 靳娟娟.边防情报学的形成与发展研究[J].情报杂志,2001(11):38-40.

③ 李雪琛."情报主导警务"研究综述[J].北京人民警察学院学报,2009(3):84-89.

安全工作或战略"的研究与实践是否可行? 如果可行,能否借鉴公安情报在这一领域的研究成果? 这些问题需要探讨。

公安、边防情报研究中所关注的问题和采用的研究方法为情报研究提供了参照。如邓瑞敏对边防情报分析研判工作的研究①;兰月新将统计方法运用于边防情报分析与预测②;杨丽荣将系统情报理论引入公安边防情报主导警务工作模式研究③;宋炜峰运用相关分析法对公安边防情报研判研究④;王进等人探讨了公安边防情报分析人员的素质对情报分析工作效率的影响⑤;唐超采用定标比超法来分析公安边防情报机构管理问题⑥;李峰对边防情报分析失误问题的研究⑦;粟诗寒等人关注到我国开放空港边防情报公开收集方法问题⑧。在"公安情报采集"方面,学者们探讨了公安情报的作用、搜集公安情报的注意事项、数据挖掘的意义以及如何从语言中提取相应情报。在"公安情报分析"方面,学者们既探讨了具体的情报分析方法,还探讨了有关分析主体、分析模式流程、分析框架等内容。在"公安情报学体系"方面,学者们研究了公安情报学的体系内容、理论体系、学科性质及学科建设等方面的问题。在"情报主导警务"方面,学者们分析了情报主导警务模式和实践以及情报主导侦查的相关问题。在"情报政策法规"方面,学者们研究了公安机关所涉及的相关法律和政策等问题。

归纳上述研究的主题,或是涉及情报的预测、研判、失误,公开源情报搜集分析等情报学也同样十分关注的问题;或是运用管理学、系统论、统计学、心理学等其他各学科的方法来分析解决公安边防工作的问题,如定标比超、系统情报理论、统计分析、相关分析等理论或方法,这些研究热点和重点很多也正是情报研究领域所存在的;或是提示情报学有同样需要关注

---

① 邓瑞敏.边防情报分析研判工作研究[J].情报杂志,2011(S2):24-25,30.

② 兰月新.边防情报分析与预测的统计方法研究[J].情报杂志,2009(S1):45-50.

③ 杨丽荣.从系统情报理论角度对公安边防情报主导警务工作模式的思考[J].湖北警官学院学报,2008(5):102-105.

④ 宋炜峰.相关分析法在公安边防情报研判中的应用[J].武汉公安干部学院学报,2010(3):27-29.

⑤ 王进,徐军.浅谈公安边防情报分析人员的素质[J].情报杂志,2011(S2):243-244.

⑥ 唐超.公安边防情报机构的定标比超管理研究[J].情报杂志,2010(S1):98-101.

⑦ 李峰.论边防情报分析失误[J].科技情报开发与经济,2008(32):83-87.

⑧ 粟诗寒,田原.关于我国开放空港边防情报公开收集方法研究[J].情报杂志,2011(S2):41-42.

的问题;或是作为引入其他学科方法的参考思路,对情报研究具有很大的利用价值。

8.3 情报学的学科定位

8.3.1 为社会发展服务

情报学的任务及其发展受它所处的时代特征影响,社会经济信息化、知识发展迅速已成为 21 世纪的主要时代特征,信息资源的开发利用成为竞争的战略制高点,信息服务业得到了空前重视。一直以来,我国情报业和情报学的发展基本都与社会发展的需求相适应。诸如数字图书馆、信息服务、知识管理、信息检索、网络信息资源、数据库、信息技术、信息组织、资源共享、信息构建等我国情报学研究热点的关键词便很好地反映了这一特征,情报学在今后数十年中,将基于这一方向,根据学科构建的内在与外在驱动,综合各种相关学科继续发展。根据国家自然科学基金项目《我国情报学学科建设、发展与前瞻研究》的调研,情报学研究将继续关注和跟踪 21 个热点,即:情报分析研究、竞争情报(及其软件系统)、知识组织研究、数字图书馆、网络用户及其信息行为、数据挖掘与知识发现、数字化信息资源整合、知识管理、战略信息管理与战略信息系统、网络信息资源管理、元数据、信息可视化、网络信息计量学、智能信息检索、Ontology 及其应用、语义网研究、信息构建(IA)、知识提取、情报科学方法论、数字资源长期保存、信息经济学和信息安全。

8.3.2 为国家安全战略服务

近年来,经济安全、文化安全等非传统安全问题成为威胁国家安全的突出问题,为更好地服务国家安全发展战略,情报学应当积极对相关问题进行研究。本书一方面引入与安全相关的学科的共性部分,拓宽情报学的视野;另一方面将引入西方 intelligence studies 的相关内容,整合 information science 和 intelligence studies 的理论、方法和相关技术,形成我国普通情报学的一体两翼(见图 8-1)。

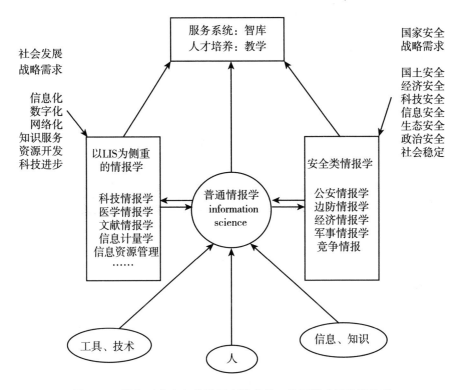

社会发展
战略需求

信息化
数字化
网络化
知识服务
资源开发
科技进步

服务系统：智库
人才培养：教学

国家安全
战略需求

国土安全
经济安全
科技安全
信息安全
生态安全
政治安全
社会稳定

以LIS为侧重
的情报学

科技情报学
医学情报学
文献情报学
信息计量学
信息资源管理
……

普通情报学
information
science

安全类情报学

公安情报学
边防情报学
经济情报学
军事情报学
竞争情报

工具、技术

人

信息、知识

图 8-1　服务于安全与发展国家战略的一体两翼式情报学体系

8.4　情报学的理论和方法论基础

8.4.1　情报学的理论基础

情报学是从信息科学、管理科学、智能科学、国防情报学、军事情报学、公安情报学、边防情报学等学科的基础上交叉融合发展而来的,其基础理论与方法也与上述学科息息相关,在学科的形成和发展过程中又丰富和发展了这些理论和方法,并逐步形成自己的理论和方法论体系。

相对于一些成熟的学科来讲,情报学理论目前还较为零散、简单、不成熟,还没有形成严谨的理论体系①。

8.4.1.1　情报学的哲学基础

情报哲学包括波普尔的"三世界理论",是布鲁克斯"情报认知观"的

① 曾建勋.将学术引向适用[J].图书情报工作,1998(7):52-53.

理论基础,还包括库恩的"科学范式"理论,拉卡托斯的"科学研究纲领",尤其是其中的有关的"硬核"理论和"保护带"理论,康德的实证主义(positivism)也属情报哲学。其中以波普尔的"世界三理论"最具代表性。

波普尔提出,世界1是指客观的物质世界,世界2是指主观的知识或精神世界,世界3是指人类创造的文化世界,包括所有的客观知识。波普尔认为,人类的主观思维借助客观的物质世界创造了一个客观的文化世界[1]。

布鲁克斯从波普尔的三个世界理论出发开展情报学的基本理论研究,他认为情报学的理论研究任务是描述和解释世界2和世界3之间的相互作用,从而更好地进行知识组织以及利用[2]。

8.4.1.2　科学交流学派

米哈依洛夫是苏联情报学家,苏联科学技术情报研究所所长和国际文献联合会副主席,著有《科学情报原理》和《科学交流与情报学》。其情报学理论被称为科学交流学派,因为他认为情报学就是以科学交流为主线,主要研究科学情报的构成、共同特性及科学交流全过程的规律。

米哈依洛夫认为,情报是作为存储、传递和(或)转移的知识对象,而科学情报能够如实反映自然界、社会和思维的现象和规律。

20世纪40年代,交流学在美国诞生,主要研究人类交流的规律及其与社会的关系。米哈依格夫从情报学角度对交流进行了理解,认为交流是个体通过运用共同的符号系统进行的情报交流,而科学交流是指人类社会中提供、传播和获取科学情报的过程总和。

以此为基础,米哈依洛夫建立了科学交流学派的理论体系,该理论体系对科学技术的发展与情报学的关系、科学情报的结构和特性、科学情报工作的规律、理论、方法、组织和历史等进行了明确。米哈依洛夫的情报学理论体系的研究对象主要为传统的情报工作内容,例如文献工作等。

8.4.1.3　知识学派

布鲁克斯理论的核心思想是情报生产需要对客观的知识进行组织与分析。布鲁克斯认为以往的情报工作者进行情报组织时只是组织文献,而不是知识,情报的提取还需要用户进一步分析和揭示。知识地图可以分析

---

① 申静.情报学理论体系的比较研究[J].情报杂志,1990(1/2):93-102.

② 贺颖.情报学的认知视角分析[D].天津:天津师范大学,2002:11.

出文献中的逻辑内容,将其中的逻辑结构以地图的形式直观展示。在知识地图中,每一个节点都代表一个知识单元,节点之间依据相应的关系连接,从而形成一个整体。布鲁克斯对情报学的重要贡献是通过提出"知识地图"的概念,为情报学指出了不同于其他学科的独特目标。

8.4.1.4　社会传播学派

萨拉塞维克、哥夫曼、维克里、费桑是社会传播学派的代表人物,该学派认为情报学的研究对象是情报的传播过程。

美国情报学家萨拉塞维克(T. Saracevic)认为情报学是研究人类通讯现象和通讯系统的一门科学。在他的理论体系当中,情报学是一门综合性学科,主要研究交流问题、文献问题和情报系统问题三个方面的内容,他认为理论情报学和应用情报学是情报学的两个重要分支。其中理论情报学主要研究情报以及科学交流的特性、情报用户、情报利用、情报过程以及情报评价等各类问题;而应用情报学则主要研究知识交流的技术问题、情报的表达、情报系统、情报产业的发展等①。

萨拉塞维克与哥夫曼都认为情报学的本质是研究情报的传播过程以及与过程紧密关联的情报系统的原理。该理论的核心思想是从传播角度研究情报,主要探讨情报在传播过程的动态规律,并综合考虑过程与实现过程的系统,使各个环节形成一个有机整体,从而探讨情报总的社会传播过程。

萨拉塞维克强调正确把握用户的需求状态、行为特征以及思维规律,从而更好地进行情报检索系统的设计、开发和管理。维克里强调从社会计量角度研究情报的传播过程。费桑将研究范围局限于传播的具体实现上,从微观角度具体分析情报社会传播的各种因素及相互关系。

8.4.1.5　决策理论学派

情报的最终目的是辅助决策,如果从决策的角度来对情报进行研究,一方面可以更好地发挥情报的价值和作用,另一方面可以使情报研究更加简单,因为人们对情报的理解以及知识结构改变的过程难以观察和度量,而决策结果一般是可以被观察和度量的。

约维兹从应用了的情报的决策结果出发,观察情报对人类行为的影响,从而明确与情报过程的相关变量和参数。他从决策论角度研究情报学理论问题,使人们能够在特定的情报应用场景中定量研究和评价情报的特

---

①　于洋,张睿军,杨亚楠.以情报学为视角的学科交叉研究[J].情报杂志,2013(2):1-5,33.

性,拓宽了情报学研究的视野。

8.4.1.6 情报技术学派

兰卡斯特、萨尔顿和北川敏南是情报技术学派的代表人物,主要的研究内容是情报系统与情报技术的应用。兰卡斯特的主要贡献是创建了联机情报检索系统,并且首次提出了"无纸情报系统"的概念,拓宽了情报学的研究视角;萨尔顿的主要贡献是研发了世界上第一个全自动分析检索系统。总的来说,兰卡斯特和萨尔顿都主要关注了情报技术在情报检索中的应用。北川敏南认为情报学应该主要研究计算机科学、控制论和通信技术,尤其是研究如何实现情报系统和网络的最佳化,以及开发情报技术的新应用领域,不过这些在情报学理论体系中的作用较为片面①。

8.4.1.7 智能过程派

勃拉特、霍肖夫斯基、马萨和德本斯是智能过程派的代表人物。该派主张从智能过程的角度研究情报现象,认为情报是一种瞬时发生在人类大脑中的智能过程的反映。

勃拉特以布尔丁的意象概念为哲学基础,对情报智能过程的研究从情报传播的背景出发,认为情报是接收到讯息时意象的变化,而传播的目的和结果就是改变意象,所以在他眼中情报是一个事件或者一个过程,这样的定义很能解释客观情报的存在以及情报价值随人、时、地而异的这种人们普遍可感觉到的情报现象。

霍肖夫斯基和马萨将情报定义为"将希望被解决的问题的有关成分与资料中适用的成分进行匹配的过程中所得到的净值的量度",那么相应的,情报过程就是人在寻求解决问题方案时的智能过程。资料中是否含有情报,即是否具有价值量度,并不取决于该资料是否有情报这种属性或者是否具有可量度的情报量,而是取决于希望被解决的问题的特性是否与资料的内容相匹配。

德本斯认为情报过程是由资料通过大脑的转换而实现的,是一个智能过程,情报存在于过程中而非资料中。

智能过程派将情报看作智能过程的理论,这与本书前文所说观点非常接近,即情报活动是一种智力活动,情报学的主要研究内容就是如何灵活运用知识解决实际的情报问题。但是,这一理论只以意象和心智状态为研究的出发点,没有关注到情报的物理属性及知识属性。

---

① 靳娟娟.情报学理论体系比较研究[J].图书情报知识,1995(3):17-23.

8.4.1.8　属性结构派

布鲁克斯和贝尔金是属性结构派的代表人物,认为情报是文献本身所固有的客观属性,并有一定的结构形式,其研究方向与智能过程派完全相反。

贝尔金认为情报是能够改变用户意象结构的任何文献的"结构",而情报学的基本研究内容是文献及其结构、用户的意象结构及其改变、情报生产者的意象结构以及文献结构的构造。

布鲁克斯指出组织知识是情报学的任务,情报学研究活动应该是对科学文献中客观知识结构进行分析,而不再是对用户响应进行主观分析。

属性结构派从知识结构角度出发对情报的哲学本原进行了研究,但是该派别将情报的内涵限定在"科学文献中固有的客观知识结构"这一范畴内,其结果最终走向了多元论①。

8.4.1.9　系统理论派

兰洛依斯、列哥梅尼德斯、斯特朗和布莱克是该派的代表人物。他们较多采用系统科学方法,注重人的系统性情报行为,把人作为一个动态和适应性系统的情报过程,因此该学派是从系统科学出发对智能过程派做进一步的研究和发展。

兰洛依斯从控制论系统角度出发,认为人是不同于现实中机械系统的一种目标寻求系统,情报的内涵是由系统本身的结构决定的,情报事件不是一个独立的局部事件,而是与系统整体状态有关,并基于此提出了结构情报和参数情报的概念。

列哥梅尼德斯的理论是从系统动力学和耗散结构理论出发的,认为人相当于一个情报处理系统,这个系统每时每刻都在与外部世界进行交流,此外还探讨了人脑的情报推理模型,对揭开人的智能结构做了尝试。

斯特朗则提出适应系统情报理论,将人的情报处理机制看成是适应性情报系统,这对于了解人脑的情报机制是一个重要突破。

布莱克将世界视为一个巨大的生态系统,而人是该系统中一个主动式管理生态系统,并且认为情报学主要是对"管理情报"和"坐化的管理"进行研究。

系统理论派主要借用其他学科的研究方法、理论及原理,注重情报系统工程研究。关于人作为目标寻求系统与外部系统的交流,以及人脑的情报推理在其中发挥的作用,是将 intelligence 植入基于 information science 的

---

① 项清焕,李智霞,张淑芳. 21 世纪的情报学研究[J]. 情报杂志,1996(6):14 – 15.

情报学理论的一个重要启示。

上述各种流派各自从不同的角度丰富了 information science 的理论,构成了情报学理论体系的基础。我们可以从中吸取诸多非常有价值的理论养分,以支持和完善将 intelligence 的研究作为情报学理论核心的观点。如决策理论学派从决策和行动结果的角度来研究情报的理论;知识学派关于信息必须要用知识结构进行主观解释才能成为情报的观点;智能过程派关于情报过程就是人在寻求解决问题方案时的智能过程的见解;系统理论派关于揭示人脑的情报机制的看法。理论界应该对这些理论开展进一步的研究:

(1)整合我国已有的情报学理论成果,补充安全科学及与安全相关的分支情报学科的相关理论,引入西方 intelligence studies 的相关理论,将情报学学科理论分以下几个方面:

- 情报、信息、知识的概念及其关系;
- 情报科学的研究对象、内容;
- 情报科学的历史、发展沿革;
- 情报科学的基本原理;
- 情报学学术流派;
- 情报学的基本定律;
- 情报学的学科基础。

(2)情报不仅为决策服务,还应对政策的执行和监督进行服务,全程干预政策链环,这是我们可以从 intelligence studies 中得到的启示的又一方面。情报是政策制定的助推器,但在我国的情报学领域很少研究情报如何为政策的执行和监督服务,而 intelligence studies 中对执法情报以及情报失察的研究恰恰与政策的执行和监督相对应,因此我国情报学界应当跟紧别国情报学发展的步伐,积极探索政策执行和监督方面的情报理论,从而为实践提供支撑。

(3)相对于 information science 以揭示和阐明信息运动客观规律为主要研究对象,intelligence studies 更侧重以"人"为研究导向。前者重在信息的提取、识别、变换、传递、存储、检索、处理、再生、表示过程的一般规律,情报学六大原理(离散分布原理、有序性原理、相关性原理、易用性原理、小世界原理和对数透视原理)也大致是针对"信息、知识、情报"这三大对象的。由于情报的处理和分析都要以信息为基础,intelligence studies 需要补充 information science 的理论来指导其业务实践。但从另一角度而言,信息的处理离不开人,对人的分析不仅需要情报学理论流派中的智能过程派、认知学派、决策功能派等,还需要借助心理学、逻辑学、语言学等相关学科理论,这些理论在探索人类思维领域中信息加工和处理的内在机制、提升决策的知识水平和智能水平方面可以发挥很好的作用,也是本书拟在情报学体系中予以关注的。

8.4.2 情报学方法论的整合

方法论分为研究方法和工作方法。前者的对象是情报学,按研究范式分类;后者的对象是情报业,按情报作业流程分类(情报搜集、情报分析、情报组织加工等)。以情报搜集为例,现在的情报学是以信息检索为主,但这一方法对于犯罪调查、金融违规、非常规性突发事件中的情报搜集作用不大,因此需要引入侦察学、取证学等现有情报学中未涉及的知识。再以分析方法为例,情报分析人员常常需要跳跃使用多种方法[①]。因此,本书在现有情报学方法论基础上,梳理了面向安全的各类情报学分支学科的共性元素,融入普通情报学中,丰富了普通情报学现行的定性和定量分析的方法论体系,以增强对情报界各部门的理论指导。

面向安全领域的情报研究(intelligence studies)与面向信息的情报研究(information studies)在实践工作方面很不相同,具体来说就是在情报搜集和情报分析的范围、重点、方式不同。information science 的搜集方法侧重于对文献资源、网络资源、数据库资源的搜集,intelligence studies 的搜集方法则会包括人际网络、基于技术的情报搜集方法等新的手段。information science 的分析方法主要是一些基本的数据统计和分析方法,主要解决较为简单的结构化问题,而 intelligence studies 的分析方法则会采用欺诈侦测、弱信号分析等逻辑推理方法,以解决实践工作中更为复杂的非结构化问题。

8.5 情报学学科体系构建

基于上文的论述,可以从"学科基础—理论基础—方法与技术—实践与应用"的学科体系结构模式,构建面向安全的情报学学科体系(见图8-2)。

---

① 李广仓.论公安情报分析方法群[J].江西公安专科学校学报,2010(1):86-89.

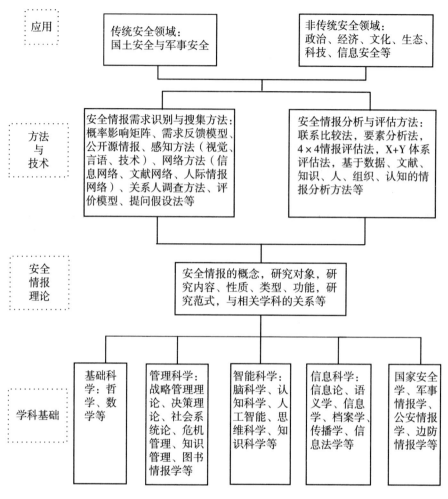

图 8-2　面向安全的情报学学科体系

8.6　情报学高等教育教学体系建设构想

8.6.1　国外情报学教育研究与实践概况

培养领域从业人员的两条基本途径是教育和培训①。教育侧重于对

---

① 卢宏,汪社教.国外 Intelligence 之实践、研究与教学管窥[J].图书情报工作,2005(9):26-30.

从业人员学科体系知识结构的构建,培训侧重于培养学员处理具体问题的能力。西方情报研究人员的培养基本采取这两种方式。

8.6.1.1　情报研究人才的培养模式

情报的收集、传递、分析研判和利用与情报工作人员素质的高低有着直接联系,选择合适的人才培养模式对情报人才素质的提高有着重要意义。因此,如何对情报工作人员培养模式进行选择、改进与创新,是各国情报机构需要重点考虑的问题[①]。

美国情报学者普遍认为,必须通过专业的培训才能产生合格的情报分析人员。分析人员越专业,其生产出来的情报产品质量越高。特内特在肯特学校启用典礼上说:"建立在学习和经验基础上的专业水准,以及相关性和高标准对于形成情报产品中的洞察力非常重要。分析人员要综合新闻报道人员的时间紧迫感、清晰表达能力和学者对细节的把握能力。"在特内特看来,情报赢得用户信任的东西正是情报产品所体现出来的洞察力,而洞察力的获得必须经过训练。

除专业训练外,情报分析人员还应该尽可能多元化,拥有特定地区的政治、军事、经济、地理、历史、社会等方面的知识,所以,大学课程或在职培训要使学员掌握语言和熟悉了解地区情况。前中央情报局局长斯坦斯菲尔德·特纳还指出,许多分析人员的弱点是不了解对象国的文化,需要多参加学术机构、专业会议,在国外旅行和生活,掌握对象国家的语言,真正成为对象国家专家。哥伦比亚大学教授罗伯特·扎维斯也认为,"充分的培训和亲自在对象国家生活体验过"是提高分析能力的辅助手段。

(1)美国

美国2009年《国家情报战略》指出为了应对国家安全面临的挑战,必须吸引、发展和维持一支多样化、高素质的人才队伍。国家安全决策过程中的一个重要环节是情报能力培养。为适应纷繁复杂的世界格局,美国情报界必须改革人才培养模式从而应对全球化的挑战。

美国的情报教育主要包括三种形式:情报机构培训、军事类院校教育和地方院校教育。

1)情报机构培训

在美国,情报间谍学校负责培训间谍情报人员,培训过程中也会随着情报工作要求的变化,不断增添新的培训内容。此外,情报机构需要对内

---

① 赵亚莉,孔翔兰.浅析美国情报人才模式培养[J].首都教育学报,2011(6):7-9.

部情报工作人员进行专业培训。在培训内容上,熟练运用外语是培训的重点之一。最基本的语言能力要求是掌握一门外语,而掌握多国语言已成为大趋势,尤其是小语种人才更受欢迎。

谢尔曼·肯特情报分析学校是专门培养情报分析人才的学校,培训的课程从行为准则到"拒绝和欺骗他人的基本功",从案例分析到实地参观、模拟演习,内容十分丰富。肯特学校一方面重视技能的培训,另一方面也强调素质教育的提高。考虑到刚培养出来的情报工作人员基本功薄弱且缺乏经验,多数学员将首先在国外临时工作至少一次,然后到肯特学校进行 6 个月的针对性培训。

2)军事类院校教育

美国国防情报学院,通过授予情报学学士/战略情报学硕士学位等方式逐步实施军事界的高等教育计划,提高专业情报人才的实际应用能力,通过各种情报研究项目推动高等教育计划的实施,并确立和实行合适的教学标准。

美国国防情报学院的主要任务是培训国防情报专业人员,该学院也是唯一承担美国军事情报学历学位教育的培训机构,主要招收美国和盟国军事部门、政府机构的各类情报工作人员。国防情报学院的培养目标是为学员提供多方面的专业训练,培养学员的战略思维和概括问题的能力,从而提高情报人才的专业素质。国防情报学院人才培养的指导思想主要包括两方面,一是全球视角。国防情报学院的教学从全球视角入手,让学员综合和动态分析冲突各方的政治、经济、种族、文化和宗教等方面情况。二是聚焦未来。国防情报学院的核心课程通常重点探讨外部因素引发的案例,培养情报人才必备的全球化眼光和聚焦未来的搜集与分析能力。

3)地方院校教育

美国情报界创造性地提出了"情报界优秀学术中心"(The Intelligence Community Centers of Academic Excellence,ICCAE)计划。该项目旨在培养大量在信息技术、语言能力、政治学、经济学等方面的可用人才,尤其是培养拥有不同文化背景或不同语种或在地理方面有特长的女性、少数族裔的人才群体。

学院教育为情报界提供教育课程、学习项目,这些大学或学院要鼓励和支持学生进行外国研究或出国学习,参与情报机构的实习工作,并开展对高中生的延展性教育等。大学要重新进行学科设计,强调对情报界所需的关键能力的培养,设立研究机构,开展对世界不同地区和国家的情报研讨会,设立专门的项目管理人,教员要参加情报界的培训,学校要提供充足的师资力量。基础设施建设包括提供情报研讨会的条件、提供专家、进行"优秀学术中心"的资格认证、提供更多机会、安排学生和教员的实习与合作、提供情报界学习资源(如书本、期刊、报纸等)、进行监管和评估工作等。学院教育最终将培养出以下几方面的情报专家:信息技术专家、政治/经济专家、语言专家、危机管理专家和科学技术专家。所有的情报学专家都需要具备诸如分析推理能力、批判性思考能力、政治战略眼光等全方位的能力。

(2)英国

在英国,现代情报学的足迹可以追溯到 1909 年。但是作为一个学术性学科,该主题只能延伸到 20 世纪 70 年代中期。直到马斯特曼(Masterman)和温特博特姆(Winterbotham)的《对极端主义的治疗》这本书的出版,情报学作为一门严肃的学科才开始产生。情报学术研究经过 50 年的发展,已经和公众的日益关注紧密结合起来了①。

"9·11"事件、对伊拉克大规模杀伤性武器的裁决,以及 2005 年 7 月发生的伦敦地铁爆炸案明确了情报学已经成为政府工作重要的一部分,既可当作作战工具又能被用作保卫国家安全的武器。这使得情报学研究和教育得到了极大的发展。正如汉德尔(Handel)②所说:"各种类型情报工作在国家资源中大量分配,同时,情报共同体在塑造国家安全和外交政策中发挥了日益重要的作用。"

大学里的情报教育课程,对那些在主流课程里学习并获得政治和历史学位的人来说,是一个及时的补充。然而,从对英国教学实践的回顾来看,情报研究是一个单独的学科,并且适合放在很多学术院系之中,但是却很少深入其中。

下面我们将情报学看成是英国的一个学术性学科来研究。首先介绍情报学作为学科的现状,然后考虑在高等教育机构里情报学的授课方式。为了理解情报学授课的方法,因此首先要弄明白什么是情报学。

如何给情报学下一个准确的定义是一个备受争议的话题。简单来说,情报学既是机构本身,也是机构从事的工作,也是所寻找的信息,所以情报

---

① GOODMAN M S. Studying and teaching about intelligence:the approach in the United Kingdom [J]. Studies in intelligence,2006(2):10.

② HANDEL M I. Intelligence and military operations[J]. Intelligence & national security,1990 (2):1-95.

学既是一个过程也是一个产品。为了更好地理解情报学是如何工作的,标准的程序是把情报学带入所谓的"情报循环"中去。这使得在该学科进行深入钻研成为可能,并在过程中弄清楚情报学为什么很难放在不同学科中间。

在对该学科进行初次学术研究的人当中,斯塔福德·托马斯(Stafford Thomas)详细阐述了四种学习情报学的方法:一是强调阅读特定的历史档案或时间周期图的历史/传记性方法,二是强调活动和程序以及钻研更抽象问题的功能性方法,三是面向情报机构和组织并强调规范化学习的结构化方法,四是适用于情报学政治范围内的政治性方法①。Thomas 的学习法是一种有效的分解方法,经过这四个阶段,就可能将无论是深奥的还是经验性的情报学研究都弄清楚。

加拿大籍情报学学者韦斯利·沃克(Wesley Wark)比 Thomas 更进一步,他将情报学分成了 8 种类型:①研究项目,主要来源是档案证据。②历史项目,是基于历史案例的研究;③定义类项目,主要研究情报学的基础,即研究如何去定义该学科;④案例研究,是建立在定义性项目之上,采用案例教学的方法来检查理论;⑤回忆录,即使情报学初始加工和研究的材料,也是第一手情报源;⑥公民自由项目,揭示情报机构侵犯公民生活的秘密活动;⑦研究型新闻业,通常适用于没有可用历史档案的情报研究项目;⑧流行文化项目,如流行的情报文化 James Bond 等。Wark 的分类工作揭示了在"情报研究"大范围传播过程中,很多方法都可以用来研究情报学,该方法同时揭示情报教育也可以有很多途径。因此,定义情报学的方式是研究情报学和写作关于情报学的必要方法。

情报研究是一个相对较新的学科。伴随着恐怖主义的猖獗和相关世界性事件的发生,情报机构对于政府变得更加重要。情报教育之所以变得更加重要,是因为其有助于理解历史事件和当代的世界政策。

在 20 世纪 60 年代,《情报研究》刊登了一个由彼得·J. 多隆多(P. J. Dorondo)写的文章,他详述了在大学进行情报教育的好方法。该方法具有很强的启迪作用,不仅是因为 P. J. Dorondo 作为一个专业情报学家,他对情报教育应该采取何种方式进行的深入思考,同时他指出英国花费 40 年才总结出的经验教训。他认为,首先课程应该从基本术语开始,在考虑如何建立情报学基础之前应该确定什么"情报学"。

总之,英国的情报研究健康快速发展,它可能没有美国的情报研究

---

① 胡雅萍,潘彬彬. Intelligence 视角下美国情报教育研究[J]. 情报杂志,2014(6):4-9,16.

那么长的历史,但英国的情报研究一直在追赶美国的步伐。鉴于情报组织和它们工作的秘密性,以及政治领导人对情报工作的敏感性,且大部分关于情报的新知识都是基于历史案例研究的而不是当代事件的,这个领域的发展进程将会变慢。

(3)以色列

以色列情报机构认为情报分析是情报流程中最为重要的环节,因此,对于分析人员的培训也是特别重视。近年来,以色列情报机构建立了情报分析人才培训基地[①]。

1)基础训练

①基础理论学习

通过基础理论学习,新学员们可以巩固他们的理论基础;此外,新学员们还要学习如何管理与运行反恐、反间谍等调查行为,这样新学员才能具有扎实的知识结构和很强的灵活性,从而可以迅速应对未来实际工作中的各种复杂情况。

②案例练习

通过案例练习可以了解受训者在面对真实情况时的勇气和能力。

③操作技巧

学员们需要接受诸如防御战术、监视、体能训练和驾驶技能等方面的操作技巧培训。其中防御战术主要包括拳击、擒拿格斗、搜查以及拆弹技术等等。此外,学员们也必须专门接受90小时涉及行动计划、目击者与特情人员行动合作、跟踪和秘密行动等的教学与训练。

2)情报分析专业训练

相对于新学员基础训练而言,除了要学习基础课程,情报分析人员还须学习情报分析训练课程。情报分析人员的主攻方向分为:情报分析、语言分析、跟踪监视及秘密特工。情报分析训练课程主要教授情报搜集、分析性思维、分析工具与软件、如何撰写情报分析报告及简报的实际传递。

①情报分析

情报分析可以从原始数据中提取出情报。情报专家在提取到情报之后,需要及时地向情报使用者提供可操作情报产品(如报告或者摘要等),从而供其决策。

---

① 高庆德.以色列情报组织揭秘[M].北京:时事出版社,2011:226-274.

②语言分析

语言分析专家也是以色列培养的分析专家之一,其主要任务是为摩萨德、辛贝特等情报机构提供高质量的翻译和语言分析服务。这些语言专家不仅掌握纯正的发音和方言,还了解当地宗教、文化以及历史等方面的背景知识。

③跟踪监视

跟踪监视培训主要是为摩萨德或辛贝特的反间谍活动以及国际恐怖主义的调查活动给予支持。这种专业人员对摩萨德或辛贝特的调查工作产生了重要影响①。

8.6.1.2　英美高校情报课程体系

美国情报专业人员的培养主要包括培训和教育两种方式,一般来讲,对情报工作人员的培训是由政府机构完成,主要方式是举办与实际情报工作相关的短期培训班,提升情报工作人员的实际操作能力。对情报工作人员的教育大多是由学术界完成,主要方式是进行学位教育或举办专业证书班,为情报工作人员打下扎实的理论基础。国家情报总监办公室设立的国家情报大学(National Intelligence University, NIU)中同时设置了公共教育标准和考核标准,将培训、教育和职业发展很好地联系在一起,使所有情报官员和情报人才都可以接受系统的情报教育。

从事政府培训性质的机构其训练内容因学生层次、目的和时间而异,有些训练内容只适合情报入门,如为期几个月的 CIA"职业分析师项目"(Career Analyst Program),有的则按照分析科目进行系统的结构化分析技能训练(structured analytic techniques),如竞争性假设分析法、头脑风暴法、关键性假设核查法等。除了技能性训练,培训还非常强调思维训练。

与美国的其他高校一样,情报教育是培养通才还是专才也成为教育目标的争论内容之一。鉴于分析的复杂性,设在宾夕法尼亚大学的 Mercyhurst College 强调分析通才的培养,要求毕业生必须融会贯通情报学理论并具有较广的知识面。Mercyhurst College 的培养方针得到了美国情报界的认可,并为其他院校所仿效。例如,有 3000 多学员的美国军事大学(AMU)与数所美军情报培训学校建立了广泛的联系来培养这种情报人才(课程见表 8 - 1)。

---

① 衷意.美国情报分析训练课程初探[J].江西公安专科学校学报,2010(4):113 - 116.

表 8 - 1 H2 的课程体系①

课程名称	教学内容的主要特点(本科)	教科书或参考书
情报概论(introduction to intelligence)	不同于一般概论课程分步讲授情报搜集、分析、传播等,而是通过介绍美国情报界,使学生了解情报在历史上发挥的关键作用,区分情报与信息,理解情报工作流程中的各个环节,评述情报成功和失误的经验教训等	*Introduction to Intelligence*
情报学研究方法(research methods in intelligence)	探索在定性案例分析中基本的演绎研究方法,主要包括提出研究问题、文献述评、研究设计、数据收集方法、定性案例分析方法、通信写作技能等	*Communicating with Intelligence*; *Introduction to Intelligence Research and Analysis*
情报搜集(intelligence collection)	涉及图像情报、人工情报、信号情报和测量情报的背景、技能和局限性,侧重情报收集活动的规划	*Intelligence Analysis: Target - Centric - 3rd ed*
批判性分析(critical analysis)	讲授批判性思维和分析技能,旨在克服文化和心理偏见影响分析和决策的客观性,内容包括人工信息处理、对抗性假设、矩阵分析、决策树、效用分析等	*Thinker's Toolkit*
情报分析(intelligence analysis)	讲述美国第二次世界大战以来情报预测的历史演进,包括定性分析、建模方法、情景分析、德尔菲法、洛克伍德预测分析法(LAMP)等	*Lockwood Analytical Method for Prediction* (*LAMP*); *The Research Imagination*(电子书)
反情报概论(counterintelligence)	反情报的历史及成败评估、主动和被动的反情报对策、原则和程序,包括隐蔽的、合法的和合乎伦理的行动及其相互关系,通过阅读和实践操作,了解美国全球利益和国家安全,学会反情报工作的知识和技能	*Vaults, Mirrors, and Masks: Rediscovering U. S. Counterintelligence*

① H2 的课程体系是由美国军事大学与美军情报培训学校联合设计的用于培养情报分析通才的系列课程的统称。

续表

课程名称	教学内容的主要特点(本科)	教科书或参考书
反情报分析(counterintelligence analysis)	通过了解外国反情报工作,学习和应用反情报的概念、原则、任务和机理,掌握分析过程、示假识别、分析技能、威胁研判、分析工具和数据库	(未提供)
国际犯罪组织(international criminal organizations)	区分历史的和当代的犯罪模式,有组织犯罪的活动能力和脆弱性,通过阅读文献了解南美、墨西哥、亚欧非洲地区的传统有组织犯罪和跨国犯罪企业	*Transnational Threats* (*e-book is available via the Online Library*)
间谍与反间谍(espionage/counterespionage)	介绍情报史和间谍史,侧重信号情报、人工情报和 20 世纪情报业,评估情报搜集领域发生的变化,以及技术的发展对这种变化的影响	*Century of Spies*, 3rd ed; *Hidden Secrets: A Complete History of Espionage and the Technology*
公开信息源搜集(open source collection)	讲解如何通过各种非密资料搜集有价值的情报,侧重分析新闻机构、数据库、政府文献、报纸、刊物、年鉴、综述、广播电视、短波电台、互联网、索引、各类机构文献和国家研究	(联机资料)
人工情报(human intelligence)	概论性课程,主要界定和审视情报的人工信息源,并与信号和图像等其他主要的信息搜集形式相联系	(联机资料)
数据的情报分析(intelligence data analysis)	改进基于电脑程序的分析能力,使之加强定量分析的设计,内容包括计量方法的假设检验、描述性统计分析等	*Even You Can Learn Statistics*, 2nd Ed
犯罪情报分析(criminal intelligence analysis)	侧重于为犯罪情报而非刑事调查提供研究方法和技能,诸如消灭有组织犯罪(毒品、白领犯罪及洗钱等)所需的趋势预测、弱点和意图分析、预警、联络分析、目视侦查分析、电话分析、矩阵分析等	*Out of Bounds: Innovation and Change in Law Enforcement Intelligence Analysis*; *Applied Crime Analysis*

课程名称	教学内容的主要特点（本科）	教科书或参考书
威胁分析（threat analysis）	了解形成威胁的政治、经济和社会条件，评估国家军事能力、政治及经济制度的强弱势及其造成挑战的分析程序。该课为所有情报分析课程的先修课	（联机资料）
外国情报组织（foreign intelligence organizations）	讲解外国情报组织的分析和比较方法，这些组织对美国战略情报、对外政策和国家安全战略规划至关重要，熟悉这些情报组织进行情报和反情报工作的方法，发现其异同，评估其效率	（联机资料）
当代情报研究（contemporary intelligence studies）	对情报如何支持美国的国家安全政策和如何影响情报界进行比较研究，古巴导弹危机、"9·11"事件等是研究的重点	研究报告
反毒战概论（introduction to the war on drug）	涉及美国反毒战的各个方面，包括反麻醉品的历史、政策和战略，政府间及各有关组织间的关系，讨论和比较反毒的各种观点，外国麻醉品市场分析，评估反毒与反恐的联系、相关政策及战略的优缺点和解决方案	*Drug War Politics：The Price of Denial*
恐怖主义和反恐怖主义（terrorism and counter terrorism）	研究古往今来恐怖主义作为社会和政治工具的历史，包括拉丁美洲恐怖主义的影响，中东恐怖主义的起源，美国恐怖主义的问题，反恐，国土安全，以及与反恐、大规模杀伤性武器等问题相关的情报资源	（联机资料）
违法金融（illicit finance）	讲解作为支撑毒品走私、军火走私、恐怖主义等的金融活动，包括洗钱、欺诈、腐败等非法资金运作	（联机资料）

续表

课程名称	教学内容的主要特点(本科)	教科书或参考书
恐怖活动预测 (forecasting terror-ism)	审视实际发生的和计划的化学、生物和改进的大规模杀伤性武器案例及其影响,分析恐怖分子的惯例、战略和心理,研究各种传统和最新的预测方法,包括:直觉法、档案法、脆弱点冲突分析、预警、非典型信号分析和处理(ASAP)、Khalsa 系统征兆和警示法等,也包括一些军事情报预测方法	*Forecasting Terrorism: Indicators and Proven Analytic Techniques; Out of the Ordinary: Finding Hidden Threats by Analyzing Unusual Behavior*

资料来源:American Military University. Degress & programs[EB/OL].[2019 – 05 – 18].http://www.amu.apus.edu/index.htm.

围绕培养目标的讨论还有一个主要的议题,就是如何看待情报分析专业化的问题。情报分析既是一种技能,又是一种专业,前者需要通过实践经验来积累技巧,后者则需要通过教育来获取知识。但是现在分析训练是作为技能培养而非专业培养,也缺乏相应的标准。为此,有的专家呼吁参照医学、法律、教育或新闻专业建立起专业的标准,为专业研究生教育提供新的录取准则①。为推动专业化进程,美国情报界诞生了一种政府与学术界联合办学的人才培养模式,例如情报界学术卓越奖励中心(Intelligence Community Centers of Academic Excellence, IC/CAE)是一个为鼓励情报工作人员文化多样性而设立的基金,奖励不同文化背景、知识和技能的学生。此外,国际情报教育协会(The International Association for Intelligence Education,IAFIE)于 2004 年成立,为情报培训和教育信息共享、专家和情报新人交流以及政府和院校交换意见以及相关资源搭建了一个重要的桥梁。IAFIE 于 2007 年年会上正式提出了情报学专业化问题,讨论如何建立情报教育的标准。

在课程建设方面,专家们希望,无论是情报失察、情报伦理,以及比较研究,必须坚持情报研究文献的学术性,从而为学生奠定扎实的知识基础,同时课程内容必须针对现实环境中存在的安全问题。

---

① MARRIN S. Training and educating U. S. intelligence analysts[J]. International journal of intelligence and counterintelligence,2009(1):131 – 146.

　　由于英美国家利益的全球化和由此产生的威胁全球化,英美情报学课程有如下特点:一是显著的跨学科特点,学生通常要学习跨越文理工学科的基础知识。二是通常覆盖了多种情报专业(intelligence disciplines),如图像情报、信号情报、人工情报、公开源情报等,一些学校的相关课程已经做了整合,如情报搜集课,除了要学习上述专业知识外,还要学习搜集技术、信息系统和情报机构的相关知识。同样,情报分析类课程也整合了推理逻辑、批判性思维、分析方法学、认知学、文化偏见、决策科学、情报失察评估等相关学科和研究的内容,进而改进其分析方法和评估标准[①]。三是不仅要求学生具备广阔的知识面和研究视野,还非常强调对"操作性情报"和情报工作程序的了解。

　　对于研究生,课程要求强调对战略思考能力的培养而不是实际操作能力。研究生课程与本科生课程的主要区别在于内容深度。

　　其他学校开设的课程与 AMU 有类似之处,各类证书班一般在 20 学分以下,硕士专业班从 20 至 42 学分不等,表 8 - 2 列出了一些有特色的情报学课程(政治学、法学、计算机科学及其相关的基础课,一般通用的专业课如情报研究方法、情报搜集、情报分析、反情报等概论课均未列入)。

表 8 - 2　英美高校开设的部分有特色的情报学课程(节选)

校名,专业名称	课程名称
布鲁内尔大学、布鲁内尔情报和安全中心(Brunel University, Brunel Centre for Intelligence and Security Studies):情报与安全硕士专业(MA in Intelligence & Security Studies)(英国)	国家安全的源起(Rise of the national security state)
	情报与非传统威胁(Intelligence and non-conventional threats)
	情报机构管理(Intelligence agency and community management)
	情报失察与成功的案例研究(Intelligence failure and success case studies)
	分析模拟练习(Analytical simulation exercise)

---

① 胡雅萍,遇妍. 美国高校情报教育研究[J]. 情报杂志,2016(11):5 - 9.

续表

校名,专业名称	课程名称
中央宾夕法尼亚大学(Central Pennsylvania College):情报分析证书班(Intelligence Analysis Certificate)(美国)	应急管理(Emergency management)
	犯罪情报分析(初级)(Criminal intelligence analyst I)
	高级情报分析(Advanced intelligence analysis)
安柏瑞德航空大学(Embry – Riddle Aeronautical University):全球安全与情报研究专业(Global Security and Intelligence Studies program, GSIS)(美国)	全球情报研究(Studies in global intelligence)
	情报与技术(Intelligence and technology)
	情报分析、写作与简报(Intelligence analysis, writing, and briefing)
	全球情报研究(高级)(Studies in global intelligence II)
	信息保护和计算机安全(Information protection and computer security)
费尔门特州立大学(Fairmont State University):国家安全与情报专业(National Security and Intelligence Program)(美国)	情报研究与分析高级研讨班(Intelligence research and analysis senior seminar/project)
	犯罪调查(Criminal investigation)
美国世界政治学院(The Institute of World Politics):战略情报硕士专业(Master of Arts in Strategic Intelligence Studies)(美国)	美国情报与保护性安全(American intelligence and protective security)
	战略分析的文化启示(Cultural implications for strategy and analysis)
	技术、情报、安全与国家管理(Technology, intelligence, security, and statecraft)
	情报系统比较:对外情报与安全文化(Comparative intelligence systems: foreign intelligence and security cultures)

校名,专业名称	课程名称
情报与安全学院(Intelligence & Security Academy)(美国)	美国情报界:主要结构、作用及当前的问题(The U. S. intelligence community:key structures,roles and current issues)
	情报与卫生安全(Intelligence & health security)
	国家安全问题(National security issues:regional and functional)
约翰·霍普金斯大学(Johns Hopkins University):情报分析硕士专业(Master of Science in Intelligence Analysis)(美国)	分析性写作(Analytical writing)
	战略思维:概念、政策、计划及实践(Strategic thinking:concept,policy,plan,and practice)
	情报分析中的特殊问题(Special issues in intelligence analysis)
	分析、数据挖掘及情报发现(Analysis,data mining and discovery informatics)
	情报分析案例分析(Case studies in intelligence analysis)
梅西赫斯特大学,情报研究部(Mercyhurst College, Department of Intelligence Studies):应用情报学硕士专业(Master of Science in Applied Intelligence)(美国)	情报理论与应用(Intelligence theories and applications)
	执法情报(Law enforcement intelligence)
	情报交流(Intelligence communications)
	战略情报管理(Managing strategic intelligence)
	高级分析技术(Advanced analytical techniques)
	比较情报史(Comparative history of intelligence)
	商务战略情报(Strategic business intelligence)
	金融犯罪分析(Analyzing financial crimes)
	反间谍与决策(Counterespionage and decision-making)

续表

校名,专业名称	课程名称
美国国防情报学院(National Defense Intelligence College):情报专业(理学本科)(Bachelor of Science in Intelligence Program);战略情报(理学硕士)(Master of Science of Strategic Intelligence);国家地理空间情报局研究生中心(Graduate Center at the National Geospatial - Intelligence Agency);国家安全局研究生中心(Graduate Center at the National Security Agency)(美国)	分析方法论(Analytic methodologies)
	冲突的性质与冲突能力(The nature of conflict & conflict capabilities)
	全球化时代的文化与同一性(Culture and identity in an age of globalization)
	科学技术与情报(Science and technology and intelligence)
	填平情报间隙:分析人员与搜集人员的交互(The analyst - collector interface:closing the intelligence gap)
	情报:稳定与和平的建立(Intelligence:building stability and peace)
	国土情报(Homeland security intelligence)
	非洲、中东、欧亚、南亚、东亚:情报问题(多课程)(Africa,Middle East,Eurasia,South Asia,East Asia:intelligence issues)
	全球化:情报的语境(Globalization:the context for intelligence)
	论证、逻辑与推理(Argumentation,logic and reasoning)
底特律梅西大学(University of Detroit Mercy):情报分析专业(理学硕士)(Master of Science in Intelligence Analysis)(美国)	空间分析与制图(Spatial analysis and mapping)
	国土安全与分析评估(Homeland security and threat assessment)
	情报采集(Intelligence acquisition:debriefing and interviewing techniques)
	剖析与行为预测(犯罪分析)Profiling and behavioral forecasting(crime analysis)
	组织情报中的领导与行为(Leadership and behavior in organizational intelligence)
	政策分析与战略创新(Policy analysis and strategy creation)

情报学教育的快速发展源自国家安全问题的推动,不独美国如此,南美、中南美洲国家也是如此。这种趋势逐步向情报专业化方向发展,在华盛顿国防大学半球防务研究中心(Center for Hemispheric Defense Studies,CHDS)的积极推动下,学者和政府官员可以走到一起,并推广了"情报是每个人都应该具备的有用的知识"这一观念。情报队伍专业化和情报学术化的观念也开始得到各国情报界的认同,情报界逐步摆脱英国的模式和秘密情报工作的影响,形成了自己的模式。这种教育模式对西方国家的情报工作人员专业化建设理念以及课程设置方面都发挥了巨大影响。各国安全和防卫政策在全球化的推动和解决共同问题的促进下,共享战略情报并进行越来越多的合作,以往被视为"肮脏战争"(dirty war)的"intelligence"已经逐步成为"防卫""安全"和全球反恐战的同义语,并在情报教育中体现了出来①。

8.6.1.3　美国情报教学方法②

(1)全课程和小学期

有些课程完全为整个情报学服务,内容涉及广泛,并且还有大量的有关对外决策或冷战的课程,这些课程中有一些是关于情报方面的课程,但并未提及商业中的情报议题,特别是在国际商务上面。

(2)历史学家、政治科学家以及"X文档"

情报教学方式主要分为三类:一类来源于历史学和政治学的分化。关注从历史的角度来教学的方式,如历史科学或流程的方式。第二类是来自另一种分化——美国情报学和通用、类比或外事感觉中的情报信息。如美国情报学以及伴随它的美国外事和防卫决策制定信息。第三种来自涉及少数教授们的被称之为"X文档"或奥利弗·斯通型的情报方式和情报教学。

(3)无知、阴谋和詹姆斯·邦德

任何情报课程和讨论必须克服两个长久的壁垒:无知和阴谋论。美国人几乎不知道国家的情报社区的存在以及情报社区的职能是什么,而更糟糕的是,很多学生受詹姆斯·邦德电影观点的影响对情报产生了很多误解,并且这种无知也出现在许多精英人士、决策制定者以及政府官员之中。下面就是一些常见的误解:①情报不是决策。美国情报并不制定或评论美

---

①　SWENSON R G. Intelligence education in the Americas[J]. The international journal of intelligence and counter intelligence,2003(1):108-130.

②　胡雅萍,遇妍.美国高校情报教育研究[J].情报杂志,2016(11):5-9.

国决策,相反,他们的工作是为制定、策划以及实施决策的决策制定者提供信息。②情报不是秘密的行动。美国情报并不是秘密行动,而是与研究相关,具体内容是收集和分析信息并传递给政府决策制定者。③情报并不就是中央情报局。许多学生把中央情报局等同于美国情报机构,但是中央情报局在美国的整个情报社区中所占的比例还不到15%。④情报不是法律实施。中央情报局并不具有逮捕、执法的权力,中央情报局官员也很少携带武器。

阴谋论是另一个问题。有些阴谋论认为阴暗背后的力量控制了重要事件或统治了整个世界,这对美国情报机构以及中央情报局特别部门的存在合法性产生了影响。阴谋论的产生一部分源于政府秘密,另一部分也是因为好莱坞电影对于中央情报局的塑化作用。

英雄人物詹姆斯·邦德也是一个问题,由于这些不现实形象的存在,情报事务的制定实施都面临很大的困难。

纠正无知、阴谋论以及詹姆斯·邦德等英雄人物给学生带来的对情报的错误理解是任何情报课程的关键。然而教授们想要破除学生心中的错误理念并不是一件容易的任务,因为对于有些学生来讲,这些观念已经根深蒂固,他们很难认清现实。

(4)涉及的主题范围

在情报教学中涉及的讨论主题范围是什么? 下面是某美国大学的14周的研究生情报课程中所涉及的讨论主题:美国对外决策介绍;什么是情报;情报的历史;情报社区;收集、分析和传播;中期考核;复习和弥补;"间谍小说"读书汇报;案例研究;教学;反情报;秘密行动和监督;未来。

附加的主题还包括:情报与执法;影响或决策结果(情报的影响是什么);情报失误(或滥用);情报改革、重定义或重组织;冷战时期情报;维护和平的情报:联合国维和情报;情报的国际化;商业或商务情报;外事(或类比)情报;美国法律或情报合法方面;内战中的情报;工作和职业机会情报(学生拥护的)。

8.6.2 我国情报学专业教学体系现状

8.6.2.1 情报学课程体系概况

我国情报学专业主要分布在各大高校的信息管理院系,表8-3是国内情报学科实力较强的6所代表性教学科研单位的研究生课程:

表8－3 我国情报学研究生课程设置

院 系	情报学研究生课程
南京大学信息管理学院	信息科学原理、信息资源管理技术、网络分析研究、情报学理论与方法、信息检索理论与技术、网络信息资源检索与利用、信息行为科学研究、知识社区与协同创新理论、研究规程与研究设计、数字资产管理、数字内容产业研究、博弈论与信息经济学论著选读、互联网商务模式研究、信息计量研究、自然语言处理与文本挖掘
武汉大学信息管理学院	计算机网络理论与技术、图书情报与档案管理研究方法论、信息系统工程、信息管理国际学术前沿、信息经济学、情报学理论、信息分析与竞争情报、信息管理与信息法学、信息计量与科学评价、信息交流、学术道德与学术规范、战略管理、应用软件平台、决策理论与方法
中国人民大学信息管理学院	信息资源管理、信息检索前沿研究、信息组织前沿研究、智能信息处理、数据科学理论与实践、网络信息资源组织理论与实践、知识管理导论、知识管理方法与技术、信息用户研究、竞争情报分析方法、信息分析与决策、知识组织与知识服务、社群信息学、企业竞争分析基础、万维网的信息构建、信息分析软件工具
北京大学信息管理系	情报学研究进展、信息系统分析与设计、文本自动分析与处理、信息资源共建共享案例分析、科技情报事业、情报学经典选读、社群信息学、竞争情报研究、竞争情报理论方法研究、竞争对手分析、情报分析、数据分析与统计建模、数据融合、数据挖掘、数据可视化、企业知识管理与信息战略、信息分析与计量、国防科技情报研究与管理、信息资源共享、信息检索技术、网络信息资源组织研究、情报检索理论等
南开大学信息资源管理系	信息构建、社群信息学、信息资源管理法规与标准建设、信息服务与用户研究、信息组织理论与方法、信息用户专题研究、信息分析与预测、文献学、知识管理专题研究、企业信息化专题研究、竞争情报、信息伦理专题研究、网络情报挖掘、信息行为研究、信息管理研究方法、电子政务研究、公共管理学专题、情报学理论、竞争情报、信息检索咨询理论与实践、信息组织、Web 情报挖掘
中国人民解放军国防科技大学国际关系学院	战场态势信源、联合侦察评估反馈、战场图像判读任职综合演练、联合海空情报融合处理与研判

注:以上是由公开信息源所得的不完全课程信息,或与实际情况有所出入。

表 8 - 1、表 8 - 2 对比后可以发现，我国的情报学科教学机构设计的课程体系中几乎没有课程是与 intelligence study 相对应的。我国情报学实质为图书情报学(library and information science)，而不是真正意义上面向安全的情报学(intelligence study)。由此可见，我国情报学教育教学体系存在一条腿走路的问题，只考虑到为社会发展服务的情报学教育教学，缺乏为国家安全战略服务的情报学教育教学体系建设。所以，我国情报学应当参照国外的情报学的课程体系，及时补充情报学教学内容，从而实现一体两翼式发展模式，为保障国家安全与促进社会发展两大重要目标而服务。

8.6.2.2　情报学教学方法

我国情报学的主要教学方法[①]有：

(1)知识传授与能力培养相结合。一方面，强调通过课堂传授相关情报知识，为学生将来的实践工作打下扎实的理论基础；另一方面，也注重指导学生进行专题研究，提高学生的科研能力。

(2)课堂教学与社会实践相结合。除了课堂教学，很多高校还设立了很多课程教学实践基地，诸如省、市情报(信息)服务部门、政府主管业务部门、研究机构等，学生可以结合课程学习内容进入基地实践，在实践中发现问题，从而补充课堂教学的不足。

(3)课程教学与科学研究相结合。在教学中，很多高校会组织学生在课余时间和假期参加相关科研项目，这些科研活动，一般作为几门课程的综合科研实践安排。通过科研活动，便于学生理解和应用相关理论知识，同时提高学生的科研能力。

普通高校和研究单位的教学方式符合图书情报学人才培养要求，但对于面向安全的情报学人才培养还远远不够，需要增加更多实操性强的教学方法。

8.6.3　我国情报学教育教学体系设计思路

8.6.3.1　情报专业的培养目标

培养德智体全面发展，掌握自然科学、人文社会科学基础知识，系统掌握情报的基本理论、技术和应用知识，并具备科学研究和实践工作能力的复合型专门人才。

(1)素质要求[②]

●思想品德素质：热爱祖国，拥护中国共产党领导，以人民安全为宗

---

①　马费成,胡昌平,焦玉英,等.情报学硕士研究生学位课程与教学方法综合改革的探索[J].图书情报知识,1997(1):21 - 25.

②　蓝晓龙.中美本科院校软件开发实训课程的比较研究[D].桂林:广西师范大学,2015.

旨,政治立场坚定,具有良好的职业道德修养,团队协作能力强,社会责任感高。

- 文化素质:具有丰富的经济、政策、法律知识和广博的科学文化知识。
- 专业素质:掌握情报理论方法和专业基础知识,并能够在实践中熟练运用。
- 身心素质:具有良好的身体和心理素质。

（2）知识结构要求

- 人文社会科学知识:文学、外语、哲学、管理学、心理学、社会学等方面的基本知识。
- 自然科学知识:较扎实的数学基础知识、计量学、统计学、数据挖掘技术和一定的物理学、安全科学等基础知识。
- 管理科学基础知识:经济学、行为科学、管理学知识(危机管理、应急管理、战略管理、决策管理等)。
- 专业知识:扎实的国家安全学基础、信息科学基础、情报学、定量分析方法基础知识。情报调查技术、情报分析技术、信息保护和计算机安全、军事情报方法、情报机构管理的基础知识,并在某一方面有所侧重。

（3）能力结构要求

- 战略判断能力:情报研究中对环境的宏观判断和大时间尺度对的趋势判断能力。
- 情报感知能力:情报工作人员在自身经验积累和领域知识积累基础上,通过观察、联想等心理过程,敏锐地发现情报线索,找到情报解读点,判读出有价值知识的能力。
- 多学科知识背景的综合运用能力:情报工作人员能够综合运用多学科知识解决具体情报问题的能力。
- 编程能力:大数据背景下,在理解研究对象的基础上用数学语言重新描述研究对象的能力。
- 数据采集能力:人际情报能力、图书资料检索能力、互联网数据检索能力、数据挖掘能力。

总之,对情报人才能力的基本要求是要能够胜任国家机关、科研部门、教育单位、企事业单位、技术管理部门的基本情报技术和管理工作。为此,情报毕业生应首先掌握多学科知识;其次具备复杂的思维能力和组织协调能力;再其次具备较强的动手操作能力,熟悉情报工作程序、方法、技术;此外,还要具备情报工作人员的教育培训能力。

8.6.3.2 本专业的课程体系

合适的课程设置是实现人才培养目标的基础。

情报学专业各主干课程如图8－3所示。

- 通识教育（必修48学分）
  - 综合基础（必修22学分）
    - 两课、历史、形势、军事、体育、思想道德
    - 军训（必修22学分）
    - 体育（选修）
    - 人文科学与艺术理论与实践（选修）
    - 社会科学、自然科学、国防建设、国家安全学等类理论与实践（选修）
  - 基本技能（必修26学分）
    - 大学英语（必修16学分）
    - 高等数学（必修10学分）
    - 外语、计算机及其他技能类（选修）
- 学科门类教育（必修24学分）
  - 学科门类基础：安全数学类（必修6学分）
  - 管理类基础：管理学、运筹学、统计学、战略管理、危机管理、项目管理、网络基础（必修14学分）
  - 物理类实验课程、模拟（必修4学分）
  - 科研训练［数、理创新、竞赛等（选修）］
- 学科大类教育（一级学科）（必修24学分）
  - 学科基础：信息资源管理、信息系统分析与设计、数据库设计、程序设计、数据结构、计算机硬件与系统软件、逻辑学数据挖掘（模拟与数字电子技术计算机组成与接口类实验等）网络技术（必修24学分）
  - 专题训练（选修）
  - 专业教育
    - 专业必修课程：情报学原理、信息安全基础、情报搜集、情报调查技术、情报分析与情报发现、战略情报管理、情报案例分析、组织情报中的领导行为、情报公文写作（必修12学分）
    - 专业指定选修课：计算机与网络安全（或网络安全理论与技术）、计算机病毒防护、决策科学、政治分析与战略创新、批判性思维、公开信息源研究、情报机构管理、时间管理、知识管理、军事情报学、犯罪情报分析、犯罪调查、犯罪模式（必修/指选42学分）（二级学科）
    - 实验、实习、毕业设计 （必修10学分）
  - 自主教育（选修）
    - 全校通识教育与各学科门类教育实践
    - 系列讲座、大学生创新性实验计划项目、自主实验、学科竞赛、报刊发文
    - 证书认证、科技活动、社团活动等、就业实习、挂职锻炼、兼职助学等

图8－3 情报学各主干课程

后　　记

本书经过几年的编写和整修之后，终于得以出版，也算是一种交代，我要感谢许多帮助这本书问世的人。

首先特别要感谢沈固朝老师，本书的思想和理念由沈老师而来，撰写也一直得到沈老师的指导和帮助，除此之外，我还学到了很多关于情报研究的思想和方法。特别感谢刘千里老师，刘老师对本书的结构修订提出了关键建议，内容编撰上也给予了大力的支持。感谢参与本书撰写和审校的同学们：胡雅萍、宋继伟、董尹、潘文文、吴宇浩、张明月、金灿、赵小柯、白茹、陈彬、朱金定、苗杰、谭啸、李益婷、张思雨、孙鑫、南霞、潘彬彬、薛蔚、何菊香，谢谢他们不遗余力的努力。还有很多帮助我搜集资料和修改书稿的同学们，便不一一列举，恐会越列举越容易遗漏，总之非常感谢大家，经过各位的一起努力最终完成了书稿。

多年来，学术界和情报行业众多前辈和后起之秀在国家安全和情报的研究中倾注了大量心血，他们总结出的理论、方法以及融合其他学科思想和技术所提出的新思路和方向对本书的编写具有很大的借鉴意义，在此我也向他们表示衷心的感谢。

国家图书馆出版社对本书的出版也提供了大力的支持，非常感谢社长和编辑们的鼎力相助。我还要感谢国家社会科学基金的项目支持，打赢这场持久战离不开资金的基础保障。

最后，我非常感激我的家人，他们的理解和支持一直是我坚持前行的动力！

石　进

2021 年 5 月 15 日